轻松阅读外国史丛书

轻松阅读外国史丛书

顾问
齐世荣

丛书编委会主任
钱乘旦　王明舟　张黎明

编委会
陈志强　董正华　高　毅　郭小凌
哈全安　侯建新　黄　洋　李安山
李剑鸣　刘北成　彭小瑜　王新生
吴宇虹　向　荣　徐　蓝　杨书澜

（按姓名拼音排序）

本书属于国家社科基金重大项目"拜占庭历史与文化研究"（项目号 14ZDB061）成果

轻松阅读外国史丛书

陈志强 著

鹰旗飘落
拜占庭帝国的末日

北京大学出版社
PEKING UNIVERSITY PRESS

图书在版编目(CIP)数据

鹰旗飘落:拜占庭帝国的末日/陈志强著. —北京:北京大学出版社, 2016.8
(轻松阅读外国史丛书)
ISBN 978-7-301-26641-0

Ⅰ.①鹰… Ⅱ.①陈… Ⅲ.①拜占庭帝国—历史 Ⅳ.①K134

中国版本图书馆 CIP 数据核字(2015)第 305630 号

书　　　名	鹰旗飘落——拜占庭帝国的末日 Yingqi Piaoluo——Baizhanting Diguo de Mori
著作责任者	陈志强　著
丛书策划	杨书澜
丛书统筹	闵艳芸
责任编辑	闵艳芸
标准书号	ISBN 978-7-301-26641-0
出版发行	北京大学出版社
地　　　址	北京市海淀区成府路 205 号　100871
网　　　址	http://www.pup.cn
电子信箱	minyanyun@163.com
新浪微博	@北京大学出版社
电　　　话	邮购部 62752015　发行部 62750672　编辑部 62750673
印　刷　者	北京大学印刷厂
经　销　者	新华书店
	880 毫米×1230 毫米　A5　10.25 印张　220 千字 2016 年 8 月第 1 版　2017 年 11 月第 2 次印刷
定　　　价	35.00 元

未经许可,不得以任何方式复制或抄袭本书之部分或全部内容。
版权所有,侵权必究
举报电话:010-62752024　电子信箱:fd@pup.pku.edu.cn
图书如有印装质量问题,请与出版部联系,电话:010-62756370

总序

钱乘旦

世界历史在今天的中国占据什么位置？这是个值得深思的问题。从理论上说，中国属于世界，中国历史也是世界历史的一部分；中国要了解世界，也应该了解世界的历史。改革开放三十年的今天，在"全球化"的背景下，世界对中国更显得重要。世界历史对中国人来说，是他们了解和理解世界的一扇窗，也是他们走向世界的一个指路牌。然而在现实中，世界历史并没有起这样的作用，中国人对世界的了解还不够，对世界历史的了解更加贫乏，这已经影响到改革开放、影响到中国发挥世界性的作用了。其中的原因当然很多，但不重视历史，尤其是不重视世界史，不能不说是一个重要原因。改革开放后，中国在许多方面取得进步，但在重视历史这一点上，却是退步了。中国本来有极好的历史传统，中国文化也可以说是一种历史文化,历史在中国话语中具有举足轻重的地位。然而在这几十年里,历史却突然受到冷落,被很多人淡忘了,其中世界史尤其受到冷落,当人们知道一个人以世界史为专业方向时,其惊讶的程度,就仿佛他来自一千年以前的天外星球!

不过这两年情况又有变化,人们重新发现了历史。人们发现历史并不是百无聊赖中可以拿出来偶尔打发一下时间的调味剂,也不是傻头傻脑的书呆子找错门路自讨苦吃坐上去的冷板凳。人们意识到:历史是记忆,是智慧,是训诫,是指引;历史指引国家,也指引个人。人们意识到:历史其实是现实的老师,昨天其实是今天的镜子。有历史素养的人,比他的同行更富有理解力,也更具备处理问题的创造性。以历史为借鉴的国家,也会比其他国家走得更稳,发展得更好。

然而在当今时代,历史借鉴远超出了本国的历史,因为中国已经是世界的中国。中国人必须面对这个现实:在他们眼前是一个世界。世界的概念在中国人的脑子里一向不强,而世界历史在中国人的记忆中则更加淡薄。但这种情况不能再继续下去了:时代已经把我们推进了世界,我们如何能不融进世界历史的记忆中?所以,加强对国人的世界史教育,已经是不可回避的责任,这是一个时代的话题。在许多国家,包括我们的近邻,世界历史的教育已经超过了本国历史的教育,外国历史课程占百分之六十甚至更多,本国历史课程只占百分之四十或更少。外国史教育是现代公民的基本素质教育,中国的公民也应该是世界的公民。

遗憾的是,目前的学校教育离这个要求还很远,所以我们有必要在社会大众中普及世界历史知识。我们编写这套书,就是希望它为更多的人打开一扇窗,让他们看到更多的世界,从而了解更多的世界。我们希望这套书是生动的,可读的,真实地讲述世界的历史,让读者思索人类的足迹;我们希望这套书是清新的,震撼的,指点人间的正义与邪恶,让读者体验历史的力量。

大约半个世纪前,商务印书馆曾推出过一套"外国历史小丛书",其中每一本篇幅都很小,一般是两三万字。那套书曾经有过很大的影响,至今还会有很多人说:那是他们世界史知识的来源。"文化大革命"中,"小丛书"受到无端的批判,许多作者受株连,主编吴晗则因为更复杂的原因而遭遇不测。但这套书没有被人忘记,"文化大革命"结束后,吴晗被平反,小丛书又继续出版,人们仍旧如饥似渴地阅读它,直至它出版近500种之多。

又是三十年过去了,时至今日,时代发展了,知识也发展了,"外国历史小丛书"的时代使命已经完成,它不再能满足今天读者的需要。今天,人们需要更多的世界历史知识和更多的世界历史思考,"小丛书"终究小了一点,而且有一点陈旧。我们编辑这一套"轻松阅读外国史丛书",是希望它能继承"外国历史小丛书"的思想精髓,把传播世界历史知识的工作继续向前推进。

2008 年 12 月于北京

目录

一　最后的祈祷 / 001

二　帝国崛起 / 015

三　鹰旗高扬 / 041

四　中古奇观 / 059

五　叱咤风云 / 083

六　改革成功 / 103

七　新式武器 / 123

八　毁像运动 / 137

九　天才传教士 / 157

十　"黄金时代" / 175

十一　十字军恩仇 / 197

十二　起死回生 / 223

十三　"西西里晚祷" / 245

十四　苟延残喘 / 257

十五　"土人"崛起 / 273

十六　最后一战 / 287

拜占庭皇帝在位年表 / 308

参考书目 / 312

出版后记 / 314

一

最后的祈祷

1453年5月27日礼拜日的夜晚,整个东地中海地区阴云笼罩,博斯普鲁斯海峡一带更是狂风怒吼,海浪猛烈地拍打着君士坦丁堡海港城墙,沉闷的雷声由远而近,闪电不时划过漆黑的夜空,"山雨欲来风满楼",一场暴风雨即将来临。大风裹挟着阵阵闪电猛击皇家大教堂的圆顶,从门窗缝隙中发出哀号般的怪叫。在圣索菲亚教堂昏暗的油灯下,一个面容憔悴的中年男子吃力地撩起眼皮,无助地瞥了一眼身边的几个随从和空荡荡的教堂大厅,重又闭上眼睛,把头深深地埋在胸前,在皇帝祭坛前跪拜着默默地祈祷。他就是拜占庭帝国的末代皇帝,时年49岁的君士坦丁十一世。还有一个时辰,预定的皇帝祈祷仪式就要举行了,他和几位担负守城重任的帝国贵族都聚集在这里,是他下令他们离开哨位参加祈祷仪式的,因为他和自己的基督徒臣民都相信祈祷的力量足以令他们赢得与土耳其异教徒的战斗。他们几千人马英勇抵抗25万野蛮人的疯狂进攻,已经几十天了,这不是上帝的奇迹又是什么,眼下面临土耳其军队最后的总攻击,他们期盼上帝再现神迹,帮助虔诚的基督徒取得胜利。

猛然间暴雨突降,大雨倾盆,雨水乘狂风之势,打得屋顶和门窗砰砰作响。一道橘红色的怪影突然从漆黑的夜空缓慢地爬上大教堂,在穹顶周围徘徊,迟迟不肯退去。教堂内外的人们惊恐万状,不由得一阵惊叫。祈祷中的皇帝见状也倒吸了一口冷气,但随即便恢复了镇静,平静地对大公卢卡斯说:"没什么,大雨中常会如此。"话虽这样说,但一个不祥的疑问跳入他的脑海:"难道这会是最后一次祈祷大典?"这样的问题以前从未烦扰过他,作为帕列奥列格王朝的皇帝,他一直坚信帝国面临的攻击只不过是又一次危难,眼下的君

拜占庭帝国末代皇帝君士坦丁十一世

士坦丁堡虽然危在旦夕,就像风雨飘摇中的巨轮随时都面临沉没的威胁,但他相信他会像前辈皇帝一样克服危难,帝国的鹰旗将永远飘扬在首都的上空。然而,他如此担忧绝非空穴来风。

野蛮的土耳其大军已经连续围攻首都近两个月了,据作战经验老到的乔万尼估计,他们分布在西面城墙外的兵力不下20万人马,而在城北的黄金角湾、城南的马尔马拉海岸、城东的博斯普鲁斯海峡分布的300多艘战船上也有几万人。此时此刻,守城将士不足万人,其中最有战斗力的热那亚和威尼斯雇佣军也不过数千人。热那亚来的乔万尼不仅带来了两艘装满大量精良武器弹药的船只和几百名精壮武士,而且他本人也确实值得信赖。他年轻气盛,身强力壮,有一手好剑法,浑身冒着武装骑士的英豪之气,却很少威尼斯人的狡诈,很忠诚,委任他全权指挥整个首都的防务,君士坦丁皇帝感到放心。为了激励他和他的300名将士，皇帝答应在守城成功并迫使土耳其人撤兵后，将爱琴海上的莱姆诺斯岛连同岛上的豪宅一并赏赐给他，当然少不了大量金银财宝。

"承蒙上帝的眷顾，我们几千人的守军已经抵挡住数十万土耳其大军疯狂攻击达几十天了，如果我们能够像前几天那样得到意大利商船的物资援助，我们就能坚持下去，直到拖垮可恶的土耳其苏丹。"他再次仔细盘点了一下自己的排兵布阵，内心升起一股自信。他任命皇族表亲卢卡斯·诺塔拉斯为总管，任命另一位亲戚迪米特里之子担任首席大将军，还有勇猛善战的贵族塞奥菲洛斯·帕列奥列格和冷静的乔治·佛兰奇斯担任督察官，跟随皇帝左右，随时调遣城防部队增援吃紧的区域。而热那亚驻君士坦丁堡加拉大特区总领事配德托·古利亚诺受命防卫城市西北部城墙，防区包括从布科莱昂直到康托斯卡利教堂的地区，船长杰克比·康塔里尼则统领船队防守马尔马拉海防，从黄金角湾外直到伊普西马塞亚区的整个外港湾的城堡要塞也归他防守，他履行自己的职责像个真正的战士和希腊贵族。来自热那亚的曼努埃尔带领200名弓箭手队伍，防卫黄金角湾入口处周围地区，其手下那些弓弩手能够依靠强劲的硬弩，远距离阻挡住数百条土耳其战舰闯入港湾，确保城北安全。意大利武士安东尼奥、颇罗和特罗伊洛·波科希亚迪兄弟俩负责防卫麦里安德留地区，这里的防守任务极为艰巨，因为在土耳其炮击下，已经有多处城墙倒塌，急需修复，好在佛兰奇斯已调动拜占庭军士从全城搜集了门板条石，今夜即可修复。语法学家塞奥菲洛斯是位古希腊文学大师和几何学专家，但他在京都告急之际弃笔从戎，发挥其指挥才能，因此被任命负责塞雷布里亚第三城门及其瓮城周围地区的防守。皇帝自然对他的城防总指挥大将军乔万尼·贵斯提尼安尼寄予厚望,这位能力超群、战场经验丰富的斗士,展示出勇猛无畏大胆精细的品质,他受命负责率领400名意大利和拜占庭将士驻守在圣罗曼努斯城门区域,这里是苏丹中军大营主攻的地区,土军最大的火炮就架设在对面的山丘上。来自卡雷斯托的塞奥多利也是位善战的将领和杰出的弓箭手,他与日耳曼人约翰一起防守布雷克奈皇宫附近的卡里加利亚城门区域,而约翰是杰出的军事工程师,对土木工程极有经验,可以增加这个宫殿附近城防的安全指数。热那亚人黑洛尼姆和修斯岛人莱奥纳多被委派负责第二城门,即所谓的"木门",它和"金门"一起扼守直通城里的军事大道,这条大道自罗马时代就是连接首都罗马和亚洲行省的必经之路。俄罗斯红衣主教则负责基奈吉松城门,这个地区在城市的最东部,直到圣迪米特里教堂处,面向海峡,在全城近百个城门中也属重点防守地区。他真的令人佩服,因为他来京城朝拜正好赶上土耳其人攻城,便毅然决然放弃回返俄罗斯而参加这场伟大的圣战。大公卢卡斯负责防卫黄金角湾沿河地区,这里以圣塞奥多西城门为核心,支撑着整个城北防卫。克里特船队的队长及其水手、军官们负责其他区域的海防,而热那亚船长加布雷·特里维萨诺连同麾下50名兵士监视和守卫航道中部的塔楼。总之,一切都在皇帝掌控中。君士坦丁暗自思量,守军人数虽然不多,但土耳其大军在首都坚固的城防下无计可施,人数再多也无法展开,只要我们的外援不断,土耳其久攻不下军心必乱,帝国伟大的先皇们多次守住城池的奇迹一定还会再次发生。

皇帝内心思量:我们虔诚的祈祷不是已经感动了上帝吗?几十

天来，这些不信上帝的土耳其人虽然在城下海上的攻击好像没有丝毫减弱，他们还动用了数不清的大炮轰击陆地城墙，但是我们依然挺立在博斯普鲁斯海峡上。上帝不是惩罚了那个基督教的叛徒吗？据镇守的将士报告说，在土耳其人攻城的那14个重炮阵地中有两门巨炮，是他们从未见过的，虽然每天只能发射几发炮弹，但其发出的动静震天动地，整个城市都被震得战栗不止，连六七公里外的海峡地区都感觉到了，那发击垮了控制进城主道城门塞奥多西城楼的石头炮弹竟然有半人高。我们起初还以为，异教的土耳其人用了什么妖术造出这么大的火炮，后来才了解到就是那个可耻的匈牙利人帮的忙，他先前就是嫌我给的钱少而投奔了土耳其人，他就是犹大，就是叛徒，胆敢帮异教徒造出这么多大炮。多亏我主上帝明察秋毫，虽然土耳其人把我们几公里长的城墙打得千疮百孔，但是那个基督教的叛徒也受到了上帝的惩罚，他不是被自己铸造出的巨炮炸死了吗？真是罪有应得。尽管我们最坚固的圣罗曼努斯城门连日来遭受到最猛烈的炮轰，有些墙体摇摇欲坠，但是那里倒塌的城墙留下的几个缺口都被我们忠诚的将士修补上了。祈祷仪式结束后，我要亲自去那里视察一下，尽快加固好，以迎接明天的恶战。万能的上帝眷顾，我预见到了眼下的激战，在年初业已命令部下堵塞了所有城门，只留下几道建立了瓮城的城门，使京城城防固若金汤，也使我手上有限的防守兵力还勉强够用。但是，我们蒙上帝保佑的部队能够使用的武器弹药所剩无几，除了刀剑和即将告罄的"神奇火焰"外，就只剩下无畏杀敌的勇气了。

上帝啊，怜悯你的子民，保佑意大利雇佣兵和船队快来吧。来自西方各国的援助救兵还会出其不意地出现在海上吗？就像前几天那3艘热那亚大帆船一样冲破土耳其人的封锁抵达黄金角湾,它们不仅给城里六七万居民带来了物质援助,而且还带来了得救的希望。在最后一刻,如果这样的援助再不能到达,我们守城军民就真的弹尽粮绝了。不,上帝一定会眷顾他虔诚的子民,罗马教宗也不会放弃我们,不会不救助他最忠实的子民,因为我们已经为了得到援助而承认了教宗的最高地位,也承认合并后的教会允许领受"未发酵面饼"圣餐了。上帝,您在聆听吗?我们这样做是为了基督教兄弟们的团结,而不是像有些教士指责我们背叛了您的真理。那些野蛮的俄罗斯人远在北方千里之外当然会说风凉话了。伟大的主,告诉我:援救船只还会来吗?会的,会来的。我心里非常明白,那些国家的君主虚伪得很,他们答应的多而真正履行诺言的少,但是,我相信威尼斯和热那亚人会来的,因为他们还另有所图,他们的武装商船还不会轻易放弃东地中海的霸权,尽管他们有自己的打算,但一定会帮助我们打败土耳其人。

君士坦丁皇帝的心情因为暴风雨的不期而至糟糕到了极点。这次祈祷典礼不仅要在大雨中进行,尤其令人感到心寒的是,参加皇帝祈祷仪式的人寥寥无几,除了几个高级贵族外,巡游的队伍不足百人,与往昔盛典上成千上万人山人海的盛景无法相比了。也许是大雨所致,沿街也没有看到围观的居民。皇帝知道,都是"教会合并协议"惹的祸,因为笃信东正教信仰的信徒们并不理解他向罗马教宗让步的苦衷,他们在教会那些无聊教士的煽动下,竟然说领受天主教死面饼圣餐会导致拉稀死人,还有人指责他出卖和背叛了帝国传统的信仰。这些无知的人真是缺乏谋略,如果我们以暂时对罗马教宗让步换取来西方的雇佣兵抵抗住土耳其人,而后再与罗马教会细致较量，不是更有智慧吗？他们怎么就是不能理解我的意思呢？正当他在华盖下边走边暗自思量时，巡游队伍突然一阵骚动，原来是雨天地滑，最圣洁的圣母像竟然从小心翼翼抬它的人群头上翻倒在地，那沉重巨大的木框令众人费了很大气力才重新扶正。皇帝安慰臣民不必惊慌，小心下雨路滑。这个不吉利的预兆刚过去，当队伍经过君士坦丁大帝广场时，有人突然惊恐地指着黑暗处大叫起来，原来是高悬在立柱上的帝国鹰旗不知何时竟然飘落在地。皇帝再度安慰大家，狂风暴雨难免会将旗帜刮落，我们大家更要虔诚祈祷上帝。联想到前几天的月食，皇帝的心不由得被大难临头的恐惧感紧紧地抓住了。这一连串事情都是凶兆啊！还有，前几天，佛兰奇斯私下里告诉他一些坊间传言，让他不寒而栗。谣言说，当年君士坦丁大帝留下三个预言：当月亮被异乎寻常地遮挡时首都将遭受邪恶的敌人前所未有的攻击，当一个母亲叫做海伦的也名为君士坦丁的人做皇帝时帝国首都将失陷，而这个敌人就来自君士坦丁大帝手指向的东方。他虽然认为这些谣传都是无助的民众的无稽之谈，但是眼前这一连串的不祥之兆，更令他阵阵胆寒。天哪！上帝真的要抛弃我，让千余年的罗马帝国灭亡吗？

　　但皇帝很快就对自己的怀疑做了否定性的回答，不，这绝不可能，上帝绝不会抛弃我们，他一定在最后一刻奇迹般地降临他的恩典在我们身上，帝国的光辉也绝不会在我手中泯灭。想当年我罗马帝国曾经何等辉煌：君士坦丁大帝叱咤风云，东征西讨，统一帝国后在这里建立起"罗马新都"；查士丁尼大帝更是平息了整个地中海的野蛮人，重新将帝国的疆域拓展到阿特拉斯海峡（即直布罗陀海峡），并将首都修整一新，不仅使皇帝的鹰旗再度插满世界，而且让全世界的基督徒见证了圣索菲亚教堂的奇迹；伊拉克略大帝挥师东征大败宿敌波斯，彻底解除了东方之敌对帝国都城的威胁；瓦西里皇帝灭亡保加利亚蛮族后，再没有来自半岛西部的敌人兵临城下之险；我朝开元先祖米哈伊尔皇帝从拉丁人手中重夺首都以来，我们也曾多次化险为夷，击退千里来犯的敌人。远的不说，就是眼前这个苏丹穆罕默德的父亲穆拉德不是也折戟于帝国都城坚固的城墙下了吗？我虽然不敢与先人比附，但自认克勤克俭，辛劳理政，没有辱没祖先，何况我已经极大加固了城防工事，只要我们再坚守个把月，土耳其大军必将不战自退。30年前萨洛尼卡城失陷于土耳其人，全都是因为我们基督徒比土耳其人更为仁慈，我们秉承仁爱之心，对邪恶的异教徒以德报怨，不轻易杀人，即便在战场上杀死一个敌人，而后也要经过3年的悔罪才能得到上帝的赦免。如今我们被迫守城杀敌，就绝不能对敌人心慈手软了。只要我们够狠，我们就能取胜！

仁慈的上帝，我虔诚地祷告，让你的神威帮助我们战胜那些野蛮的土耳其人，不，他们根本不能算是人，因为他们毫无信仰，不懂情义，好战尚武，嗜血杀生，苏丹就是专制独裁的魔头，土耳其臣民不过都是他的奴隶仆役，这些残酷无情的士兵鏖战只为抢夺战利品和奴隶，民众之间强者为上，欺凌弱小，争强斗狠，没有法度。这样一群乌合之众不仅不敬上帝，连神灵都不放在眼里，他们只知道服从苏丹的淫威，因为违犯军规将遭到严厉的惩处。我作为上帝委派的牧者和文明人的领袖，就是要在这场决战中率领诚信上帝的将士们击溃这些没有信仰的野蛮人。穆罕默德！你有武力，我有正义。上帝与我同在，在圣战中我们必胜。

君士坦丁堡这座万城中的帝王城是永不沦陷之城，自君士坦丁大帝在1123年前的5月11日开启以来就一直是我们罗马帝国的伟大都城，人世间哪里还有这样永恒不朽的首都？这一千多年来，有无数野蛮人都止步于这个神圣的都城城下，无论他们多么凶残，勇猛，无论他们从陆地还是海上，也无论他们人数多寡，是偷袭还是长期围困，都难以撼动这个都城的根基，都无法跨越它高大的城墙。这个伟大的城市就是我们罗马人的象征，罗马人在，城市便永存，基督的光辉将永远照耀我们神圣的君士坦丁堡。

那些没有远见的懦夫，以卢卡斯为首，多次劝我接受穆罕默德的提议，退让出首都，像一个半世纪前拉斯卡利斯朝流亡尼西亚时那样，出走爱琴海岛。他怎么这么健忘，我们罗马人不是早就领教过那些言而无信的野蛮人吗？苏丹曾几何时不是也这样对待我的父兄，他们让步的结果换来的只有野蛮人的得寸进尺，令我们失地丢城，交贡纳赋，丢人现眼。还有最近帝国第二大城市萨洛尼卡失陷后，土耳其人在城里烧杀抢掠，奸淫妇女，所有活下来的萨洛尼卡人都被土耳其野兽当做战利品瓜分出售到奴隶市场上去了。这样的惨剧决不能再度发生。不，我不能退缩，对我而言没有退路，只有为帝国的尊严而战，为上帝的真理而战。宫中传闻，卢卡斯与指挥攻城的苏丹穆罕默德关系一度非常密切，而苏丹的几封信件也都是托他带来的。我没有处理这个卢卡斯不是因为他是我的表亲，而是因为他并不搞阴谋诡计，不隐瞒自己痛恨拉丁基督徒而青睐土耳其人的观点。想不到这个21岁的苏丹年纪不大，竟然能够设法说服我身边的贵族。但无论如何，我，堂堂罗马帝国皇帝，凭着半个世纪的阅历，总不能败给这个乳臭未干的异教徒毛头野小子吧。

想到这些,他精神一振,随着唱诗班高声咏诵起来,大雨也很快变为令人惬意的蒙蒙细雨,初夏夜晚的阵阵和风平添了一些浪漫的情怀。皇帝的目光再度停在了微风中飘动的帝国旗帜上,那上面有帝国的双头鹰标志。这个标志自马略军事改革以来,高扬在罗马帝国的疆域已经有1500多年的历史了,帝国军队在它的麾下东征西讨征服全世界,无往而不胜。想到此,他不由得抬手抚摸着胸前铠甲上那金黄色的双头鹰标志,雄鹰高昂着头,眼睛炯炯有神目视左右方向,身上的羽毛刚劲,翅膀有力地扇动,特别是两只鹰爪各抓握着象征统治世界的球体和利剑。当初,执政官马略用以替代各个军团旗帜上狼、马、猪和人头马怪物等标志的雄鹰,并非征服和权力的标志,这是在后来的征战中不断添加上去的。君士坦丁堡的皇帝们为了更加突出帝国的无上权威,让两只鹰爪抓握了带有十字架的球体

双头鹰旗帜

和利剑。这个象征帝国权力的旗帜此刻飘扬在首都所有高大建筑物的上空,但只有皇帝铠甲上的雄鹰是独特的,它高傲地戴着皇冠。君士坦丁皇帝深吸了一口气,暗自祈祷,期盼鹰旗永远高扬在这个城市的上空,期盼帝国能够渡过难关。

身心疲惫但斗志不减的皇帝在随从的簇拥下放眼望去,坑洼不平的街区和街道两旁破败的建筑让他感慨万千,曾几何时这里一度辉煌昌盛,如今败落不堪令人心酸,不忍目睹。一个声音在他心头缭绕,"上帝啊,你能告诉我吗,我的帝国怎么了?曾经强盛的东地中海雄鹰帝国怎么会一点点堕落到了今天这般田地?"他既不愿意接受眼前的现实,也想不明白其中的原因。也许他永远也找不到答案。

二

帝国崛起

二 帝国崛起

帝国都城的第一个辉煌时期是由君士坦丁大帝造就的,那还要从一千多年前说起。

330年5月11日,一身戎装的君士坦丁大帝,在文武百官的簇拥下,沿着罗马帝国东方军事大道艾格南迪亚,通过凯旋门进入新都"新罗马",宣布正式启用这座经过5年时间精心建造起来的都城,一时间沿途数万百姓欢呼雀跃,抛撒鲜花,载歌载舞,由此拉开了欢庆40天的开城庆典。那时虽没有现代媒体的现场直播,但开启罗马帝国东都盛大庆祝仪式的消息还是迅速传遍了整个地中海世界,不仅成为帝国臣民热议的话题,而且令身处动荡不安环境中的西部贵族特别是西都罗马的贵族们羡慕不已。谁都知道,刚刚取得统一帝国最终胜利的君士坦丁大帝正在大力强化中央集权,其采取的最强有力的措施之一是修建东都"新罗马"。

历史上有为的君主哪个不想加强自己的权力,君士坦丁一世皇

君士坦丁一世坐像

帝也是加强专制制度的高手。修建东都就是其中重大举措。原来的都城在意大利半岛中部的罗马,但是君士坦丁皇帝在那里的诸多不愉快的经历,特别是罗马城元老贵族的傲慢无礼和满城流氓地痞的传统"特权",彻底打消了他按照传统习惯建立新政府的想法,促使他坚定了在东方建立新都的计划。

为了兴建新都,远离受古代民主思想深厚影响的罗马旧都,君士坦丁煞费苦心。他不仅继承了戴克里先皇帝偏居帝国东部的爱好,而且刻意按照罗马旧城打造新都,以显示其新都的正统性。在确定新都的位置时,他反复考察了东地中海许多城市,千挑万选找到了这个令他眼前一亮的旧城。新都的前身是古希腊商业殖民城市拜占庭,据说这个奇怪的名字是按照最初建立居民点的商人领袖的名字确定的。

君士坦丁是一位精明细致、经验丰富和骁勇善战的君主,他一眼就看上了该城独特的经济地理环境和战略优势。它坐落在博斯普鲁斯海峡欧洲一侧的小山丘上,南临马尔马拉海,北靠"黄金角"海湾,东面扼制博斯普鲁斯海峡,控制赫力斯滂(今达达尼尔)海峡,把守马尔马拉海北向黑海的出口,西面居高临下俯瞰色雷斯平原,易守难攻。它还是罗马帝国重要的军事大道埃格南迪亚大道和小亚细亚地区军事公路的汇合点,是通向亚洲的必经之地。同时,由于它控制黑海经由爱琴海进入地中海的水上交通要道,因此战略意义十分明显。他不禁暗自佩服在此建城的先人,而且也为找到了心目中理想的城址而得意。

324年,君士坦丁一世发布命令兴建"新罗马",并亲自跑马勘测、圈定城市界标。他不仅看中了拜占庭古城特殊的军事战略优势位置，而且圈定了古城及其周围的七个高地为新都的范围，以此效仿古都"七丘之城"的传统，因为"七丘"具有美好的寓意。为了建好新都，他从帝国各地调集建筑师和能工巧匠，下令他们按照罗马城的样式精心设计，全面建设，而不必考虑花费问题。这些建筑工匠秉持着"只要能想到的就没有办不到的"原则，挖空心思搜集奇思妙想，按照皇帝"新都要超过罗马城"的构想，根据该城的地形地貌，严格计算，精心设计每栋建筑物。

为凸显新都的至高地位，皇帝下令将大量的珍稀建材和奇石异物从各地运到新都工地，无数古代建筑的大理石山墙和石柱被拆解包装，许许多多古代艺术杰作被从原址拆除，从罗马、雅典、亚历山大、以弗所和希腊及地中海沿岸各地持续运出，运往拜占庭城。来自黑海沿岸原始森林的优质原木、爱琴海各岛屿出产的彩色大理石源源不断运抵黄金角海湾。为了加快施工进度，君士坦丁大帝特地调动已无作战任务的4万哥特士兵和无数臣民投入建筑工作。为了吸引更多施工能手投入建设工程，他下令提高待遇，以地中海世界最高的薪酬聘用工程师。罗马工程技术的高手一时云集新都工地，所有的技术能力都在这个舞台上得到了充分的施展。君士坦丁亲自督阵，经常到工地视察，甚至与工程技术人员讨论建筑细节。

君士坦丁大帝不愧调动千军万马的高手，正是在他的指挥下，经过5年精心施工，新都基本完工，古城拜占庭的踪影荡然无存，一座规模宏大豪华典雅的"新罗马"坐落在博斯普鲁斯海峡上。新罗马全城的制高点是中心大皇宫，占地60多万平方米。城墙内有数百间宫室殿堂和数不尽的亭台楼阁，临海高地则因地制宜建造皇家花园。由城门向西建设了"中央大道"，两侧分布着大量优美的建筑物,包括元老院议事大厦、公共学堂、大赛场、剧场、公共和私人浴池、沿街柱廊、谷仓、引水渠、法院、教堂、宫殿和数千所私人豪宅。全城主要街道向西伸展,途经君士坦丁广场、塞奥多西广场、公牛广场和阿卡迪乌斯广场,广场中心高耸着雄伟的石柱,布满了大大小小的帝王和名人雕像。而作为公共活动的中心,各个广场周围建筑物前都树立着精彩绝伦的艺术品。

如同古都罗马城的大斗兽场是公众最主要的集会场所,君士坦丁大帝也在皇宫附近修建了更大的竞技场,皇家包厢正对圣索菲亚教堂门前的空地,总览全场,并有私密地下通道直通大皇宫。两侧数百米长的赛道旁就是公众看台,可以容纳近十万观众。而赛道宽度则可以让十辆赛车并肩驰骋。最能显示大竞技场与其他城市不同之处,不仅在于大理石圆拱柱廊围墙层层树立的石头或青铜雕像,而且在于跑道中央隔离带那些精美宏大的石柱和青铜柱,其中大多数是从埃及和雅典征调来的,彰显出新都高于整个地中海世界其他城市的地位。能有什么比把玩普天之下各种珍奇异物于股掌中更令皇帝心满意足的呢?能有什么比集全世界著名艺术品于眼前更能让帝国臣民无比自豪的呢?新都的帝王之气顿时聚拢起整个地中海世界的社会精英,各界名流纷纷涌入,三教九流趋之若鹜。这盛景以后再没有出现过,只在后人的记忆中重放异彩。

久经沙场的皇帝深知新都的安全第一,为了预防陆地方向的侵袭,君士坦丁在城市最西侧建起"君士坦丁城墙"。不久后在城西千米之外又加修了塞奥多西城墙。这两道城墙特别是后者完全是按照最新的城防工事技术建造的,不仅分设内墙与外墙,而且在外墙数十米外加设护城河,近百座城楼几乎几十米就有一个,大小二十

二 帝国崛起

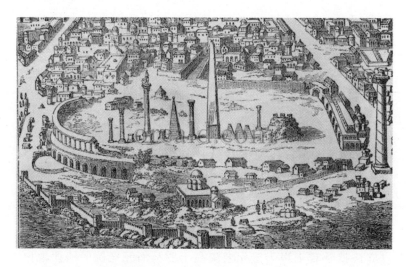

古代蚀刻画中君士坦丁堡的广场和竞技场

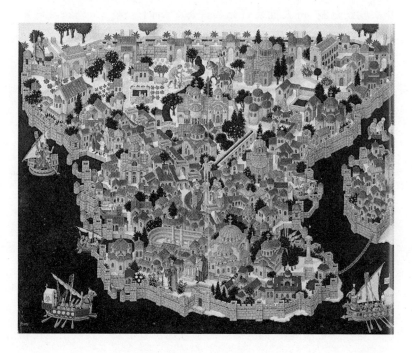

君士坦丁堡全貌

座城门各设机关瓮城，使新都固若金汤。可以说，新罗马是当时整个地中海世界最新工程技术和军事科技发展的结晶，是冷兵器时代最坚固的堡垒，难怪后世拜占庭帝国皇帝把它称为永不陷落的帝王之都。

　　安全与和谐促进了富足与繁华，帝国政府采取的一系列措施更使新都地位飙升，迅速发展成为整个欧洲和地中海世界第一大城。君士坦丁一世千方百计打造新都的政治中心地位，一方面亲自批准给予所有罗马贵族免费迁入新都贵族宅院的特权，另一方面下令通过立法授予君士坦丁堡元老院高于罗马旧元老院的法律地位。君士坦丁还鼓励原罗马城骑士以上的贵族全部迁居新都，同时完善中央朝廷建制，将大批高官充实进各个衙门。这一系列特殊政策极大地推动了新都的发展，使该城人口急剧增长，在数十年内，君士坦丁堡城区居民数达到数十万人，最多时人口高达百万。在社会生活节奏相对缓慢的中古世界，只有身处这个全帝国的神经中枢的人，才能获得更多发迹的机会，因此大批野心勃勃富有冒险精神和渴望爬上社会顶层的人都涌入了新都，由此也推动帝国机器正常运转起来，一切政令都从这里发出，通过遍布帝国的公路网，传送到各地。

　　政治中心常常就是文化中心，作为帝国权力核心的新都迅速吸引了地中海世界的文人学者，由此君士坦丁堡大教区从帝国东部五大教区中脱颖而出，超越亚历山大、耶路撒冷、安条克教区，与罗马教区并列基督教世界之首，而该教区大教长也成为东部各教区的首领。这一点非常重要，因为新都的宗教地位一定要与其政治地位相适应，大教长一定要能够成为服从皇帝"至尊权"的精神领袖，不折不扣地贯彻皇帝的意旨,并在皇帝的支持下将教会建设成为主管帝国思想意识形态的工具。

由这里推动的尚古之风也迅速扩展到全国,学习古希腊语、搜集抄写古籍蔚然成风,研究古代哲学和戏剧、钻研古代文法和修辞也成为知识界的"热门"。高质量的教育在皇帝的热心关注下迅速发展,新都特殊的文化环境使它成为地中海世界和欧洲各国王公贵族及其弟子向往的求学之地,来自各国的年轻人和当地学生一同在这里各所学校接受教育。朗朗的读书声回荡在新都大街小巷,平添了新都浓郁的学术气氛。大小剧院日夜开放,餐楼酒馆灯红酒绿,斗兽表演不仅在大竞技场内也在街头巷尾上演,其血腥刺激程度绝不亚于大赛场山摇地动般狂呼带来的震撼,充足的水源则满足了所有人的洗浴需求,所谓"浴池"绝不只是清洁卫生的场所,更像是今天我们见到的"夜总会",餐饮娱乐一条龙服务。这一切使君士坦丁堡在刚刚经历了战乱的地中海世界不啻于人间仙境。

君士坦丁大帝修建新都的初衷也许是出于当时政治和军事的考虑,但是此举产生的长远影响却是他始料不及的。因为,新都的开启揭开了一个新的时代,开始了拜占庭帝国的历史,以至于近现代学者把东罗马帝国也称作拜占庭帝国。为感念君士坦丁大帝建立新都之举,人们又把"新罗马"称为"君士坦丁堡"。

诸位读者,你们千万不要以为君士坦丁堡的建立来得容易!

君士坦丁一世所处的时代属于动荡不安的晚期罗马帝国时期,其生活环境之险恶非比寻常。在他出世前帝国发生的那场"公元3世纪大危机"曾使整个罗马帝国遭到沉重打击,不仅造成整个罗马社会经济全面崩溃,繁荣的古代商品经济彻底瓦解,城市破败,商业凋敝,人口锐减,土地荒芜,农村赤贫;而且造成了帝国政治剧烈动荡,军阀混战、武装割据、皇帝高位轮流坐庄。动荡的政治经济环境也使得社会各个阶层人人自危、精神颓废、道德沦丧,迷信活动遍及国中,怪异思想泛滥成灾。曾经强大的罗马帝国综合国力迅速下滑,边关吃紧,边防军无力抵抗来自境外的日耳曼诸民族入侵,节节败退之余将大量有关野蛮人食人生番专吃幼童的谣言传播到各地,一时间人心惶惶,逃难人流阻塞了帝国运兵通道。因此,如何摆脱危机,尽快阻止帝国迅速衰亡的趋势,是当时历任皇帝面临的时代难题。

以君士坦丁一世为杰出代表的皇帝们首先抓住恢复帝国秩序、稳定王朝统治的要点,力图解决时代难题。他们针对晚期罗马帝国军阀割据的现状,首先致力于帝国的政治和军事统一。早在3世纪末,罗马皇帝戴克里先(Diocletian,284—305年在位)为解决中央政府指挥不灵的问题,施行了"四帝共治制",任命马克西米安(Maximiannus,286—305年在位)为帝国西部副皇帝,也称"奥古斯都",两位皇帝再各自统辖一位"恺撒",即伽勒俐(Galerius)和君士坦提乌斯(Constantius),他们分管伊里利亚、高卢、西班牙、不列颠群岛。所谓罗马帝国东部包括伊里利亚省和今非洲苏尔特湾以东直到两河流域的广大地区,其实际控制区包括巴尔干半岛西北部地区,即今阿尔巴尼亚、希腊和前南斯拉夫部分地区,以及小亚细亚、叙利亚、巴勒斯坦、埃及地区。庞大的罗马帝国本来就是通过军事征服和暴力统治建立起来的,根本无法将大西洋直到两河流域以西广大地区统一起来,更无法消除该区域内复杂的多样性,因此,这一制度无非是承认帝国军事寡头横行的现实,事实上反而强化了帝国的政治分

戴克里先的共治者（或君士坦丁的儿子们）。4世纪埃及斑岩雕像

裂，只是通过控制各路军阀子弟为人质勉强维持所谓的政治统一，戴克里先这位太上皇一去世，各地军阀便都自立为帝，相互厮杀起来。

君士坦丁一世（Constantine I，306—337年在位）本身就是军阀出身，其父君士坦提乌斯就是各路军阀中的枭雄，统领高卢大区全部兵马，主持该大区事务。戴克里先和马克西米安于305年退位后，君士坦提乌斯便控制了罗马帝国高卢地区，只是由于这个地区寒冷贫瘠，资源匮乏，势力难以坐大。君士坦提乌斯于306年病逝，时年33岁的君士坦丁正作为人质被软禁在戴克里先的宫中，他巧妙地从东方大区脱身，不辞而别返回不列颠，并被部下拥立为皇帝。久在江湖的他深知帝国政治的险恶,对当时帝国政治体制的弊端也谙熟于心,因而先是对太上皇戴克里先俯首称臣,稳固政治地位后便着手进行统一帝国的斗争。当时,正副皇帝相互之间争权夺利,勾心斗角,时而爆发血腥的厮杀。君士坦丁运筹帷幄、曲意周旋,巧妙地利用各派势力之间的矛盾,先是获得伽勒俐的支持,得到恺撒(Caesar,即副皇帝)的称号,后又与马克西米安结盟,使其皇帝地位得到正式承认,称奥古斯都(Augustus)。为了联合帝国东部皇帝李锡尼(Licinianus,306—324年在位)共同进攻帝国西部政敌马克辛迪乌斯(Maxentius),他玩弄权谋,甚至将亲妹妹嫁给李锡尼,以此建立稳固的联盟。312年,他们联手彻底击败马克辛迪乌斯,由此君士坦丁稳坐西部唯一皇帝的宝座,成为这场较量最大的赢家。

　　李锡尼也非一介武夫,但远不及君士坦丁城府深,也没有看透其心思。君士坦丁在统一了帝国西部地区后,便开始进行统一整个帝国的斗争,此时的李锡尼对他而言不仅毫无用处,而且成为巨大的障碍,故弃之如敝屣。为了消灭这个最后的政治对手,他强化对军队的控制,完善军事建设,在其统治区域内,轻徭薄赋,实行宗教宽容政策,从而极大地增强了自身的实力。324年,他在其长子克里斯普斯的协助下于帝国东部阿纳多利亚地区的克里索波利斯(Chrisopolis)击败李锡尼,迫使其投降,后不顾亲戚关系,将其逼死在塞萨洛尼基(Thessaloniki)。这样,君士坦丁就通过精明的政治和军事手段消灭了所有割据势力,完成了统一帝国的事业。此后,他采取措施强化中央集权,亲自任免各级官吏,加强对所有军政官员的直接控制,不仅划分出上百个省区以防地方势力坐大,而且将行政和军事权力分开,令各级军政官员相互掣肘,消除了军阀割据的条件,从制度上确保皇帝的最高权威。此后,拜占庭帝国(又称为东罗马帝国)的皇帝们始终坚持君士坦丁一世开创的政治统一原则,并为此展开了不懈的努力。

君士坦丁大帝深知消除军阀割据的根本措施在于行政改革,故大力推行旨在强化中央集权的行政改革和发展经济的政策。为强化皇权,他毫不留情地杀掉任何反对派贵族领袖,剪除对其政策持有异议的"开国元勋",让他们敢于对他说三道四的嘴早早闭上。为了加强中央权力,君士坦丁刻意扩大朝廷各部门权力,增加中央官吏的数量,并把许多原来由地方控制的权力收归中央各个职能部门管理。他还委派1200名钦差大臣巡视各地,他们成为中央政府加强对地方控制的工具,随时将监视地方官员动向的报告提交给皇帝。为了有效地防止和克服军阀割据的现象,他废除了戴克里先曾推行的"四帝共治制",将包括高卢、意大利、伊里利亚和东方大区在内的整个帝国重新划分为行省,均由中央政府严密控制。君士坦丁改革后行省的数量增加到120个左右。为了强化皇权,君士坦丁一改晚期罗马帝国皇帝任命皇位继承人的拟制血亲制度,抛弃了在位皇帝收养"义子"的传统习俗,建立了血亲世袭皇权的王朝制度,任命其两宫皇后所生的4个儿子为副皇帝,作为其皇权继承人。这一举措可以被看做是罗马帝国皇帝继承制度的重要改革。有人说他杀掉其长子克里斯普斯是听信了后任年轻妻子的谗言,事实上,他是为了剪除一个战功卓越以至功高盖主的大将所造成的威胁,其心狠手辣实在是与其千古一帝的名声相符合。

君士坦丁一世的威严和权力着实让后人羡慕不已,其行政改革的方向和成果基本上为后来的皇帝们所坚持和巩固。塞奥多西一世(Theodosius I, 379—395年在位)统治时期,中央政府采取一系列措施打击罗马旧贵族的反抗,削弱元老院的权力,加强皇帝为首的中央政府的权力。塞奥多西二世(Theodosius II, 408—450年在位)在位时还组织法学家编纂了著名的《塞奥多西法典》,该法典于438年正式颁布,成为6世纪查士丁尼一世编纂的《罗马民法大全》的蓝本。这些强化皇权的措施到末代皇帝时连想都不敢想了。

拜占庭帝国政治上的统一还必须配以思想上的一致,在这个方面,君士坦丁大帝紧紧抓住了基督教这个有效的工具,其基督教化政策具有最为深远的影响,这一政策的推行不仅使拜占庭帝国从此开始逐渐演变为基督教帝国,而且促使基督教转变为国家宗教,从此在欧洲地中海世界稳定扩展,并最终成为欧洲人的核心信仰。作为当时最杰出的政治家,君士坦丁皇帝深刻了解基督教发展的现实,充分认识到势力不断增强的基督教是实现其政治目标的最佳帮手。当君士坦丁在约克郡被其父的部下拥立为皇帝时,他即开始利用基督教应对险恶形势,因为在军阀割据的几大势力中,君士坦丁的实力最为弱小:一者其所辖高卢地区比帝国的伊里利亚、东方和意大利诸大区疆域小,开发得晚而相对落后贫穷;二者其控制的军队人数比较少,士兵的素质远不能与训练有素的其他大区军队相比。为了改变不利局面,君士坦丁一世一方面在政治上采取策略,在军事上扩充实力,另一方面通过多项保护基督徒的法令,明令辖区各级军政官员在对基督教徒执法过程中减少流血冲突,争取民众支持,从而揭开了其基督教化政策的序幕。他继位后立即在不列颠、高卢和西班牙等辖区取消了前朝皇帝颁布的各项迫害基督徒的法令,下令各地军政官吏停止迫害行动,要求他们尊重基督徒的信仰自由。他还在各种场合公开斥责采取野蛮手段迫害不同信仰者的行径。有人说,君士坦丁之所以采取保护基督教的政策是纯粹出于虔诚的信仰,也有人说,他痛悔自己误杀克里斯普斯而皈依基督教。事实上,其基督教化政策是当时社会变革的总形势使然。当晚期罗马帝国在经济、政治、文化和道德上发生全面崩溃的时候,社会精神生活也陷入危机,人们对摆脱现世的困苦感到绝望,各种传统的多神教仪式无法为民众提供思想上的安慰。基督教作为一神教不仅简化了宗教崇拜的仪式,更符合动荡生活中民众的实际情况,而且将原本更为直接的"神恩"转变为更为虚空的上帝恩典,从而为现实生活中苦难的心灵提供了美好"希望"(千年王国),适应了晚期罗马帝国的政治现实,比多神教更充分地满足了社会各阶层的需要,因此发展成为跨国界的多民族、不同阶级笃信的世界性宗教。作为富有洞察力的政治家,君士坦丁只是顺应时代潮流而已。

君士坦丁保护基督教的政策确实稳定了军心,鼓舞了士气,增强了为其作战的哥特将士的凝聚力。他巧妙地利用基督教作为其建立政治联盟、分化政治对手以图各个击破、最终消除分裂割据势力的工具。312 年,君士坦丁进军意大利,他选择李锡尼为盟友,推行支持基督教的政策。次年,双方在米兰共同颁发《米兰赦令》(Edict of Milan),明确宣布基督教为合法的宗教,还首次允许基督教会拥有财产。君士坦丁还利用基督教鼓舞士气,统一全军官兵的思想,振奋士兵的精神。很多人都相信,君士坦丁在进军意大利途中受到上帝显灵托梦,并因此公开打出带有十字架标志的拉伯兰军旗,声称上帝亲口告诉他"跟着它前进所向无敌"。如果我们联想陈胜吴广起义途中编造的故事,那么君士坦丁假借上帝之名使其发动

君士坦丁大帝与李锡尼一同发布《米兰敕令》

的统一帝国的战争具有神圣的色彩就不难理解了。他这样做就把其劳师远征的战争行为归于天意,巧妙地掩盖了其称霸整个帝国的政治野心,以基督教信仰统一全军将士的思想,使普通士兵和广大民众支持其统一帝国的战争。

君士坦丁还借口李锡尼对基督教徒进行迫害对其发动进攻,最终达到了建立统一的中央集权的专制君主统治的目的。在君士坦丁专制皇权统治下,基督教从被利用的工具和被控制的对象,变成为其维护皇帝集权的工具。他充分利用基督教教会协助恢复帝国行政管理系统,将1800名主教分派到各行省,其中1000名在东部,800名在西部,主教之下的各级神职人员的活动范围深入到村庄农户,行使官方任命的司法和宗教权力,有效地控制了庞大帝国社会的精神生活。进而,君士坦丁授予基督教免税权、财产继承权、司法审判权、接受捐赠权等各种特权。他还大肆宣传君权神授理论,宣称其对世界的统治权来自上帝,他本人则成为上帝意志的执行者。他在新建的君士坦丁堡中心广场上耸立起高大的皇帝雕像,其右手不仅持有象征统治世界的地球,而且有象征君权神授的十字架。

君士坦丁是何等聪明之人,在多神教和基督教信仰并存的时代,他知道如何权衡各教派势力。君士坦丁从维护统一帝国的政治需要,实行宗教宽容政策,无论对基督教正统派,或基督教异端阿利乌派(Arians),还是多神教派,都给以宽容和支持,但前提是要拥护和效忠皇帝。为了减少因神学争论造成的社会分裂,君士坦丁皇帝亲自主持召开了尼西亚基督教主教会议,统一教义和神学。尼西亚会议标志着原始基督教的质变,它实质上已成为罗马帝国的国教,正因为如此,基督教至今还把这次会议当作"第一次大公会议"。他还采取多项措施力图使多神教徒和基督徒之间能融洽相处,在推行宗教政策过程中力图保持一种没有倾向性的最高仲裁权,在实际行动中极力消除宗教对立。甚至在他宣称皈依基督教之后也迟迟没有受洗,这位被后世基督徒尊崇为"第一位基督教的皇帝"直到临终前才接受洗礼,以便保持其超乎所有派别之上的最高仲裁者的特殊地位。

眼见支持基督教的巨大好处,君士坦丁之后其他皇帝都继承和大力推行帝国社会基督教化的政策,特别是在塞奥多西王朝统治时期。该王朝针对欧洲地中海世界从古代向中古社会转变期间多神教和基督教派别林立的现实,强化对基督教的支持力度,采取比较坚决的措施清除多神教残余。塞奥多西一世于388年胜利平息马克西姆(Maximus)叛乱后,亲自参加在米兰召开的元老院会议,说服元老们以多数票否定了以大神朱庇特为主神的多神教崇拜,促使帝国各地贵族和元老脱去祭司的长袍，换上基督教教父的法衣。该王朝于395年颁布的法令正式确定了基督教的国教地位，甚至动用武力镇压多神教徒的反抗。在塞奥多西的公开支持下，各地基督教教士毫不犹豫地成为打、砸、抢、烧、杀的能手，主教们一改斯文仁慈的面孔，亲自率领狂热的教徒冲击多神教神庙，砍伐献祭给古代神祇的月桂树，虐待甚至杀死顽固不化的多神教信徒，埃及亚历山大最著名的古典学者海帕提娅就是被狂热的基督徒乱石砸死的。东部各省普遍发生了基督教与多神教信徒间的流血冲突，帝国政府出动军队帮助基督教取得最后胜利。

在这些皇帝中只有一个朱利安皇帝例外，他笃信诸神，少年时代在宫廷血腥内讧中目睹父母亲属的惨死，使他怀疑基督教的正确性，对阿波罗神深信不疑，以至于当政后亲自参加多神教崇拜仪式，最终被狂热的基督教徒暗杀在战场上，还落下个"背教者"的恶名。他这样不识时务的皇帝在当时和以后都为其他君主所不齿。

君士坦丁的继承者们特别羡慕他的权势，都自觉或不自觉地继续坚持其创立的皇帝对教会的"至尊权"，即召集基督教大公会议权、任免高级教士权、教义解释权、宗教事务争端的仲裁权等。不难看出，从君士坦丁一世开始的基督教化政策有助于欧洲地中海世界秩序的恢复，有利于拜占庭帝国的形成，也有利于中央集权制的王朝统治。而令制定和推行该政策的拜占庭帝国皇帝们没有想到的是，基督教也因此获得了全面发展的机会，从此开始从地中海渗透到整个欧洲各地，从君主宫廷到穷乡僻壤，逐渐建立起庞大而紧密的教会网络，从典礼仪式到意识形态，日益主宰了整个欧洲的精神文化生活。当我们今天观察欧美基督教信仰和遍布全球的超过半数人口的基督徒活动时,都会不由自主地想到君士坦丁大帝及其基督教化政策。只是,帝国末代皇帝君士坦丁十一世再也无缘享受这种令人羡慕的"至尊权",他特别厌恶那些教士自以为是,全不把自己放在眼里,成为末日帝国社会分裂的煽动者。

君士坦丁时代还面临范围广泛的古代族群移民运动,当时的皇帝们审时度势,变罗马帝国武力排斥、抵御"蛮族"入侵的政策为灵活利用日耳曼人的政策,成功地推行了"以夷制夷"的蛮族政策。所谓"蛮族",其实是罗马公民对周边原始落后族群的蔑称。现代研究认为,古代族群移民运动是个极为复杂难解的课题,特别是涉及移民运动原因的探讨,更是见仁见智。但是,蛮族入侵成为晚期罗马帝国面临的严重外患和急待解决的问题却是不争的事实。4世纪前后,日耳曼各部落在匈奴人的进攻压力下加快了向西迁徙的速度,拜占庭军队几乎无法阻挡其涌入帝国的浪潮,被迫采取接纳和利用蛮族的政策。

君士坦丁一世聪明之处在于他绝不"硬顶"举族迁徙而来的哥特人浪潮。他首先调整政策,接受哥特人为帝国的臣民,允许他们在帝国边境地区定居垦荒,交纳赋税,服劳役和兵役,而且大量利用哥特人雇佣兵,在帝国军队中建立哥特人兵团,吸收哥特人担任军官,甚至让他们担任高级将领,管理那些桀骜不驯的野蛮人。这种政策调整有利有弊,因为哥特人进入拜占庭社会生活产生的多方面影响极为复杂。首先,哥特人为拜占庭国家经济注入了新的活力,带来了一种全新的方式,即普遍存在于日耳曼各部落的农村公社。这种经济生活方式,就个体而言,与拜占庭帝国早期历史上逐步发展起来的小农经济十分相似。拜占庭政府从一开始就允许定居在巴尔干半岛和小亚细亚地区的哥特人保持其农村公社制度,让他们继续按照其过去的习俗生活。由于大批哥特人按照约定向拜占庭政府交纳赋税,从而缓解了拜占庭国家的财政困难。其次,哥特人为拜占庭军队提供了兵源。一方面,他们作为士兵,以整个部落组成的兵团参与拜占庭军队对外战争。由于他们勇敢尚武、忠诚团结,使拜占庭军队作战能力得到提高。据记载,君士坦丁皇帝的军队中有4万哥特士兵,其中一些人还担任罗马军队重要职务。另一方面,君士坦丁及其后人大胆任用哥特人担任军中要职,使用哥特御林军代替经常哗变的拜占庭贵族卫队,个别哥特将领甚至进入了元老院。哥特人补充到拜占庭军队中并将家眷驻扎在边境地带不仅有助于抵御外敌,有效地阻止了其他游牧民族对拜占庭帝国领土的进攻,而且为士气不振的拜占庭军队注入了一些生气,习惯单兵

390年的埃及方尖石碑的柱基——皇帝在大竞技场包厢内接受跪拜的蛮族进贡

作战的哥特将领也部分地改变了陈旧的罗马兵团式作战的战略战术。显然，帝国军队在无力抵抗日耳曼民族迁徙带来的压力的情况下，合理安置、充分利用这些新生力量不失为早期拜占庭皇帝们的明智之举。

塞奥多西一世王朝统治时期，帝国政府继续沿袭君士坦丁皇帝的政策，即安抚利用"蛮族"的政策，一方面允许多瑙河以北的哥特人进入色雷斯地区定居，另一方面积极招募哥特人加入帝国军队，重用哥特将领。当时，多次侵入帝国的斯基泰人、萨克森人、摩尔人和萨尔马提亚人尚处于原始社会末期，凶猛彪悍，好战尚武，特别是哥特人熟悉罗马军队的战法，因此，拜占庭帝国对于这些难以征服的蛮族只能采取怀柔利用政策。帝国政府分化瓦解了哥特人新首领阿拉里克(Alaric)的势力，允许其组织部落联盟，收编哥特人散兵游勇。朝廷还在马其顿和色雷斯地区为臣服的哥特人划定定居区，让他们自行安排农牧业生产。出生于今西班牙南部的塞奥多西还仿效君士坦丁，吸收数万哥特人进入拜占庭军队，组成"同盟者"军团。395年，哥特人在阿拉里克(395—410)的率领下发动民族起义，从巴尔干半岛北部向南进攻，侵入色雷斯和马其顿地区，兵锋直指君士坦丁堡。拜占庭朝野极为震惊，立即展开外交斡旋，说服阿拉里克改变进攻计划，挥军南下希腊阿提卡和伯罗奔尼撒半岛，而后转向西方的意大利。

哥特军事贵族骄横跋扈，终于激起"希腊"贵族的愤怒，他们于公元400年首都君士坦丁堡民众发动的反哥特人起义中大开杀戒，哥特人在早期拜占庭国家的军事势力从此被清除，哥特贵族对拜占庭帝国政治军事生活的影响从此逐步消失。5世纪威胁拜占庭国家的东哥特人领袖塞奥多里克（Theodoric, 471—493）也是在拜占庭人的劝说下前往意大利,灭亡了奥多亚克（Odoacer, 476—493）领导下的西哥特王国。君士坦丁时代的拜占庭帝国因此解决了蛮族入侵的问题,而没有像西罗马帝国在蛮族入侵的打击下最终灭亡。一些学者认为,拜占庭帝国所处的东地中海沿海地区与西欧相比,具有某种交通上的便利,有助于日耳曼人的移民运动,因此早期拜占庭帝国政府不仅可以对外来移民采取利用政策,也可以采取"祸水西引"的措施,从而具有规避民族迁徙浪潮冲击的优势,避免了西欧地区的罗马帝国残余势力在"蛮族"入侵浪潮下覆灭的命运。这种认识,有一定合理的因素。

　　君士坦丁时代也是地中海世界恢复经济、发展农业、奖励工商的盛世,尽管相关的史料比较零散,但是从现代考古学的新发现可以推测,这个时代的皇帝们大力推行经济改革政策产生了良好的效果。"公元3世纪大危机"曾使地中海古代经济生活迅速瓦解,城市生活农村化,商业活动倒退到以物易物的状况,物价飞涨伴随着货币贬值,人们不再需要贵金属货币。晚期罗马帝国的内战使帝国陷入混乱,恶劣的政治环境破坏了经济生活的正常秩序,上层军事将领和政客们乘机聚敛财富的行为和国家官吏的普遍贪污腐败不仅侵蚀国家政治和经济机体,而且扩大了社会各阶层之间的贫富差距,激化了他们之间存在的深刻矛盾。正是在普遍的危机中,君士坦丁时代的皇帝们大力支持新型隶农生产的发展,推动盛产谷物的叙利亚和小亚细亚地区多种农业经济形态的活动,当地长期存在的诸如永佃制和代耕制等形式的自由小农租种土地的制度得到发展和普及,使隶农和自由小农的人数迅速增加。人身的部分解放和农

二　帝国崛起

400 年的象牙雕刻

390 年前后的雕有竞技场面的方尖碑

民对相对独立的小农经济利益的追求激发了农村劳动力的积极性，提高了农业生产率，活跃了农村经济，从而为拜占庭帝国度过危机奠定了坚实的物质基础。

我们很难想象那个时代新都的繁荣昌盛，但从当时币制的稳定可以看出帝国工商业的兴起。一方面，农业生产为城乡工商业提供了丰富的农副产品和原料，另一方面，城乡经济交流的加强和国内商品市场的形成也为活跃的国际商业贸易奠定了基础，使君士坦丁堡的商业地理优势得到充分发挥。最值得注意的经济现象是君士坦丁一世发行了标准的贵金属货币，建立了稳定的金本位货币系统，诚如拜占庭学家奥斯特洛格尔斯基所说："君士坦丁大帝建立了一种相当稳定的货币体系。该体系以金币索里德为基础，标准索里德每枚重4.48克，每镑黄金等于72枚索里德。与之相应的是重2.24克的银币塞里夸，相当于1索里德的1/24，这是因为黄金和白银的比值为1∶12。这一货币体系具有相当长的生命力。在长达整整1000年间，君士坦丁的金币索里德（希腊语称为"诺米斯马"νόμισμα，后称υπέρπυρον）奠定了拜占庭货币体系的基础，并在几个世纪里享有国际贸易'硬通货'的美誉。"我们不敢说这个时期经济繁荣到何种程度，但是一种货币能够稳定地使用数个世纪，其体系维系了千年之久，恐怕在人类中古历史上是绝无仅有的。至今，我们在中国发掘的古墓中仍旧可以找到那个遥远国度的金币，诚如著名考古学家夏鼐先生所言，我国发现的外国古币数量，波斯银币第一、东罗马金币第二。

显然，君士坦丁大帝无愧于其千古一帝的美誉，其推行的诸项基本国策历史影响深远，不仅决定了拜占庭帝国日后的走向，而且

君士坦丁一世雕像及其在位时铸造的金币

有些政策的生命力甚至超越了拜占庭帝国千余年历史时空的局限，影响至今犹存。以他为代表，包括塞奥多西一世和阿纳斯塔修斯一世(Anastasios I)等杰出皇帝在内的君主们在剧烈动荡的社会转型过程中，通过政治经济、军事外交、宗教文化等社会生活各个方面的改革，努力探索在困境中求发展，从危机中找出路的革新措施，初步解决了拜占庭国家形成初期面临的各种难题，确定了拜占庭帝国未来发展的方向，奠定了中古拜占庭文明演化的基础，基本上完成了历史赋予他们的使命。难怪拜占庭帝国后世皇帝们都乐于效仿这位伟大帝王，其中有11位连名字都与之相同，可惜有其名而无其实的平庸之辈太多，将一度强盛的帝国败落得元气尽失，帝国最终在君士坦丁十一世之手灭亡。

三

鹰旗高扬

像君士坦丁大帝一样出色的君王大多不是皇族后裔,其中值得一提的一位叫做查士丁尼一世(527—565年在位)的皇帝,他再造了6世纪拜占庭帝国的辉煌,成为拜占庭历史上最重要的皇帝之一,也是这个时代的核心人物。后代学者因此将其所在的历史时期称为"查士丁尼时代"。与君士坦丁时代相比,查士丁尼时代面临的问题略有不同,虽然这个时期的拜占庭帝国暂时摆脱了危机的困扰,但是以查士丁尼一世为代表的皇帝们仍然需要找到适合拜占庭国家生存和发展的模式,查士丁尼就力图在罗马帝国旧体制的框架内解决这一难题。

据说查士丁尼出身农民家庭,生于乱世,社会地位低下,其父是巴尔干半岛达尔达尼亚行省贝德里亚纳的农民,即便后来他当上了皇帝也没有试图找个光鲜的祖先来给自己贴金,这一点说起来有些怪,因为标榜皇族血统在当时的皇帝中非常普遍。也有人推测他具有斯拉夫人血统,大概因其家乡所在的那个地区早已住满了北方来的斯拉夫移民。他在青年时代因家境贫苦,且争斗中伤了人,被迫随其舅父(后来的查士丁一世)远离家乡,进城到首都寻找机会,先是入伍从军,在拱卫皇宫的禁卫军中服役。从军期间,他充分利用身处君士坦丁堡浓厚的文化氛围中的机会,刻苦读书,并积极参与帝国上层社会的活动,既对宫廷内的争权夺利钩心斗角非常了解,同时对下层民情百姓疾苦也深有体察。

518年7月,皇帝阿纳斯塔修斯去世,宫廷贵族争夺皇位乱作一团,这给了查士丁一世(Justin I,518—527年在位)天大的机会,在其精明的外甥的策划下,他被部下拥立为帝,随之他便任命查士丁尼一世为恺撒(副皇帝),辅佐他治理帝国。这样安排的理由除了他对这个绝顶聪明的外甥十分信任外,更是因为查士丁大字不识几个,连自己的名字都写不来,何谈治国理政。而查士丁尼在任恺撒的九年间则如鱼得水,充分发挥其聪明才智,网罗人才,厉行革新,为接任皇位做好了准备。在他担任皇帝的38年里,积极推行"清除内患,化解外争"的政策,任人唯贤,唯才是用,克勤克俭,尽心竭力,努力恢复"一个皇帝、一部法律、一个帝国"的大帝国秩序,为实现重建昔日罗马大帝国的理想拼命工作,取得了诸多影响深远的政绩。如果说君士坦丁一世是千古一帝的话,那么查士丁尼一世可以称得上是数百年才有的杰出君王。

我们不可能细数查士丁尼在位期间取得的全部成就,只能就其重要者介绍一二。首先应该提到的是查士丁尼上台伊始便下令编纂的《罗马民法大全》。查士丁尼一世即位之初,为稳定拜占庭帝国动荡不安的形势,采取了一系列强有力的改革措施。为了使庞大帝国各级官员有法可依,他针对当时成文法律极为混乱的情况,下令组成由著名法学家特里波尼安为首的10人法律编纂委员会,正式启动法典编纂工作。当时,拜占庭法律的主要大典是《塞奥多西法典》,但仍然存在前代立法版本混乱、立法概念和规定相互矛盾的现象,特别是以往的法典内容过于庞杂,缺乏法理体系,且部头太多,使用极不方便。针对这类问题,新法典删除了过时和矛盾的内容,按照"人""物""公法""私法"等主题重新编纂法典。529年,10卷本的《查士丁尼法典》(*Codex Justinianus*)问世,该法典一经颁布,立即取代其他旧法典,成为拜占庭帝国唯一具有权威性的法典。533年,由17名法学家组成的新委员会又完成了50卷本的《法学汇编》(*Digestum*)。为了普及法律知识,培养法律人才,查士丁尼下令编辑

查士丁尼皇帝

刻有查士丁尼全名的雕刻板

了4卷本的《法学总论》(*Institutiones*),它以通俗易懂的语言和明确的法学概念简明系统地总结了《法学汇编》的全部内容,并补充了大量前述两部法典未能表明的法学定理和定义。565年,查士丁尼统治末期,他又命令法学家将自己在534年以后颁布的法令编辑成《新法》(*Novellae Leges*)。这样,《罗马民法大全》(*Corpus juris civilis*)的编辑工作就顺利完成了,它为查士丁尼的改革和整顿工作提供了统一的尺度,为理顺社会各种关系提供了理论依据。由于它是欧洲历史上第一部系统完整的法典,因此它不仅成为拜占庭帝国此后历代皇帝编纂法典的依据和蓝本,而且成为欧洲各国在近代初期立法的范本。不仅如此,由于这部法典明确地确定了公法和私法的概念,为阐明私有制商品社会的复杂关系提供了法律依据,因此对近现代世界法律史发展的影响也极为深远。

《罗马民法大全》为何会具有如此强大的历史穿透力呢?这需要我们对这部法典的特点做个简要的总结。该法典通过总结和整理古代立法,对现实的改革作出理论上的规范,反映着查士丁尼重建罗马帝国的原则和思想理念。该法首先强调皇权和国家政权至高无上的地位,宣扬皇帝专制思想,提出"君权神授"和"君权神化"的理论,并明确规定皇帝拥有的各项权力,包括立法权、控制国家的最高主权,以及皇帝对国家其他经济、政治、司法、军事、宗教等多方面的权力。其次,该法提出公法优先于私法的原则,它对两者作出明确划分,即"公法是有关罗马帝国政府的法律,私法是有关个人权益的法律",对私有制的法律内涵作了系统的阐述。这样,公法的所有权就表现为国家对捐税劳役的合理征收使用,而私法权利则表现在对人、物、人权、物权和民事诉讼方面,私法的自由则是免税权。第三,该法肯定了教会在国家中的地位,它不仅拥有主管道德和义务的权力,而且拥有参与国家司法活动的权力,教会法庭具有执行民法的权力,教会法庭甚至具有高于世俗法庭的地位。第四,该法继续承认奴隶制,但是,规定教、俗各界应释放奴隶,改善奴隶的地位,承认奴隶具有人的地位。根据这部法典,奴隶不再像古代罗马法律规定的那样被视为"会说话的工具",而是不具有独立法权地位的"人",他们触犯法律将由其主人承担法律责任。第五,该法确定了社会各阶层的权利和义务,以及各阶层之间的关系,力图以法律形式稳定社会各阶层的流动,如工匠的后代只能世代做工,农夫的儿女必须永远务农,隶农则世代固着在土地上,农村的邻里之间负有相互帮助、共同完成国家税收的义务等等。第六,该法还对婚姻、财产继承等社会生活其他方面作了规定。这部法典的法理系统性、对私有制法权表述的透彻性、对商品经济下各种社会关系规定的合理性,都决定了它具有强大的生命力,能够跨越时空,影响至今犹存。

查士丁尼出身社会下层，相貌平平，但他富有责任感和掌控权力的欲望，深知各种社会弊端，因此在位期间，大刀阔斧，推行改革。首先他继续推行君士坦丁大帝以来的政策，加强以皇帝为首的中央集权，这一政策是其实现重建古罗马帝国理想的核心和政治目标。皇帝专制制度是拜占庭帝国核心的政治制度，皇帝拥有血亲世袭皇权，他可以名正言顺地将皇权传给其后代子孙。他是帝国的至高权威和尊贵形象，总揽国家所有权力并担当帝国最高立法者、执法者和监督者。这种由戴克里先和君士坦丁一世强化的制度在早期拜占庭历史上面临两种势力的威胁，其一是代表大土地贵族和旧王朝贵族势力的复辟力量，其二是不满现状的普通民众，他们通过各种公众集会屡屡对皇帝权威提出挑战。532年，这两种势力在君士坦丁堡民众大起义中争相登台，表达对查士丁尼各项改革举措的不满，并煽动全城反对皇帝的势力造反，他们充当了起义的领导者角色，差一点就推翻了查士丁尼的统治，只是由于皇后塞奥多拉为代表的朝臣坚持强硬对策，才力保其皇位不失。这次起义最终遭到王朝军队毁灭性的镇压。

起义爆发之初，由君士坦丁堡车迷协会组织的蓝、绿两色"吉莫"（Demes，意为赛区）党人首先发难，骚乱迅速扩散到城市各个角落，各阶层民众乘机表达不满，贵族也企图乱中夺权。民众高呼"尼卡"（Nικα，希腊语意为"胜利"）的口号，杀死宫廷宠臣，袭击政府机关，释放监狱囚徒，焚烧市政大厅，引发全城大火。但是，起义最终遭到镇压，贝利撒留（Belisarius）率领伊苏里亚（Isaurians）雇佣兵对被诱骗到大赛场的3万多名起义骨干进行了灭绝性的屠杀，一时间血流成河，敌视皇帝的人群纷纷倒在血泊中，古代社会的"民主"残余也在鲜血中烟消云散。在随后进行的清算中,查士丁尼无情地剪除任何异己势力,包括被起义民众临时推举为皇帝的大贵族伊帕迪奥斯(Hypatius)及其家人,许多支持或参与起义、甚至态度犹豫不决的异己贵族也被株连,君士坦丁堡一度成为查士丁尼清除异己分子的行刑场,这一血腥恐怖政策消除了皇权的敌人和威胁王朝统治的隐患。乘此时机,查士丁尼以各种理由没收贵族财产,瓦解了敌视拜占庭帝国中央集权的分裂势力。

与此同时,他强制推行皇帝个人崇拜,强化君权神授的思想,创新发明了许多礼仪,要求所有晋见皇帝者不论地位高下一律要对他和皇后行"吻靴"跪拜大礼,令尊贵的贵族们身价暴跌,在颜面尽失的同时还要表现得无比谦恭。这个转变确实难为了这些素来自高自大的贵族,要他们向这个农民皇帝低头尚且不易,更何况吻靴跪

赛奥多拉皇后镶嵌画

拜。毫无疑问,查士丁尼打击贵族的政策有效地消除了敌对势力的威胁,减弱了侵蚀中央集权的分离因素。可以想见,查士丁尼打击贵族强化皇权的改革在得到下层民众拥护的同时,也招致所有贵族的由衷痛恨。与他同时代的作家普罗柯比就是如此,后者在其《秘史》中痛下狠笔,极尽其修辞学家之能,百般诅咒谩骂查士丁尼及其皇后塞奥多拉,其语言之犀利,用意之刻毒,在世界文学史上都是少见的,这个贵族出身的作家反对查士丁尼打击贵族政策的倾向表现得淋漓尽致。

查士丁尼克勤克俭,励精图治,一生勤政,从不懈怠,为加强皇权采取了多项行政体制方面的改革,不仅取消君士坦丁时代的行政制度,将数量众多的小行省合并扩大为大省区,并将地方军、政权力重新结合,特别是在东部的亚洲领土上率先推行军、政权力合二为一的试点。他还在意大利的拉文纳和北非的迦太基建立总督区,试行总督制,使这些边远地区的最高长官能够总揽当地各方面的权力,及时应付紧急情况。而地方大员和朝廷命官无一不是由他亲自任免。这一系列强化中央集权专制政策的措施确实保证了查士丁尼王朝的统治,稳定了社会秩序,使他梦寐以求的"一个皇帝"的君主专制得到强化。为了进一步彰显神授皇权的威严,查士丁尼重新修建君士坦丁堡。他在"尼卡起义"中遭到严重损毁的城市中心区大兴土木,聘请当时著名的建筑师伊塞多利(Isidore)和安赦米奥斯(Anthemius)进行规划设计,亲自监督施工。历时五年的工程结束后,君士坦丁堡再放光辉,据普罗柯比的记载,修缮一新的建筑物包括元老院、纪念碑、斑岩圆柱、青铜雕像、30多所教堂、济贫院、收容院、修道院、女忏悔所、避难所、宫殿、广场、大皇宫、公共浴场、花园、

6世纪拜占庭镶嵌画——查士丁尼一世及其朝臣

饮水渠、蓄水池、柱廊大道、码头等等。其中最具代表性的建筑物是圣索菲亚（St. Sophia）教堂，其大厅内部高达50余米，中心穹顶直径30余米，不仅是拜占庭建筑风格的代表作，而且是欧洲地中海世界最高的建筑物，堪称中古时代的一大奇观。在一幅镶嵌画中，君士坦丁大帝和查士丁尼一世一左一右向基督敬献礼物，前者是君士坦丁堡，后者是圣索菲亚教堂，很恰当地说明了各自的重要性。

查士丁尼精力充沛，能力超群，手段老辣，想到做到，其改革不仅全面而且成效显著，其中经济改革的成效主要体现在调整税收制度和发展国内外商业贸易两个方面。拜占庭帝国税收制度是沿袭罗马帝国税制而发展的，最初就有"土地人头税"这种世界各地都存在的税种，即在税收中考虑了耕地、劳动者和劳动工具等诸种因素，在一定期限内，国家对税户进行资产和劳力核算，确定税收额度。中央政府根据各地核算的结果，登记各省区的纳税额度。由于拜占庭帝国地方官吏的腐败，上述核算过程被作了许多手脚，纳税额度掺杂了极大的水分，特别是当时流行的"包税制"严重破坏了帝国税制。查士丁尼通过立法废除了包税制，下令全国重新登记各省纳税单位和额度，指示各地税务官员必须以最大的力量和最有效的办法促使纳税人完成朝廷规定的税收，他还将普通税从原有的实物形式变为实物和货币混合税。与此同时，针对逃避国家税收的现象，查士丁尼加大了对等级税的征收，毫不留情地对频繁逃税的大土地贵族势力进行打击，重点征收贵族土地税。他还取消了贵族地主享有的免税权，要求大地主根据各自土地的多寡和劳动力的人数按时按量完成税收，如有违反严惩不贷。他借口大地主在税收问题上的违法行为，对最富有的地主采取没收地产、强迫捐献和依法惩处的措施。对教会地产的限制也同样严厉。他坚决清理包括高官显贵在内的全国税户，重新核准确定税收等级，增加新税种，整顿全国税收机构，精简各级官府，裁减官员，严厉整肃税收机构和官僚队伍。他颁布法律要求国家官吏必须关心国家利益，保证税收，尽一切可能增加国库收入，特别要按时收缴国家已规定税额的税收。大批钦差大臣被派往各行省，检查税收情况，各地的主教也被委以监督税收的职责。凡被发现违反法律规定的官员均受到查处，撤职监禁，财产充公，而为官清廉、办事公道、税收得力的官员则受到奖励和加官晋爵。这一系列的措施搞得贵族官吏们人人自危，因为拜占庭高官显贵几乎没有不贪污腐败逃避税收的，普罗柯比对此均有精彩的描写。

查士丁尼强于敛财，国库里常常大进大出，而发展商业贸易是其经济改革政策的另一项重要内容。早在罗马帝国时代，东西方商业贸易就已经十分活跃，著名的"丝绸之路"此时已经存在了几百年。拜占庭帝国凭借有利的地理位置，在东西方贸易中获得了巨大的利益。但是，这些收益并不能满足大笔开销，他希望拜占庭帝国能在对东方的商业活动中占有更大的份额。当时，来自远东的中国丝绸和印度香料等贵重商品并不是直接到达安条克、亚历山大等地中海东部各帝国口岸城市，中途需经过萨珊波斯（Sassanid Persia）控制的陆路和阿拉伯人控制的海路，巨额利润要经过多次瓜分，特别是在拜占庭和波斯两国关系紧张时期，垄断东方货物几乎成了波斯人手中的一张王牌。因此，查士丁尼决心打通新的商路，发展海上势力，建立东西方之间直接的商业往来，打破波斯人的贸易垄断。在这一视野广阔的政策鼓励下，拜占庭商人积极投身到开发远东商路的活动中。为了保护拜占庭帝国的商业利益，他与波斯人展开了争夺红海贸易的激烈斗争。正是在查士丁尼的支持下，拜占庭人从中国引进育蚕丝织技术，促使拜占庭帝国从此发展起自己的丝织业，在科林斯（Corinth）、伯罗奔尼撒半岛形成了几个丝织业中心，它们又成为中国育蚕丝织技术西传的中续站，而欧洲也从此开始了其丝织业的历史。与丝织业同时发展起来的还有手工业，贵金属加工、兵器生产、珠宝首饰制作等都发展成为享誉世界的拜占庭民族产业。

处处策划改革、时时不甘寂寞的查士丁尼还推行了一套积极的宗教政策，为打造其理想中的帝国加强意识形态控制。早期拜占庭帝国历史上曾发生过三次重大的神学争论，即4世纪发生的所谓阿利乌派学说之争、5世纪的聂斯脱利教义(Nestorianism)之争和6世纪中期激化的"一性论(Monophysites)之争"。这些争论都是围绕着如何解释基督具有的神、人两性进行的,查士丁尼时代主要面临的是一性论的争论。一性论神学主张基督在所谓道成肉身后,其神性和人性合二为一。这种神学思想在埃及、叙利亚和巴勒斯坦等拜占庭帝国东部地区广泛流行,但谁也说不清神、人两性的关系如何。当时,"一性论之争"达到了白热化的程度,所有信徒都能够根据自己对这个问题的理解,滔滔不绝,胡侃一气,尤其那些无所事事的"街头文人"和故弄玄虚的"神学家"找到了发挥其才能的机会。为了争辩这个永远弄不清的问题,正常的交易被终止,完整的家庭因此破裂,父子反目、夫妻成仇的现象非常普遍。这种思想混乱的状况是查士丁尼一世不能容忍的,因为,他认为在一个皇帝统治下的统一帝国只能有一种信仰,他要通过对宗教事务的干预恢复皇帝对教会的绝对权威,强化"至尊权"。

为了理清神学信条,查士丁尼夜不成寐,刻苦钻研,形成了自己的看法,并于553年召集君士坦丁堡宗教大会,此后他和皇后塞奥多拉在皇宫中举行500名教士和信徒参加的大会,讨论一性论神学。为了弄清楚争论的内容,据说他挑灯夜读,研读神学书籍,思考神学问题。事实上,作为强势铁腕政治家的他,更多思考的是如何加强皇帝的至尊权。查士丁尼公开宣布自己是正统国教的保护者,并大力支持基督教,兴建了许多教堂和修道院,授予教会多方面的特权。他一方面强令所有异教徒改信国教,另一方面以高压手段打击不愿屈服的异端人士。529年,查士丁尼关闭了被视为古典思想中心和传播异教学说基地的雅典学园,后来还让人烧毁了传播异端邪说的亚历山大图书馆。同时，他下令所有持非正统教义的信徒限期三个月皈依国教，否则剥夺其政治和宗教信仰权，并以重税和劳役实行经济上的迫害。实际上，在皇后塞奥多拉于548年病故前，他只是动动嘴皮子，并未动真格的。但是皇后去世后，他主持召开第五次基督教大会，决定严厉迫害"一性论派"信徒和所有反对其宗教政策的人士。这些宗教迫害措施激起东部各省的起义，也加剧了帝国东部地区民众离心离德的倾向。显然，查士丁尼从政治角度出发处理宗教问题，最终都未能解决拜占庭帝国内部的宗教分歧。事实上，围绕"一性论"进行的神学争论不仅是基督教正统和非正统教派间的斗争，而且反映拜占庭社会多种深刻的矛盾，亦即经济上比较富裕的东部各行省不满于帝国中央政府沉重的剥削，亚洲各被统治族群也对西部贵族的长期政治歧视和压迫心怀仇恨，他们利用宗教问题与朝廷对抗，而查士丁尼的基督教政策强化了这些复杂的矛盾，埋下了这些地区日后脱离帝国统治的祸根。

也许人们在谈论查士丁尼统治时最关注其成功的对外战争，因为查士丁尼文治武功最显明的成就表现在国家实力的增强和在对外战争中取得胜利。这位多少有些好大喜功的皇帝在收复失地、恢复帝国领土、重振昔日罗马帝国雄风的追求中，可以算得上是最突出的代表，他发动的多次对外战争确实一度完成了"光复帝国"的"伟大事业"。查士丁尼对外战争主要包括"汪达尔战争""哥特战争"和"波斯战争"，而贝利撒留这位拜占庭历史上最杰出的军事战略家和战争指挥者帮助查士丁尼实现了梦想，为拜占庭帝国恢复"罗马帝国"昔日疆域立下赫赫功绩。

如何评价查士丁尼的功过是非一直是拜占庭研究的热点问题。

应该说,农民出身的查士丁尼生前基本上实现了他的政治理想,无论在内政还是在外交方面,都取得了令其后人羡慕的成就。尤其值得称道的是他主持编纂的法典无论在当时还是对后世均意义重大,影响深远。他推行的政治、经济和社会改革都取得了成效,特别是在对外战争中取得的军事成就一度再现了罗马帝国辉煌时代的疆域,而他在位期间的种种成功改革奠定了其后多个王朝继续改革的基础。这样的帝王想不成为后世来者的榜样都难,而末代皇帝也曾胸怀大志,力图效仿君士坦丁和查士丁尼,只可惜历史没有再给他这样的机会了。

就个人品格而言,查士丁尼一生克勤克俭、勤政为民、事必躬亲、不尚享乐,尤其是他一生挚爱塞奥多拉,从无寻花问柳之事,皇后去世后近20年,他天天去墓前祷告,点燃相思蜡烛,一直没有再婚,这比君士坦丁一世与其侄女结婚的变态婚恋不知高洁多少倍。就个人能力而言,此后的拜占庭皇帝不乏杰出者,他们或武功卓越,或文采超群,或是理政高手,或为敛钱专家,但像查士丁尼这般掌控内政外交、开疆拓土、政效突出且品德端正的君王难觅踪影,综合考察,后世无人可望其项背。

查士丁尼于565年去世,享年83岁,确属当时的高寿帝王,而早期拜占庭帝国重现罗马大帝国的"荣耀"很快便烟消云散,古罗马帝国的旧梦很快成为后人的回忆。查士丁尼生前取得的成就在其身后未能持久的原因,后人评价多多。比较普遍的意见认为,他的好大喜功、穷兵黩武、大兴土木耗尽了帝国的资源,而他将帝国战略中心从东方转移到西方是错误的选择,加之以暴力对待信仰的宗教政策都加剧了其昙花一现大帝国的脆弱性。这些评价貌似公允,却缺乏历史感。我们在评价查士丁尼一世成败得失时更应该跨越时空，真切理解他所在的时代，应该注重分析他在应对时代难题时的表现和成效，就此而言，他生前是成功的。至于他身后的帝国是否能够长久，似乎不在他的权限范围，而更应要求其后的皇帝。也许查士丁尼不懂得"治大国如烹小鲜"的道理，过于激烈的改革带来的社会阵痛是拜占庭帝国难以完全承受的，这在古今中外的历史上看得再明白不过了。

对于查士丁尼之后半个世纪内拜占庭帝国迅速滑落低谷的原因需要做多因素的考虑，除了政治经济、文化等方面的因素外，还应该注意那些自然灾害特别是流行于地中海世界的大瘟疫的影响，正

6世纪拜占庭金币（自上而下为查士丁尼一世金币、查士丁尼二世金币、利奥六世金币）

是在此后一个世纪反复爆发的鼠疫的沉重打击下,拜占庭帝国陷入了空前严重的衰退。根据当时多种史料记载,6世纪中期开始爆发的鼠疫始于埃及,由此向北传播到君士坦丁堡。突如其来的瘟疫令医术高超的拜占庭医生也束手无策,鼠疫高峰时期的首都每天运出城外的尸体就有五六千具,最严重时病死人数高达16000人。这场后世称为"查士丁尼瘟疫"的严重鼠疫持续了3个月,并在地中海沿岸人口密集区肆虐,反复爆发持续了一个世纪,不仅使帝国遭受了空前严重的人力损失,而且严重扰乱了帝国正常的社会生活。这种"人力"无法克服的"天力"是后世史家往往忽略的,其对查士丁尼帝国的负面影响也需要重新认识。如果说,查士丁尼推行的积极的内外政策加速了地中海世界的人员和物资流动,无意间促成了疾病流行的话,那么其严重后果也是查士丁尼始料不及的。我们对历史人物不必苛求。

四

中古奇观

四

中古歌謡

查士丁尼时代的拜占庭帝国繁荣强盛,这一点可以从保存至今的大量拜占庭艺术品中得到印证。无论是建筑技术还是镶嵌画技法都在这个时期达到发展的顶峰,其建筑物之宏伟壮丽,其金银宝石加工等微型艺术品之鬼斧神工,可以说前无古人后无来者,不仅形成了独具特色的拜占庭风格,而且以后再也没有出现过如此辉煌的艺术发展,那座至今依然耸立在博斯普鲁斯海峡西侧的圣索菲亚教堂成为拜占庭帝国的标志性建筑物,是东罗马帝国的"金字塔",是君士坦丁堡的"埃菲尔铁塔",是拜占庭人的"悉尼歌剧院"。

拜占庭人不善于创新却非常热衷于继承,其"拜占庭"建筑艺术是在罗马建筑工程技术基础上发展起来的。但与拜占庭文化其他

圣索菲亚大教堂全景

领域略有区别的是，其建筑艺术在继承的基础上有诸多创新，形成了世界建筑史上的"拜占庭风格"，并对世界很多地区产生了极大的影响，在欧、亚、美洲地区广泛分布着拜占庭式建筑，或者带有拜占庭风格的建筑，其中圣索菲亚教堂是拜占庭建筑的典型代表作。该教堂被后人称作"古代世界第八大奇观"，也是其他民族刻意模仿的榜样，在巴尔干半岛、意大利、俄罗斯、中欧，甚至在英、法等西欧国家均保留大量拜占庭式教堂。拜占庭建筑特点一方面体现在设计布局和建筑材料的使用上，另一方面体现在对建筑物的内外装修上。拜占庭建筑师在罗马式建筑传统的长方形大殿基础上，进行横向扩展和分割，形成以中心大厅为核心的多厅建筑，平面图呈十字形。建筑内主厅和回廊之间以希腊式柱廊分割，各部空间似通非通，内部景物若隐若现。拜占庭建筑师充分发挥罗马拱形建筑的优越性，利用多个拱形构成半圆球形，在十字交叉大厅上空建造巨大的穹顶。同时，他们将罗马时代通用的厚重墙壁改造成为柱廊，将建筑物上部和天花板的沉重压力化解于无形，使得整个建筑物凸显出轻巧的特点。这种建筑力学上的合理性保证了该教堂在地震多发区的稳定性，经历了1400多年的风雨，依然稳如磐石。当你置身于圣索菲亚教堂那宏伟的大厅中时，不由自主地就会感觉上帝的伟大和自身的渺小，在惊叹之余，恐惧和信仰油然而生。

当我们仔细观察这些古代建筑时很容易发现拜占庭人在建筑材料使用方面与古人不同，他们很少使用古代建筑常见的巨大石料，而以砖和小石块为主，不仅墙体如此，而且跨度极大的穹顶也很特别，是使用特制的首尾衔接的空心陶管，通过半球形的整体设计，将穹顶和天花板的重量均匀分布到下面四周的石柱上。为解决采光问题，拜占庭建筑师在穹顶侧面开设系列天窗，例如圣索菲亚教堂半球形穹顶下部开设一圈小天窗，既解决采光问题也减轻穹顶的重量。教堂外部鲜有装饰，仅用矿物染料涂抹或不同色彩的砖石拼出图案，内部或用镶嵌画装饰或用圣像壁画装饰。另一种有特色的装饰反映在柱头雕刻中，拜占庭人在古希腊科林斯式叶片柱头的基础上发展出花篮式柱头，并以动植物和基督教抽象符号深浅浮雕作装饰。总之，拜占庭建筑的精巧特点与古典希腊罗马建筑的质朴宏大厚重坚固形成鲜明的对比，而其重内部装饰轻外部装饰的特点又与意大利文艺复兴时代建筑重外轻内的装饰风格迥然有别，形成其独具特色的拜占庭建筑风格。除了教堂外，人们还可以从少数拜占庭世俗建筑遗址中发现，拜占庭人注意建筑物内部空间多层次的利用，例如大皇宫的主殿被分成前殿、后殿、侧廊、门廊等部分。在皇宫遗址建筑群中，还有淋浴室、武器库、图书馆、博物馆等，建筑的形式依据不同的用途而设计，或分或合，一些建筑群中还有多层楼房。

查士丁尼确实好大喜功，他的时代也是大兴土木的时期，是拜占庭建筑艺术突飞猛进发展的时代，这位皇帝为重建昔日罗马帝国的光荣竭尽全力，他重新修建君士坦丁堡，为打造出新的圣索菲亚教堂这一"精品工程"不惜一切。查士丁尼在532年"尼卡起义"之后，开始其重建首都计划，这为拜占庭建筑师提供了施展才华的机会，君士坦丁堡工地成为他们尽情创造的舞台。查士丁尼聘请当时著名的建筑师伊塞多利（Isidore）和安赦米奥斯（Anthemius）制定了庞大的计划，五年后，重建的君士坦丁堡再放光辉，宏伟的圣索菲亚教堂屹立在城市中心，成为拜占庭建筑风格的代表作。拜占庭建筑艺术的这个辉煌时代以后再也没有出现过。

据普罗柯比在《建筑》一书中的记载,这个时期在君士坦丁堡建立和修缮的教堂就有33座。此外,豪华的黛屋希裸公共浴池和皇家花园都在原来的旧址上加以扩建。庞大的修建工程直到查士丁尼一世去世以后仍然继续进行,这使君士坦丁堡这颗珍珠重放光彩。普罗柯比提到的建筑物包括:奥古斯都广场旁的元老院、广场上高大的石柱及其顶端的查士丁尼骑在马上的铜像、埃琳娜教堂、大济贫院、伊西多鲁收容院、阿卡迪收容院、圣母玛利亚教堂、布拉切奈教堂、巴鲁克利教堂、金门教堂、喷泉教堂、悉艾龙教堂、圣安娜教堂、邹伊教堂、大天使米迦勒教堂、圣彼得教堂、圣保罗教堂、赫尔米斯达宫殿、塞尔吉教堂、巴库斯教堂、特卖努西庭院、圣使徒教堂、圣约翰教堂、君士坦提乌斯教堂、阿卡西乌斯教堂、圣佩拉图教堂、圣塞克拉教堂、塞拉教堂、圣劳伦斯教堂、圣女教堂、圣尼古拉教堂、圣普里斯库斯教堂、圣格玛斯教堂、圣达米安教堂、圣安塞姆教堂、安娜普鲁斯港口、海滨市场、海滨女修道院、女子忏悔所、海角教堂、阿叶龙尼避难所、阿瑞斯宫殿、奥古斯都广场、大皇宫、阿卡迪娜公共浴场、市郊花园、饮水渠、蓄水池、柱廊大道、赫拉宫殿、尤侃迪娜宫殿、城东码头、赫拉码头等等。用普罗柯比的话说,"该城其余地方的一些最著名的建筑,特别是皇宫那些雄伟壮观的建筑已被纵火烧毁,夷为平地。不过,皇帝以比原来更漂亮的形式重建或修复了这些建筑"。

还是让我们欣赏一下当时身临其境目睹了圣索菲亚教堂胜景的普氏是如何用他的生花妙笔描写自己的感受的:

这座教堂因此成为一个美妙绝伦的景观,看到她的人无不为之倾倒,但那些通过传闻听说的人还是完全不能相信……她

圣索菲亚教堂内景

高高地耸立于云霄之中,仿佛巍然屹立在其他建筑物之上,俯瞰着整座城市,所有的建筑都仰慕她,因为她是该城中最壮观的部分,她以自己的壮美傲视整个城市。她的长宽比例协调,可以这么说,其造型极其匀称。她以难以置信的典雅之美令人流连忘返,且以惊人的巨大容量和结构匀称让世人倾倒,她具有比我们所熟知的其他建筑物更多的优点而独树一帜。该建筑虽然面积巨大,但难能可贵之处在于有充足的阳光照射进来,大理石反射光把整个教堂照得通明,的确,不借助太阳的光线教堂内部不会发光,但大殿内部能够借助墙面的反射生成光线,使整个大殿沐浴在明亮的光照之中。教堂的正面朝向太阳升起的方向,在阳光下教堂正面充满了神秘氛围,令人无限崇敬上帝。正面是以下列方式建筑的……不是按照一条直线建造的,而是从周围侧面逐渐向内部弯曲……形成一半圆形状。就是建筑师们极擅长制作的一种叫半圆筒的建筑。然后,这部分升高到令人吃惊的高度……这个结构上面的部分是个球体,在球形结构的上面建筑了另一个新月形的结构,以利于建筑物的各个部分相互衔接,她的外观优雅美妙绝伦,但由于这种构造的各个部分似乎给人不稳固的感觉而令人生畏。……由于美丽的景象总是不断地忽现眼前,看者必然认为整个建筑细节都美妙绝伦。然而,即便看客注意到每个方面,并被每个细节所吸引,他们仍然不能了解能工巧匠们精湛的技艺,以至于他们流连忘返……许多技能我既没有能力完全理解,也不可能用文字解说清楚。这里我只能用文字记录其中的一个侧面,以使人们获得整个建筑美好的印象……教堂的内部显得高大无比。它们还有黄金装饰的穹隆天花板,有一个柱廊侧厅是给男礼拜者使用的,另一个是给女礼拜者设计的。但是它们都一样富丽堂皇,没有任何的区别……无论何时,进入这座教堂祈祷的人都会立刻相信这绝非凡人智慧所造,而是上帝圣意使然,一切都在瞬间化为美好幻象。为此,他的思想受到上帝的启示,精神倍受鼓舞,不由得颂扬神的伟大,并确信上帝没有远离,他就在这里,一定圣临在这座宫殿里,因为他喜爱这个地方。……可以说,这座君士坦丁堡教堂(人们习惯上称她为大教堂)就是查士丁尼皇帝以这种方式建成的。正如我马上要说明的,皇帝不仅用金钱而且用无数人的智慧和汗水建造了这个教堂。

这里,我们不仅可以欣赏到大教堂的壮美华丽,也能够领略到1400年前拜占庭优秀作家的文采。

也是在教堂的内部装饰上,拜占庭艺术家将镶嵌画艺术发展到了极致,以至于这种早在古典时代就出现的艺术成了拜占庭的民族特色艺术,读者在谈论拜占庭圣像时会立即联想起色彩斑斓的镶嵌画就表明了这一点。在现存的大量镶嵌画中,拜占庭人的作品最丰富,工艺水平最高。但是,镶嵌画这种艺术形式并不是拜占庭人的发明,它起源于古典时代的希腊,普及于罗马帝国时期,拜占庭艺术家将这种艺术形式发展到最高阶段。制作镶嵌画费用高昂,拜占庭镶嵌画的辉煌时代也是其国力最强盛的时期。镶嵌画采用天然彩

圣索菲亚教堂穹顶细部

色石料或彩色玻璃作为基本材料，其绚丽多彩的色泽因此得以永久保持，使后人在数百年甚至上千年后仍然能够在许多古代遗迹里欣赏到这种给人留下深刻印象的艺术品。镶嵌画早在古希腊时代即已出现，镶嵌画装饰的地板在许多古希腊遗址均可见到。罗马帝国时代，镶嵌画被广泛应用在公共建筑和公众聚会的广场及集市的地面上。例如现存美国普林斯顿大学博物馆的3世纪安条克罗马古建筑镶嵌画地板"酒神狂饮图"是典型的罗马绘画风格，而现存巴黎罗浮宫博物馆的4世纪安条克古罗马镶嵌画地板"动植物花草"图构图更为生动活泼。

　　拜占庭艺术家们万分珍惜古代艺术技巧，精确地继承古代艺术传统，继续在水平的地面上装饰镶嵌画，例如现存美国马萨诸塞艺术博物馆的5世纪镶嵌画地板"狩猎图"，就充分地继承发挥了罗马的镶嵌艺术，其构图布局合理，狩猎场面生动，猎人与雄狮拼搏，花豹与熊罴周旋，形象逼真，意趣无限。另一幅5世纪拜占庭人创作的镶嵌画地板"动植物"图也是如此，画面上形象地描绘着十多种飞禽和植物，栩栩如生，色彩鲜艳。拜占庭工匠将复杂的镶嵌画用在了垂直的墙壁上，或在圆弧形拱顶和穹顶上，其工艺难度可想而知。镶嵌画从地面向墙壁发展的主要原因在于镶嵌画的内容发生了变化，飞禽走兽、花草鱼虫、山水楼阁、江河湖海可以供人们欣赏，脚踩足踏也并无不妥，但是，当描绘的对象逐渐转向基督教的素材时，"欣赏"就转变为"崇拜"，铺设在地面被人踩踏显然是不合适的。这一转变对镶嵌画艺术本身的发展起了至关重要的作用，使之获得了发挥其特殊魅力的空间，不仅描绘的题材更加丰富，而且形式更加多样。这样，镶嵌画艺术在拜占庭时代获得最充分的发展就不难理解了。

圣索菲亚教堂残存的镶嵌画

镶嵌画的施工工艺要求较高。拜占庭镶嵌画工匠首先将砖石垒砌的粗糙表面用灰浆抹平,然后使用石膏浆打底,墙体干燥后,工匠们首先在平整的石膏画底上勾画出形象的轮廓和画面线条,并标注各个部分的色彩名称。镶嵌画的基本材料是天然彩色石料,被切割成大小基本相等的各种形状的小块,每块约1立方厘米,彩色玻璃碎块也常常用来代替罕见的彩色石料。工匠们将这些彩色石料分别放置在系列橱柜中,类似于我国古代使用的中草药柜匣,而后根据色彩的需要将五颜六色的石块和玻璃块粘贴到墙壁上,最后,使用金箔填充背景空白处。镶嵌画粘贴后还须填缝,最后抛光。这样,完成后的镶嵌画在教堂天窗射入的阳光和烛光照耀下,光彩夺目,即使在昏暗的烛光中也不时闪出奇光异彩。如果我们仔细观看镶嵌画的细部,就可以清楚地看出不同色彩的大理石和玻璃材料是如何拼合成图画的。

但是镶嵌画的制作需要耗费大笔金钱，非常人可以负担，因为从原料的采集、加工到镶嵌画的完成是一个复杂的过程。据考古发掘证明，彩色石料在专门的作坊被切割成约1立方厘米的小块，形状各异，但是有一面必须打磨成光滑的平面。五颜六色的小块石料分别装箱，运载到镶嵌画施工现场。其需要量极大，仅君士坦丁堡圣索菲亚大教堂的神坛穹顶的镶嵌画就使用了250万块用金粉涂抹的石料，如果加上其他彩色石料，其数量相当可观。拜占庭镶嵌画的题材具有多元性，艺术特点具有古典风格，其创作手法非常复杂。就镶嵌画的内容而言不仅包括基督教关于基督生平"神迹"和十二门徒以及圣徒的题材，而且有大量的古典时代、特别是罗马时代的神话传说的题材，甚至有许多被"神化"的皇帝形象。4—6世纪是一个多元文化混杂的过渡时期，镶嵌壁画即便描绘的是"基督传教"，但基督高坐的是帝王华贵的座椅，背景多有自然景物，这清楚地反映了过渡时期的特点，这种自然主义的审美态度和表现手法为此后同类镶嵌画所模仿，直到文艺复兴时代被人文主义艺术家所继承。

中古时代的拜占庭帝国首都君士坦丁堡是地中海世界的文化中心，其地位恰如今日法国的巴黎、英国的伦敦、美国的纽约，甚至还要更显赫一些。因此其镶嵌画艺术也在整个帝国首屈一指，从现今残存在伊斯坦布尔古迹遗址的多幅镶嵌画残部看，其艺术水平远远高出其他地区。现存伊斯坦布尔的一幅古典艺术风格的镶嵌画地板"农村田园"图描绘的是人们的日常生活，其中有牧马人弹奏乐器的场面，有小马驹吃奶和马匹吃草的情景，有牧民挤羊奶和马夫饮驴的画面，无论是人物还是动植物，个个形象逼真，比例和谐，神

6世纪拜占庭镶嵌画

态鲜活,极富层次感,好似油画,其高超的艺术水准和工艺手法令人拍案叫绝。从放大的细部,我们可以看出马夫身体各部十分逼真,身体的轮廓没有使用重彩画线,明暗之间的过渡也相当准确,头发的纹理和衣服的褶皱均处理得恰到好处。与此相似的一幅镶嵌画地板"飞鹰图"约完成于6世纪,可能出自同一艺术家或艺术派别的手笔,图画内容描绘的主要是动物,其中飞鹰擒蛇的场面动感强烈,羽毛似乎随着扇动的翅膀在抖动,巨蛇在老鹰的口中做拼死的挣扎。现存伊斯坦布尔的另一幅镶嵌地板"三王朝圣图"可能完成于7世纪,其残部可见描绘的内容是基督降生时天空有明星照耀,东方三位博士在星光指引下朝拜基督的场面,具有与上述镶嵌画相同的风格。当然，人们有理由相信这些保存在拜占庭大皇宫内的镶嵌画是拜占庭镶嵌画的最佳代表作。但是，君士坦丁堡的大量镶嵌画珍品不幸遭到禁止偶像崇拜的东方基督教和伊斯兰教的破坏，很少有完整的作品传世。

曾经长期作为拜占庭属地的意大利是拜占庭镶嵌画的宝库，特别是五六世纪拜占庭帝国最强盛时期的镶嵌画杰作在这里的大小教堂中得到了完整的保护。建立于424—450年的意大利拉文纳教堂入口拱顶半圆山墙装饰的圣徒普拉西狄亚牧羊图，画面布局合理，人物造型端庄，面目清秀。普拉西狄亚坐在画面中部的山岩上，周围的羊群则或站或卧，次向两侧降低，布满画面。背景中的花草和山石采取了古典时代流行的写实手法，清楚地透露出传统镶嵌画艺术对拜占庭人的强烈影响。5世纪中期建立的拉文纳洗礼堂中心穹顶的装饰镶嵌画"基督受洗图"，虽然中心圆形画面周围有十二使徒全身立像围绕，但是在中心画面上描绘的施洗者约翰为基督施洗图却有明显的古代艺术风格，在极为有限的空间，作家合理增添了花草和山岩河流的背景。这表明虽然基督教思想观念已然渗透到艺术的各个领域，但古典时代的自然主义的审美倾向还在发挥影响。建立于5世纪中期的罗马圣玛利亚教堂，艺术工匠在有限的墙面上集中了大量人物，描写圣经中的故事。艺术家按照人物的正常比例，以极其简洁的线条表现不同人物构成的群体，其中有整队士兵，有大批信徒群众，有妇女儿童群体。画中人物眼神的描绘也别具一格，艺术家使用深颜色石料表现眼窝和眉毛，使用黑白石料表现眼球和眼白，而画面的背景具有当时流行的特点，城市建筑、山川河流等自然景观对烘托气氛有积极作用。

谈拜占庭镶嵌画没有不谈及意大利拉文纳圣维塔利安教堂内的大幅镶嵌画的,它们占据了长方形教堂大厅的两侧墙壁,查士丁尼一世在文臣武将的簇拥下出现在宫殿内,无论是皇帝威严的面庞还是皇袍首饰都被刻画得栩栩如生,以至于后人将这副镶嵌画上皇帝正面像的细部当做了他的"标准像"。而皇后在大批宫女陪伴下的场景描绘得更加逼真,后世观者甚至据此判断塞奥多拉此时已经身患晚期癌症,将不久于人世。这个时期的镶嵌画充分展示出,拜占庭帝国进入其稳定发展的阶段,国力强盛,公共建筑大量增加,镶嵌画装饰艺术进入发展的鼎盛阶段。其主要特点是拜占庭帝国专

6世纪拉文纳教堂内景

制政治和基督教思想观念影响在增强,表现为镶嵌画有关拜占庭皇帝的形象和基督教内容的增加,绘画手法简单化,画面抽象化。应该说,从写实艺术的审美角度看,拜占庭镶嵌画艺术比古典时代的水准降低了。人物造型的比例逐渐失真,用金箔镶嵌出的背景和来自天空的"灵光"逐渐取代了自然景物和宫室建筑。这多少说明,基督教重视"死后"和"天堂"而轻视现世和"人生"思想观念在艺术领域的影响,追求形体逼真和自然美的写实倾向逐渐被抛弃,镶嵌画中的人物或图案装饰都具有了神学的象征意义,相对于它们传达的神学含义,图像本身的准确性似乎微不足道。

随着拜占庭帝国国力下降,镶嵌画艺术水平也逐渐滑坡,取代镶嵌画优势地位的是绘画,这种花费相对少的艺术形式也符合拜占庭人的需求,除了个别皇帝或者财大气粗的教会还能偶尔资助镶嵌画创作外,绘画成为中、晚期拜占庭帝国的主要艺术形式。拜占庭绘画最初继承了古代罗马艺术的传统,在公共场合,如大的集市或公共浴室的墙壁上描绘自然风景和重大历史事件。例如利奥一世登基的场面和查士丁一世征战胜利的庆典场面都出现在公共场合,而贝利撒留率领拜占庭军队击败汪达尔人和东哥特人的画面则是大皇宫壁画的重要内容,以此向外国使节展示帝国的强大。但是,这些壁画如今大多已经不存在了,世事沧桑,岁月流逝,它们有的被人为地破坏了,有的则因时间久远而消失。相比于镶嵌画,绘画的寿命更短暂。

成熟阶段的拜占庭艺术特点表现为抽象性和扭曲性,这是基督教宗教观念和东方神秘主义思想长期影响的结果。古代希腊罗马艺术重视从自然中得到创作的灵感,把宇宙万物的自然状态视为美的源泉,真实、和谐、合乎自然的比例、"黄金分割率"、人的天赋情感都作为美的标准。但是,拜占庭艺术却认为外在的形象是次要的,真实自然的形体是第二位的,艺术的核心在于表现某种抽象的上帝精神和反映崇敬神圣的情感,艺术的目的是激发人的宗教情感,因此写实艺术遭到拜占庭艺术家的蔑视,而质朴简单的线条和色彩表现出来的神学抽象意义更受重视。比例可以失调,因为比例应该让位于线条;色彩可以不丰富,因为单调的色彩能够更明确地表现抽象的含义。艺术品不是用来进行直观欣赏,而是用来启发思想。基督教对拜占庭艺术的影响深刻地渗透到艺术构思中,使拜占庭艺术的价值取向发生扭曲,在上帝至高无上至善至美思想指导下,现实世界成为罪恶的场所,人类背负着原罪的十字架,应该受到苦难的惩罚,因此,自然美变成现世丑,艺术美不是光明而是灰暗,不是微笑而是哭泣,不是和谐而是扭曲,不是平衡而是失衡,不是生动而是呆板,痛苦才是幸福和欢乐的最高境界。在这样的艺术原则指导下,拜占庭艺术品都笼罩在阴郁的基督教气氛和朦胧的神秘色彩中。晚期拜占庭艺术的这些特点背离了古典艺术的原则,而绘画比镶嵌画更直观地表现了这一点。

早期教堂壁画多为纪念性绘画,内容注重写实,装饰花边多用几何图案,对个体的描绘注意细节,力求形象逼真。这些绘画的技巧,如光线、明暗、比例等大多学自古代画家,其写实倾向广得美名。后来宗教性绘画占了上风,基督或圣母子成为绘画的中心,继承自古代的几何图案也随之定型为具有神学意义的花边,毁坏圣像运动并没有改变拜占庭绘画艺术发展抽象化和程式化的趋势,欣赏的对象逐渐转向具有神学意义的作品。圣经故事和使徒、殉道者、圣徒成为主要的题材,现世的人物只有皇帝的形象允许用在教堂绘画中,但大多处于画面的辅助位置。强盛时期的拜占庭绘画与镶嵌画比较而言,发展相对缓慢,在政府和贵族的强大财政支持下,重要建筑的壁画多使用贵重的镶嵌画。直到13世纪以后,拜占庭帝国日益衰落,绘画艺术才进入其大发展的阶段,因为社会的普遍贫困和国家实力的下降使相对贵重的镶嵌画让位于廉价的绘画。现存的大量拜占庭绘画大多是13世纪以后的作品,其原因是壁画和其他矿物染料绘制的图画保存时间较短。

　　拜占庭绘画作品中保留最多的是圣像画,拜占庭圣像画包括以任何形式描绘任何基督教题材的彩色绘画,既有大型的教堂湿壁画,也有几平方厘米的便于随身携带的肖像画,而后者则主要指画在木板上的宗教画。《圣经》中早有"禁止偶像崇拜"的戒律,早期的基督教思想家为了扩大基督教的影响力,极力将"圣像"区别于"偶像",以便使更多目不识丁的普通信徒接受基督教的说教。4世纪后半期著名的神学家瓦西里首先论证了圣像的合法性,认为信徒对基督圣像的崇拜并不是对偶像的崇拜,而是对上帝的信仰,圣像是不可见的上帝的影像,因此圣像和对圣像的崇拜均是神圣的,应得到重视。这一思想在对抗毁坏圣像运动中得到发挥。主张崇拜圣像的派别坚决反对毁坏圣像派的主张,认为毁坏圣像派误解了圣像的意义,错误地提出基督的圣像将导致聂斯脱利派或一性论派异端的看法,甚至以为是圣像促使前者把基督的"人性"和神性分离,使后者将基督的人性和神性混淆。他们发展了瓦西里的圣像"影像说",并从神学上将圣像分为三个层次,即象征上帝本体的神的形象、为人类所理解和接受的上帝的人的形象,以及基督和圣徒的艺术形象,塑造这些形象的唯一目的是唤起人们对上帝的热爱和尊崇。787年,尼西亚大公会议肯定了崇拜圣像派的理论,从而确定了圣像艺术的神学依据,奠定了发展圣像艺术的理论基础。

人的艺术追求可以表现在一切平面上,拜占庭圣像绘画的形式除了教堂壁画外,还有木板画,分为长方形单幅、两折板双幅和三折板多幅画,规格多样,但几乎没有圆形板画。绘画使用的染料是从动植物和矿物中提取的,加入蜂蜡或蛋清调和而成。拜占庭圣像画艺术在11世纪以后获得较大范围的传播,特别是在巴尔干半岛那些接受东正教信仰的斯拉夫人教堂中发展较快。当时,皈依东正教的斯拉夫各民族大力兴建教堂,并普遍使用圣像壁画作为教堂的内墙装饰。如今,在前南斯拉夫的马其顿境内许多教堂,特别是保加利亚和塞尔维亚境内教堂中保存的大量拜占庭圣像壁画,都具有典型的拜占庭圣像画的特征,只是在风格上略有差异。从这些圣像画中,我们能够看出,随着基督教思想观念日益深入社会生活,东正教艺术家将许多重大历史事件和灾难也纳入到圣像画的取材范围,他们认为上帝是在惩恶扬善,因此在圣像画中应加以表现,以示世人。在希腊北方东正教圣地阿索斯山迪奥尼索斯修道院的一幅壁画"末日审判"中就描绘了可怕的地震灾害,画面上,日月无光,阴云密布,流星如雨,地震造成房倒屋塌,屋顶倒置,宫殿裂成碎块,有的已经陷入地下,巨大的地缝流淌着岩浆。事实上,拜占庭帝国中心地区是地震高发地带,造成严重损失的地震几乎每年都发生,对此,基督教神学家给以宗教的解释,而艺术家则用圣像画进行描绘。

"得意而忘形"是画家的最高境界,拜占庭绘画也注重传神,而忽视形体外在的准确性。由于圣像画表现的多为宗教题材,因此限

圣像画中的板画

制了艺术家的想象力,也注定了圣像画逐渐僵化并最终衰落的命运。作为拜占庭绘画艺术的另一个分支,文献插图始终以稳定的速度发展,其涉及的内容极为广泛,为后人提供了直观生动的历史画面。插图绘画的形式和内容是与书籍的文字内容相一致的。由于这种绘画并不公之于众,而是抄书人在书斋里进行的活动,因此为它的发展留下广阔的空间,其涉及的内容几乎包括拜占庭社会生活的所有方面。特别是插图绘画的物质要求不高,笔、颜料、刀、尺等工具即可满足需要,任何人可以在任何容得下一张书桌的地方进行创作。插图作品的创作目的大多不是为了参加比赛或出售,而是对文字进行形象补充说明。由于各地发现的拜占庭插图画艺术风格不尽相同,后代学者往往进行艺术分类。例如被称为"亚美尼亚画派"的作品虽然在题材和内容上与叙利亚派一样,但是其画面色彩艳丽的程度、使用背景的多样性和人物个体的独立性是其突出特点。

许多研究者认为,拜占庭帝国就是一个基督教的国度,拜占庭艺术就是基督教的艺术,这种意见虽然有失偏颇,但是,确实抓住了拜占庭文化的一个基本特点。拜占庭人从最初信奉基督教为国教开始,就逐渐地远离了古典文明的世俗性,用基督教的思想锁链束缚了艺术的发展。他们通过艰难的神学思辨,将人类对真善美的追求外化为神和上帝的存在,形成了为众多信徒认同的共同价值准则。在对"上帝创世说"的解释中,东正教思想家建立了人性和神性的伦理关系,奠定了艺术创作的理论基础。神学家还通过"三位一体"的说教,将真善美的理想具体化,成为人们日常可以感知、触摸和效仿的榜样,明智、仁慈、自我奉献等优秀品质成为典型的上帝形象,也成为艺术家创作的思想原则。这种宗教思维方式深深地影响了拜占庭艺术创作。

读者要理解那个信仰至上时代的人思考问题的方式。拜占庭人认为,既然上帝代表了正义,那么堕落的人类就处在邪恶中,天国的理想始终否定现实的乐趣,以至形成了新的、与古典时代不同的审美倾向。这种审美观将人类的现世乐趣丑化为邪恶,将自然产生的欲望视为罪孽。因此,现实不存在美的事物,理想的境界是混沌一片的金光。古典时代对自然景色的欣赏被认为是错误,因为它可能激起人的现世欲望。画面除了庄重和纯洁,其他感情是不能表现

圣像画"耶稣基督"

的。艺术创作的表象美不仅是不必要的,而且是有悖于基督教的审美原则的。有形的事物只能表现抽象的含义,而不能表示事物自身。因此,艺术只能服务于基督教神学,负罪感是人类能够具有的唯一情感,由此引申出对上帝的乞求和敬畏感,对基督救赎的感恩情绪,因为人与上帝的联系和人类跨越现世和来世的鸿沟全凭基督的献身。直觉和神秘的启示被渲染成为人类能够感知的最高境界,古典时代颂扬的理性和人性让位于盲目尊崇和神性。人类在现世的追求让位于对来世的寄托。

西亚地区长期存在的宗教追求和神秘文化,在拜占庭帝国得到改造,犹太教里完全抽象无形的"耶和华"被转化为大批文盲信徒可以感知的基督。艺术作品在新的思维方式中起着媒介和工具的作用,它把教义的"真理"演绎为直观的形式,成为普通信徒可以理解的语言。艺术形象只是一种神学象征,因此与这个象征无关或影响人们接受理解该象征的内容均被排斥出去,转移人们对表象背后事物的注意力的因素也在清除之列。真实的景物变为抽象的线条,地平线和大地一起消失,画面因此没有了纵深感,物体也因此缺乏立体感。任何艺术品的结构,包括绘画的构图从此失去了真实的比例,任何现象在画面中所占的位置和大小由神学含义来决定。在绘画中上帝表现为无形的祈望,画面的中心留给了圣母和基督。古典

圣像画"天使像"

时代的三维绘画演变为拜占庭时代的两维平面画表明基督教神学主宰了艺术创作，抽象艺术取代了写实艺术，象征主义取代了写实主义。古典时代雕刻艺术的透视法消失了，拜占庭式的层叠法和平铺法广为流行，成为造型艺术的规范。

这样，现实事物和人的生活逐步退出艺术创作对象范畴，真实性从艺术品中消失，取而代之的是艺术品的装饰性。拜占庭造型艺术的目的就是要营造一种与现世截然不同的环境，一个色彩斑斓、奇光闪耀的基督教世界，使人们在现实世界的苦难心灵得到解脱。拜占庭造型艺术中大量的宗教作品反映出基督教在拜占庭帝国的迅速发展，以及基督教对社会生活的改变。但是，人类追求现实欢乐和幸福的欲望是无法彻底消灭的，物质生活的巨大诱惑力常常瓦解基督教伦理和禁欲主义教义构筑的堤坝。在插图绘画这种拜占庭艺术之最"自由"的天地，人们仍然可以看到大量非宗教神学的内容，可以从中了解许多拜占庭人日常生活的生动情景。当然，作为帝国君主的皇帝一直是绘画创作的重要形象，他们和基督、圣母、圣徒一样经常出现在作品中。

在1453年5月27日君士坦丁堡那阴暗的雨夜里，圣索菲亚教堂里绚丽多彩的镶嵌画依然在闪闪发光，鼓舞着末代皇帝为维护帝王的尊严而战，君士坦丁大帝、查士丁尼一世这样的杰出君主一定成为绝望中的帝国君臣仅存的心理安慰了，而那些精美绝伦的艺术品可能令末代君主暂时忘却了现实的烦恼。

五
叱咤风云

五 叱咤风云

伟大的时代总是会涌现出许多伟大的人物。查士丁尼时代最杰出的军事将领是贝利撒留（505—565），他是查士丁尼一世最得力的军事助手，亲自指挥多次重大对外战争，屡战屡胜，为查士丁尼重建"罗马帝国"的宏伟计划立下赫赫功绩。他英雄般的军旅生涯和卓越的军事天才不仅青史留名，而且为后代文史作家所青睐，而他传奇般的经历给后人留下许多话题。"贝利撒留的名声是永远不会死亡的"，著名历史学家爱德华·吉本在其《罗马帝国衰亡史》中如是说。可以说，是贝利撒留的军事天赋帮助皇帝打造出拜占庭帝国历史上最广阔的疆域。

色雷斯和伊里利亚交界的日尔麦亚是个美丽的地方。这里邻近爱琴海，多土质肥沃的平原。每当春季来临，湿润的海风从南面吹来，吹绿了大地。505年，正是春意盎然的时候，贝利撒留出生在当地一个殷实的农家。贝利撒留的父亲是位能干的农夫，他经营橄榄树和葡萄园有方，从祖上承袭的一点点家业不断增加，其家迅速发展成为当地的大户人家。贝利撒留的母亲聪明贤惠，在操持家务的同时，常常给孩子们讲故事。当时，在地中海东部广大地区，古希腊神话和罗马帝国英雄史诗在民间广泛流传，贝利撒留从小就特别爱听那些著名军事将领的故事，他深深地被古代英雄们的功绩所感染，常常不自觉地模仿伯里克利、汉尼拔，站在自家长满橄榄树的小山丘上幻想着指挥千军万马。据当时的作家普罗柯比（约500—565）记载，贝利撒留青少年时就在农村的小伙伴们中间显出过人之处，他相貌堂堂，一表人才，膂力惊人，善于骑射，特别重要的是他处事果敢，性格坚毅，这些无疑构成了他未来成长为卓越将领的基本素质，也是他能够在青年时期从众多军事人才中脱颖而

贝利撒留镶嵌画

出的重要原因。

贝利撒留少年时代是在拜占庭帝国改朝换代的动荡生活中度过的。古今中外农民的生活都不容易,拜占庭皇帝阿纳斯塔修斯一世推行的税制改革对色雷斯地区的农民产生了直接的影响,每年夏秋两季,收税的官员总是千方百计拿走农户值钱的东西。特别是多次爆发的叛乱,总要在京畿重地色雷斯造成破坏。贝利撒留从小便深知世道艰难和家道衰落的痛苦,他不止一次以英雄男儿的行为挺身保护家园。也许是动乱的年代使人早熟,他13岁时已经长成身材伟岸的小伙子,带领家乡的同伴在村庄四周修建篱笆,多次阻止兵匪进村。518年,阿纳斯塔修斯一世皇帝驾崩,帝国禁卫军队长查士丁拥兵自立,建立新王朝。这个赳赳武夫在其精明的外甥查士丁尼的帮助下,全面废除前朝皇帝的改革措施,减轻了对人民的剥削,大赦被阿纳斯塔修斯流放的人士。农民们热烈拥护新王朝统治。立志有所作为的贝利撒留不顾家人的反对，离开家乡，弃农从军，决心干出一番事业。

年轻的贝利撒留像所有胸怀大志的农村青年一样来到了首都君士坦丁堡。这个神圣的城市自从330年建成后就一直是拜占庭帝国的政治经济文化中心，它既是英雄豪杰施展才华的舞台，也是冒险家的乐园。贝利撒留初到首都，了解到许多关于皇帝继承人查士丁尼的事情。这位雄才大略的恺撒也是农民出身，他正在网罗各类人才，贝利撒留因此投身从军，被招募为禁卫军小校，留在内宫作查士丁尼的亲随。在此后的数年里，贝利撒留忠心耿耿，他为自己能够在查士丁尼这样有为的君主身边效力而感到自豪，并决心把握命运之神赐予的机遇，施展雄才大略，实现远大抱负。经过几年的宫廷军旅生活，贝利撒留逐渐熟悉了首都的一切，学会了如何在复杂的宫廷斗争中保持中立，他对皇帝查士丁尼始终忠心耿耿。为了适应处理军政事务的需要，贝利撒留充分利用空闲时间学习各方面知识，并广泛结交上层社会人物，他设法与皇后的闺蜜安东尼娜结婚，而后，被提升为皇帝和恺撒的卫队长，这一职位军阶不高，但是地位特殊。不久，当帝国东部前线传来波斯人入侵的战报后，查士丁尼毫不犹豫地任命贝利撒留为美索布达米亚总督，此时他年仅23岁。一年后，贝利撒留又被晋升为东部战区总司令，从此，他以一系列辉煌战绩显露出其军事天赋和才华。

是金子总会发亮，贝利撒留的军事天赋于531年得到展示。这年他率领边防军巡戈于帝国东部美索布达米亚北部边界，在达拉斯城与波斯军队相遇。波斯人与拜占庭帝国长期为敌，早在君士坦丁王朝时期(324—363),萨珊王朝(创建于226年)就自恃强大,向西扩张,占领了原西亚强国帕提亚王国的领土,并在4世纪时进抵两河流域地区,与拜占庭帝国边境部队发生冲突,开启了持续数百年的争霸战争。337—350年,两大帝国之间爆发了第一次战争,拜占庭人虽然在军事上失利,但阻止了波斯人向西扩张。359—361年,第二次拜占庭波斯战争爆发,波斯军队攻占拜占庭帝国东方边境若干城市,但是旋即被拜占庭人夺回。皇帝朱利安(361—363年在位)亲自统兵侵入波斯领土,夺取底格里斯河渡口,并在波斯陪都泰西封以北大败波斯军队。363年朱利安阵亡后,波斯人重新夺取战场主动权,双方缔结的30年和约规定:恢复被拜占庭人夺取的波斯西部领土;亚美尼亚王国脱离拜占庭帝国控制。此后,波斯人在拜占庭帝国东部地区不断挑起事端,成为历任皇帝最感头痛的边关威胁。查士丁尼一世即位以后,为恢复秩序,实现重建昔日罗马大帝国的理想,制定了全面的改革方案和对外进行征服战争的计划。为了实现这一伟大计划,他首先发动东方战争,意图消除屡屡犯边的波斯人威胁,而后进行对西地中海的征服战争。

　　贝利撒留走马上任后,全面整顿边防,首先撤换了自恃功高不服从指挥的将领和畏敌不战的贵族军官,而后征兵充塞边防力量,他还向当地豪门地主征集备战资金,使东部边防力量得到增强。此次来犯的波斯国王侯斯罗埃斯(531—579年在位)也是野心勃勃的君主,登基之后立即发动新的扩张战争。他亲自统领4万远征军,气势汹汹,直扑拜占庭帝国边境城市达拉斯,企图一举夺取该城,突破拜占庭帝国边防线,扫清西进道路。贝利撒留所辖军队仅有2万余人。敌众我寡,难以对抗。一些军官惊惶失措,提议后撤,回避波斯军前锋。他们提出所谓迂回战术。这派意见从局部战场看是合理的，在战前将领会议上一度占了上风，因为达拉斯的拜占庭军队不仅在人数上处于劣势，而且没有时间从其他地区调集增援部队，特别是在长期的对波斯人的战争中，拜占庭人胜少负多，士兵在心理上也处于劣势。暂时后撤，回避波斯军队的锐气，在退却中重整旗鼓，等待时机，一决雌雄，这也不失为一种合理的建议。但是，贝利撒留以战略家的眼光看到问题的其他方面。他提出，拜占庭军队后撤可能会一时保存达拉斯地区的军队有生力量，但却会产生几方面的严重后果。首先，达拉斯城作为东部边防核心要塞，一失守必将牵动东部边防的全线，那时，帝国丧失的就不仅是一个达拉斯城，而可能将被迫全线后撤，两河流域地区的广大领土都会因此而丢失。如果出现这一局面，拜占庭军队在短时间内也不可能重新布防。其次，拜占庭军队的后撤和达拉斯城的失守可能会造成军心动摇，加

波斯盾牌

波斯士兵的头盔

剧拜占庭军队士兵心理劣势,这是比丧失一个达拉斯城更为可怕的结果。当务之急是在与波斯人的正面冲突中取得胜利,重振军心。因此,他果断地否定了迂回战术,下令全军不许退却,并当即撤换了主退派军官,下令此后凡有言退者必斩。

统一了将领们的认识后,他与谋士们具体分析了波斯军队的情况,明智地认为,敌军来势虽猛,却是远来之师,我军人数虽少,却是以逸待劳。特别是近几年,东部边防整顿带来军队实力的上升是抗拒波斯军队的坚实基础。两万余士兵不仅兵强马壮,而且粮草充足,又有达拉斯城防之险。正面对抗如果失利,还可以退守达拉斯城。城中粮草至少可以坚持数月。而波斯人远途奔袭,其战略意图是依靠人数和心理上的优势,速战速决,夺取达拉斯城,建立进一步西进的基地。就达拉斯城周围的地势分析,波斯军队四万之众难以展开,城东北方向的沼泽水地将迫使波斯人只在城东正面比较狭窄的地域上进攻,难以投入全部兵力,这就使拜占庭军队在局部上可以改变波斯军队人数上的优势。如果拜占庭军队能够利用局部优势兵力击溃波斯军队前锋,那么后者的后续部队将发生动摇,拜占庭军队人数劣势将可能化解。

基于这样的战略分析,贝利撒留与谋士们进一步分析波斯军队的作战阵形,发现其致命弱点。波斯军队惯用的作战方法是军团,即将军队分作左、中、右两排六个方阵,中军大营设在后排中部,作战时分方阵进兵,突破一个缺口后再全军掩杀,这就在作战的局部上降低了其人数上的优势,并为拜占庭军队提供了可乘之机。拜占庭军队可以在局部作战中集中兵力分割敌军,各个击破。贝利撒留首先将军队调出城东郊,在罗弗斯沼泽地南侧扎营,凭借沼泽地作为拜占庭军队北部天然屏障。他一改传统的左、中、右三军阵式,于平原上摆出五军之阵,以其中冲击力强大的四个方阵骑兵约16000人与波斯军对阵,留步兵在大营作后备军。他独出心裁地将过去的中军一分为二,以加强其机动性。同时,他精心将步兵14个团排成中央前突的阵形,用重装长矛弓箭军团作前排中央骑兵团的后盾,必要时可以掩护骑兵后撤。而两翼万余骑兵的后部留有较大空间,使其进退自如。

战斗开始后,波斯军队首先从右路发起进攻,该方阵约有7000人,直扑拜占庭军队左侧方阵。贝利撒留立即命令左路骑兵后撤至罗弗斯沼泽地西南,并分兵快速绕过沼泽地,出现在波斯右路东北侧背后地区,同时,命令拜占庭军队中央骑兵分兵向北攻击,这样,拜占庭军队大约9000骑兵迅速从三面包围了波斯军队右路7000人。三军同时发动反击,未等波斯人其他方阵作出反应,即重创首先进攻的波斯右路军,迫使其逃窜。虽然与其后排右路军汇合,但是难以再发起攻击。波斯人第一次冲击持续了半天,损失了数千精锐骑兵,士气受到挫折。而拜占庭军队因此军心振奋。在随后的进攻中,被激怒的侯斯罗埃斯命令其左路前、后方阵合兵一处,进攻总兵力达到万余人。为了牵制拜占庭军队其他军团,他命令其刚刚遭到重创的左路前锋和中路军同时进击,但只进不击,以使拜占庭人不敢分兵合围波斯左路军。

贝利撒留针锋相对,命令拜占庭左路军只进不击,与波斯军对峙,同时命令其中军的一小部分成楔形攻击阵形威胁波斯人中路军,使其处于防守状态,不敢分兵。他下令拜占庭人右路军后撤,诱使其进入拜占庭右路和中路军队攻击地区,并命令其中路军大部分冲入波斯左路军,只冲不杀,目的是分割波斯左路军前后两排部队。波斯人惯于采取方阵进攻,其两大方阵联合起来后指挥失灵,很快就被分割开。其后排方阵被迫停止进击,而前排方阵则处于两面夹击。拜占庭骑兵乘胜全线进攻,波斯人全军狼狈逃窜,又损失万余人和大量粮草武器。达拉斯战役大捷使拜占庭军队士气大增,边防得到巩固。波斯人在达拉斯战役中战斗减员一半以上,其余部队旋即南撤到美索不达米亚南部地区,对拜占庭帝国叙利亚行省发动进攻。贝利撒留闻讯亲率在达拉斯战役中建立功勋的万余精锐骑兵急赴波斯人进兵前方城市哈尔基斯,作出战略阻击的态势。同时,他命令佳丽尼克城的拜占庭军队作好从侧翼袭击波斯军队的准备。在佳丽尼克战役中,贝利撒留以2万军队抵抗波斯人15000骑兵的攻击,迫使波斯人撤退,最终挫败了侯斯罗埃斯夺取西亚进抵地中海的计划。

此后,波斯人慑于贝利撒留的威名,多年内不敢进犯。而查士丁尼皇帝也急于发动西地中海战争,故而以重金与波斯人媾和。贝利撒留在东方战场上取得的这一系列胜利极大地提高了其声望,使查士丁尼一世对他更加赏识,因此,在恢复罗马帝国西部版图的战争中,对他委以最高指挥权,他的军事生涯也因此达到了顶峰。

所谓"蛮族"是古希腊人对非希腊语族群的称呼,拜占庭帝国时代,蛮族泛指拜占庭帝国周边落后的"野蛮"族群。当时,拜占庭帝国的领土包括多瑙河以南的巴尔干半岛、从克里米亚半岛到黑海东岸的黑海地区、自高加索经两河流域上游到亚喀巴湾以西的小亚细亚和地中海东岸地区,以及今阿斯旺以北的埃及和今苏尔特湾以东的北非地区。在拜占庭帝国领土周围出现了日耳曼人各个部落,其中入主原罗马帝国高卢行省的法兰克人、占据北非迦太基地区的汪达尔人、控制意大利中部和北部的哥特人势力强大,成为查士丁尼一世实现其统一帝国政治目标的主要障碍。

汪达尔人一直是拜占庭帝国的劲敌。汪达尔人原是日耳曼民族的一支,406年从中欧地区跨过莱茵河,进入高卢地区,后迁移到西班牙西部和南部。429年,汪达尔人跨过直布罗陀海峡,进入北非马格里布地区,并于数年后夺取迦太基古城,建立汪达尔王国。新兴的汪达尔王国实力发展迅速,他们凶残野蛮的作战方式几乎摧毁了原罗马帝国的所有防务。汪达尔人利用迦太基扼守地中海中部通道的战略地位,不仅很快控制了西西里岛和撒丁岛,而且进一步掌握了西地中海海上霸权。此后,他们多次渡海入侵意大利南部地区,危害拜占庭帝国在西地中海地区的商业利益。5世纪时,拜占庭军队两度远征汪达尔王国,均以失败告终,被迫承认其对北非的占领。

查士丁尼登基后,将汪达尔人视为眼中钉,他尤其不能允许拜占庭帝国在西地中海的利益被汪达尔人夺取,不能坐失富庶的北非地区。查士丁尼一世决心以武力平息汪达尔人的反叛,征服汪达尔王国,迫使其承认拜占庭皇帝的宗主权。查士丁尼作为当时地中海世界最精明的政治家,之所以迅速结束波斯战争并展开对汪达尔人的征服战争,是因为他准备利用当时汪达尔王国的内乱。6世纪初时,汪达尔人虽然经常与拜占庭人发生利益纠纷,但是,对于拜占庭帝国,王室基本上保持友好关系,特别是国王希尔德里切力主交好拜占庭人的政策。这一政策引起汪达尔人内讧,强硬派认为远在东方的拜占庭人没有权力、也没有可能干涉西地中海事务,因此,汪达尔王国也没有理由惧怕他们。外交政策上的争论成为争夺王权斗争的导火索，终于导致希尔德里切被推翻，新国王盖利麦夺取王权。查士丁尼立即抓住这一时机，派军队武装干涉。

查士丁尼皇帝于533年下令贝利撒留统领15000人的军队和百余条战舰渡海直取汪达尔王国。贝利撒留果然身手不凡，经过缜密的思考，他首先在西西里休整，利用对汪达尔人充满恐惧、与之矛盾重重的东哥特人对付汪达尔人。就当时西地中海范围而言，汪达尔王国与另一个日耳曼人国家东哥特王国也存在利害冲突，双方多次发生争夺西西里岛的战事。特别是在汪达尔王国内外交困之际，东哥特人乘机夺取西西里，他们担心汪达尔王国日后会进行报复，因此支持拜占庭军队进击汪达尔人。他们不仅允许贝利撒留远征军在西西里岛休整部队，解除远航疲劳，而且帮助拜占庭军队补充军需，使贝利撒留得以很快完成了进攻前的准备。534年，贝利撒留从汪达尔人意想不到的方向发动袭击，命令军队避开与西西里岛隔海相对的汪达尔人主要防御阵地，从其防务薄弱的卡布特瓦达突然登陆，夺取沿海地区，建立屯兵大营。而后，拜占庭军队迅速从南向北在沿海陆地和近海上同时发起进攻，袭击汪达尔人的右翼。这一作战方向完全出乎汪达尔人的预料，引起其全军恐慌。贝利撒留则乘机迅速攻占卡布特瓦达以北的西科莱克特、莱伯第、阿德拉米特、格拉西和代基蒙诸沿海城市。汪达尔国王盖利麦（530—534年在位）急忙调集各地军队增援。为了汇合海陆军队，增强拜占庭军队的攻击力，贝利撒留命令部队暂时停止进军，选择代基蒙附近沿海地区扎营，在天然海港左右两侧分别建立基地，舰队则部分进入海港，等待汪达尔人的到来。

双方的决战发生在代基蒙城以南阿龙沙漠以东平原地区。贝利撒留针对远征的拜占庭军队人数较少,而本土作战的汪达尔人人数占优的情况,选择这个相对狭小的空间作为决战战场。同时,他考虑到汪达尔人不像波斯军队那样注重作战阵形,因此,拜占庭远征军必须集中兵力,不在地域广阔的平原上作战,使汪达尔人大面积散兵作战的优势难以发挥出来。当汪达尔军队骑兵先锋突然出现在战场时,贝利撒留不等对方后援部队到达,就命令早已做好战斗准备的拜占庭骑兵发动攻击,汪达尔人被打了个措手不及,全军后撤。第二天,汪达尔人集结各路军队后再次向拜占庭军队发起攻

汪达尔人的传统形象:对罗马财富的抢劫

击。此番作战意义重大,将成为决定汪达尔战争胜负的关键战役。贝利撒留改变阵形,将拜占庭远征军全部集中,在沿海地带排成纵队。突前骑兵前锋部队的任务是引诱敌军,挑起汪达尔军队全军的攻势,而后后撤与主力前锋部队会合。主力前锋部队的任务是只对汪达尔军队进行简单抵抗,继续后撤,等待贝利撒留亲自统率的主力部队发动决定性反击。

汪达尔人虽然作战骁勇,不过徒有匹夫之勇,其将帅缺乏基本的战略战术,远非贝利撒留的对手。他们在猛烈的进攻中过早兴奋,当与贝利撒留的主力部队正面冲突时,士兵们似乎已经有些疲劳。而贝利撒留在敌人兴奋点刚刚过去的时候,立即汇合全军冲杀,等待已久的拜占庭士兵憋足了劲儿,一举击溃汪达尔人的冲锋。经过双方短暂的激烈搏杀,汪达尔人终于顶不住拜占庭军队的反冲锋,全军溃败,兵败如山倒,自相践踏,死伤无数。汪达尔军队有生力量遭到毁灭性的打击。此战胜利决定了拜占庭人征服汪达尔王国战争的最终胜利。贝利撒留在取得代基蒙战役胜利后,乘势北上,夺取汪达尔人在突尼斯地区东部沿海最后一个军事重镇卡尔西丹城,从而彻底解除了汪达尔人反扑的力量,扫除了拜占庭军队向西追击汪达尔人残余部队的后顾之忧。经过短暂的休整,拜占庭军队从卡尔西丹城发动西征,准备完成对汪达尔人最后的战斗。

失去控制的汪达尔人残余部队和内地增援军慌忙退守特里卡马洛,企图重新组织起抵抗。该城位于特里卡马洛河西侧,控制沿河向西的道路,易守难攻,如果拜占庭军队不能迅速占领该城,将对战事产生久拖不决的不利影响。贝利撒留估计到敌军企图利用特里卡马洛的战略地位和有利地势阻止拜占庭人西征的意图,故命令部队抢先渡过特里卡马洛附近的大河,占据有利地形,并乘敌军惊魂未定之时,挥师冲杀,又取得特里卡马洛战役大捷。至此,拜占庭军队基本完成了西征战争的目标,按照查士丁尼原定计划,在盖利麦承认拜占庭帝国宗主权后就可以结束战争。但是,贝利撒留感到胜利来得太容易,从军事角度看,可以说双方并没有进行真正势均力敌的较量。他决心不放过这唾手可得的最后胜利,灭亡汪达尔王国,消除拜占庭人在西地中海的潜在威胁,他坚信伟大的皇帝查士丁尼一定会同意他的做法。这样,贝利撒留未及奏明皇帝,也不等查士丁尼派遣的大臣到达就命令拜占庭军队继续追击向西逃窜的盖利麦残部。他亲自率领精锐骑兵部队昼夜兼程,跟踪盖利麦向西疾进,终于在伊彭城抓住最后一股敌军。此时,屡战屡败的盖利麦已经走投无路,众叛亲离,前国王的支持者和国内反对派纷纷表示效忠拜占庭皇帝。盖利麦及其残兵败将眼看大势已去,小小伊彭城也是孤城难守,被迫出城投降。

　　贝利撒留大获全胜,将胜利后在北非重新建立拜占庭帝国地方政府的任务留给查士丁尼派来的大臣处理,自己则押解着盖利麦、汪达尔人贵族和将领军士返回君士坦丁堡。被俘的汪达尔人后来被编为拜占庭军队中的汪达尔人兵团,最终在拜占庭人对外战争中消耗殆尽,这个民族也逐渐从历史中消失了。贝利撒留的胜利为他赢得了极大的荣誉和声望,拜占庭周边地区的蛮族更是闻风丧胆,谈之色变,称之为"蛮族克星"。查士丁尼对于他"超额完成任务"也感到意外的惊喜,因为汪达尔王国的灭亡使他隐隐约约看到罗马大帝国昔日的辉煌即将再现,他梦寐以求的理想即将实现。为了表示对贝利撒留赫赫战功的奖赏,查士丁尼在其班师回朝后,为他举行了盛大的凯旋典礼。当贝利撒留身着戎装礼服，骑乘高头大马通过君士坦丁堡的凯旋门时，欢迎的贵族高官和兵士们都感到无比的自豪，因为自从君士坦丁大帝以后，还没有人享受到如此辉煌的荣誉。为了笼络贝利撒留，查士丁尼慷慨赏赐参加汪达尔战争的将士，并亲自授予贝利撒留执政官荣誉称号，这是贝利撒留一生事业的顶点。可悲的贝利撒留徒有一腔忠心，哪里会想到这光鲜的背后暗藏多少杀机，也不会预见到自己后来的可悲下场。

汪达尔战争的胜利增强了查士丁尼重建罗马大帝国的信心，也激发起他征服东哥特王国的欲望。535年，贝利撒留再次受命出征意大利，计划灭亡东哥特王国。哥特人原为日耳曼民族一支，曾生活在里海北岸地区，4世纪末，他们在匈奴人进攻的压力下加快向西迁徙的速度。当时，拜占庭军队几乎无法阻挡举族西迁、蜂拥而至的哥特人，皇帝塞奥多西一世（379—395年在位）采取接纳和利用蛮族的政策，不仅接受哥特人为帝国的臣民，允许他们在帝国边境地区定居垦荒，交纳赋税，提供劳役和军队，而且在帝国军队中建立哥特人兵团，吸收哥特人担任军官，甚至担任高级军职。后来哥特人在阿拉里克（395—410年在位）率领下南下希腊阿提卡和伯罗奔尼撒半岛，而后转向西方的意大利。5世纪时，活跃在巴尔干半岛的东哥特人在其领袖塞奥多里克（471—493年在位）带领下再度前往意大利，代表拜占庭帝国皇帝平息西哥特人的反叛。当时西哥特人在奥多亚克（476—493年在位）领导下灭亡了西罗马帝国，自立为帝。在西哥特人之后，东哥特人控制了亚平宁半岛，成为查士丁尼一世重建罗马帝国的主要障碍。这次，查士丁尼借口为被杀害的亲拜占庭帝国的东哥特王后复仇，发起了讨伐哥特人的战争。

贝利撒留率军首先在他熟悉的西西里岛登陆,并以此岛为基地,沿意大利西海岸向北推进。他夺取了西南重镇那不勒斯,而后又攻占罗马古都。然而,贝利撒留这一次却遭到东哥特人顽强的抵抗。事实上,东哥特人不仅远比汪达尔人强大,更难以征服,而且意大利地域广阔,地势复杂,东哥特人时而采取流动作战方式,避免与拜占庭人正面冲突;时而突击骚扰,消耗拜占庭人的有生力量,使善于进行平原决战的贝利撒留无法捕捉到决战的机会。特别是贝利撒留孤军深入,很快就陷入在人数上占绝对优势的敌军的包围。对贝利撒留获得的巨大荣誉倍感不满的其他军队将领,在战场上行动迟缓,以种种方式掣肘其作战计划,令贝利撒留孤掌难鸣,被东哥特

位于今乌克兰境内的古代哥特人的军事堡垒

人围困在罗马城，只是由于他杰出的军事才能，才免遭全军覆灭。查士丁尼增派拜占庭军队另一位著名将领纳尔西斯（480/490—574）进行战略牵制，攻打东哥特人都城拉文纳，方解罗马之围。此时贝利撒留清楚地认识到拜占庭军队在意大利遭遇的对手不同于汪达尔人，难以用武力彻底征服，因此他审时度势，主张对东哥特人施行怀柔政策，并千方百计拉拢东哥特贵族。

拜占庭军队在意大利久战不决迫使查士丁尼同意与东哥特人谈判。后者提出投降可以，但是必须以贝利撒留为其皇帝作为条件。贝利撒留假意同意，诱骗东哥特军队投降。但是这一次，贝利撒留在意大利取得的成功并没有为他带来荣誉，相反却加深了查士丁尼对他的猜疑，他忠心耿耿、以智谋征服东哥特人非但没有得到查士丁尼的理解，却成为他心存不轨的证明。返回君士坦丁堡后，他受到皇帝的冷落。贝利撒留没有因此而消沉，他坚信自己对皇帝的忠心可鉴，小人谗言对皇帝的蒙蔽只是暂时的。当拜占庭波斯两国战事再起后，他毫不犹豫地接受皇帝的任命，前往东方前线指挥作战。但是，今非昔比，深受皇帝猜疑嫉妒的贝利撒留已很难得到查士丁尼的真心支持，军队中趋炎附势的贵族军官和雇佣兵不服从指挥。尽管如此，贝利撒留仍然取得了多次胜利。544年，东哥特人再度发动起义，拜占庭军队无力平息，处境困难。贝利撒留临危受命，第二次奉命赴意大利指挥对东哥特人战争，获得一些胜利。但是，如同他在东方前线一样，军中反对派的掣肘、皇帝的猜疑和军援短缺使他无法施展军事才华。此后数年，他只能与东哥特人周旋，而不能取得决定性的胜利，终于使皇帝以作战不利为名罢免了他的职务。回到君士坦丁堡的贝利撒留仍然抱定为国效忠、对皇帝忠心不二的信念,后来又临危受命击退保加利亚人对君士坦丁堡的进攻。

　　然而,贝利撒留的忠心并没有换来查士丁尼的信任,相反更增加了年迈多疑的查士丁尼的猜忌,特别是在支持和保护贝利撒留的皇后塞奥多拉(497—548)去世后,其处境更加险恶。皇帝既忌恨贝利撒留的巨大声望,也对贝利撒留因战争积累的庞大家产羡慕万分,借口他卷入宫廷阴谋而将他下狱。虽然法庭经过调查证明其清白,但是,他对自己一生忠心换来如此的下场感到无法排解的悲愤,他在对往昔光荣的回忆和暮年遭受不公待遇的痛苦中凄凉度日,60岁时去世。

　　古往今来,像贝利撒留这样的战绩辉煌且忠心耿耿但最后落得悲惨凄凉下场的战将并不鲜见,他们的命运让后世读者扼腕叹息。

六
改革成功

贝利撒留于565年去世,同一年,查士丁尼皇帝也撒手人寰。此后近半个世纪,拜占庭帝国陷入危机,直到伊拉克略王朝的建立。

伊拉克略王朝(610—711)是由伊拉克略一世(Herakleios I,610—641年在位)创立的,统治百余年,共经6代皇帝。这个伊拉克略也非等闲之辈,他是拜占庭帝国非洲迦太基总督伊拉克略之子,年轻时曾随其父经略非洲马格里布地区。这个地区自从查士丁尼一世征服汪达尔王国并建立总督区后,一直享有极大的自治权,因此兵强马壮繁荣昌盛。伊拉克略的父亲利用君士坦丁堡发生的权力斗争和皇帝们无暇顾及北非局势的机会,宣布独立,并派其子伊拉克略率领远征军讨伐篡位皇帝,直逼君士坦丁堡。伊拉克略遂联合埃及起义军渡海直逼首都,在首都民众的支持下,推翻了篡位皇帝福卡斯的统治,并将后者家人和部将斩首示众。610年,当35岁的伊拉克略于秋高气爽之时进入君士坦丁堡时,面临的局势非常混乱,如何强化帝国武装力量,抵御周边敌人的入侵,是他首先要解决的迫切任务。对此,他似乎已经胸有成竹,他计划通过建立起适合帝国发展的军区制使帝国全面军事化。他效仿迦太基总督区,在帝国东部推行军区制。可以说,这一制度的形成和在全国推行是伊拉克略王朝进行的最重要的改革。军区制改革是一场有关军事和行政制度的改革,由于这场改革以解决军事问题为主,且最终普遍建立军区,故被称为军区制改革,新制度则被称为军区制。

拜占庭帝国原本就有军区,但是此军区非彼军区也。7世纪以前的军区名字来源于希腊语"塞姆"一词,原意指"花名册"或"士兵名册",其性质顾名思义就是军事组织。伊拉克略要推行的军区制则是由6世纪末拜占庭"总督区"演变而来。当时,帝国大部分地区

伊拉克略一世统治时期铸造的金币索里德

推行省区管理,仅迦太基和拉文纳两城由总督统辖。这两个总督区是拜占庭中央政府控制西地中海霸权的立足点和重要的贸易港口。早在4世纪,迦太基即发展成为仅次于罗马的西地中海第二大城市。拜占庭军队于533年重新控制该城以后,它更一跃成为非洲大政区的首府和当地谷物出口的集散地。而位于意大利中部的拉文纳在4、5世纪日耳曼各部族入侵西罗马帝国的战乱中逐步取代罗马和米兰的地位,成为意大利首府和拜占庭人设在意大利的前哨站。540年,拜占庭军队重新占领它之后,更强化了该城在地中海中部地区的重要地位。由于两地重要的政治经济地位和特殊的地理位置,它们均于6世纪中期被查士丁尼皇帝确定为总督区。其管理上的特征是军、政权力合一,由总督区最高首脑"总督"控制。这种体制有别于拜占庭帝国地方军、政权力分离的省区管理。这两个总督区当时均受到外来民族入侵的巨大威胁,拉文纳总督区面临伦巴第人的军事压力,而迦太基的外部威胁主要来自柏柏尔人。总督区采取的总督一元化领导管理形式使总督能够统一指挥,便于应付战时的紧急军务。

伊拉克略一世的御用印章,右边那枚展示了他和他的两个儿子站在一起

那么,伊拉克略是如何推行起查士丁尼"改革特区"的成功经验的呢?事实上,7世纪初时,由于波斯人入侵,拜占庭帝国东线吃紧,边防部队不断后撤,为了应对波斯大军进攻的危急局势,他开始逐步建立军区。伊拉克略首先在帝国小亚细亚地区建立了亚美尼亚和奥普西金军区,而后,其他皇帝又沿袭这一制度建立了基维莱奥冬、阿纳多利亚军区和位于巴尔干半岛的色雷斯军区。根据9世纪的资料记载,亚美尼亚军区组建于629年,它包括从幼发拉底河上游和黑海西南岸至小亚细亚中部卡帕多利亚的广大地区,辖治17个防区,统兵上万人左右,是帝国最重要的军区。亚美尼亚军区以西,自阿里斯河中下游至博斯普鲁斯海峡和达达尼尔海峡地区为奥普西金军区,它可能先于亚美尼亚军区3年建立,所辖防区略少,地位也略低于亚美尼亚军区,士兵总数约6000人。亚美尼亚军区西南至爱

琴海沿岸地区为阿纳多利亚军区,由于它地处波斯人进兵之要冲,地位重要,故与亚美尼亚军区列同一等级,该区有34个要塞,统兵15000人。色雷斯军区的辖区位于首都君士坦丁堡西侧,其重要性在于防御斯拉夫人的侵扰,由于其作用与上述三个军区比较略小,故史料记载不详。根据在该地区出土的拜占庭印章,学者们甚至认为它不是独立的军区,或许是附属于奥普西金军区,或是由奥普西金军区将军兼任该军区首脑。基维莱奥冬军区为拜占庭帝国小亚细亚沿海军区,负责防御海上入侵,管理沿海要塞和海军基地,兵力仅3000人。由于当时阿拉伯海军势力羽翼未丰,尚未对拜占庭帝国构成威胁,故而海上军区的作用也不甚重要,其将军的年薪仅10金镑。

　　读者可能会问,军区既然是从总督区演化而来的,那么它们之间是否有区别。答案是肯定的。其一,它们的管理结构不同,总督区各级权力机构与其他省区无异,仍然保持军事系统与行政系统的相对独立性,只是由总督区的最高首脑总督总揽军政权力。而在军区内,管理机构采取战时体制,不仅军政权力由军区最高首脑"将军"控制,而且军区的各级权力机构也按军事建制设立,行政权力附属于军事系统。与总督相比,军区"将军"拥有更大的权力。其二,总督区制度下没有形成稳定的农兵阶层,军队主要是由领取军饷的职业军人组成。但是军区制下则形成了相对稳定的农兵阶层,军队主要是由经营兵役田产的业余军人组成,他们成为中期拜占庭社会的中坚力量,对于加强拜占庭帝国国力、稳定形势起了相当重要的作用。可以说,军区制度改革加速了拜占庭国家组织和社会机构的军事化。

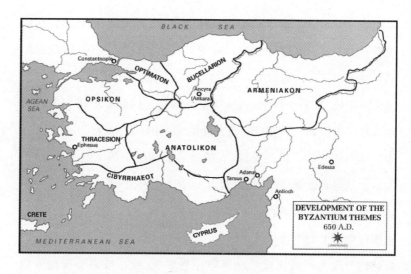

拜占庭帝国军区分布图

这里,我们不得不谈谈拜占庭军队的情况了,因为军区内军队序列基本上沿袭5、6世纪的旧制。早在4世纪,君士坦丁一世就在晚期罗马帝国皇帝戴克里先改革的基础上对帝国军队进行调整,将原罗马军团按军事功能重新编制。到5世纪时,帝国军队五大主力的两支驻守多瑙河一线,一支沿幼发拉底河巡逻,两支驻扎京畿地区,作为机动部队听候皇帝调遣。查士丁尼一世统治时期因西征的需要,野战军的人数略有增加。但是,6世纪的大瘟疫和7世纪初的边疆危机使拜占庭军队遭到严重减员,兵源损失极为严重,战斗力下降,遭遇一连串失败,帝国西部军队的三分之二被击溃,东部军事实力也损耗了七分之一,军队内部的组织系统被破坏。因此,重建军区内部组织系统,理顺军事等级关系是建立军区制的关键。首先必须着手重新确定军事等级编制,通过财产划定军队内各级官兵的关系。由于各军区建立的时间有前后,其人数也有不同,因此在编制上并不一样。一般情况下,军区是由两到四个师组成。师由五到七个团组成,其下还设有营、队等下级单位。团级单位依据不同兵种人数又有区别,若为骑兵,则人数在50—100人,若为步兵,人数在200—400人之间。依此推算,人数最多的师级单位大约有3000人左右。基层军事单位的军官为"十夫长""百夫长"等。

那么各个军区是否都一样呢？这里军事序列的确立至关重要。军事组织自上而下地取代地方行政管理系统,使过去行省、地区和村社的行政管理机构或是向军事序列靠拢,或是被军事机构所取代。地方行政管理的军事化和单一化为军区制提供了行政管理制度上的保证。在此基础上,各级经济关系得以确定。根据7世纪的史料记载,军区最高长官"将军"的年收入最多为40—36金镑,师长的年收入为24金镑,团长、营长和"百夫长"分别为12、6、1金镑,一般士兵年收入为12—18索里德,相当于六分之一到四分之一金镑。当然,各军区地位不同,其将军的年薪也有区别。最重要的亚洲各军区为一级,其将军年薪为40金镑左右,二级军区将军年薪为30金镑,最低级军区将军年薪为10—20金镑,仅相当或低于一级军区师级军官的收入。经济等级关系的确立也有助于军区制的稳定。但是,拜占庭帝国军事失利、领土缩小以及战乱导致的经济衰退,使中央政府入不敷出,无力逐年支付军饷,于是在军区成立之初,采取每隔三四年分批发放军饷的办法,这一点为多种资料所证明。

就是为了解决中央政府财力不足的困难,伊拉克略王朝和利奥王朝才采取以田代饷、建立军役地产的办法,这一措施促进了农兵阶层的形成。这是军区制最终形成的关键，因为军役土地制造就了一个农兵阶层，他们成为军区制的基础。事实上，以田代饷是拜占庭中央政府有地无钱而被迫实施的不得已之举。7世纪上半期，拜占庭帝国国土大量丧失，特别是在帝国财政收入中占极大比重的北非、西亚地区的失陷，使国库年收入减少了三分之二甚至一半以上。埃及行省的收入历来占帝国财政收入的八分之三，加上伊里利亚地区的收入，大约可占帝国总收入的一半。因此仅北非地区陷落阿拉伯人之手就使拜占庭损失了超过三分之一的收入。据粗略的估算，伊拉克略一世统治初年的收入仅相当于查士丁尼一世时代收入的三分之一。如果按查士丁尼时代年度总收入11万金镑计算，伊拉克略时代年收入仅为36,667金镑，相当于2,639,952索里德。这笔收入远不能弥补拜占庭国家财政预算的赤字，因为仅阿纳多利亚一个军区的年度军事预算就超过了1,230,000索里德，这几乎占了国家年收入的一半。显然，拜占庭中央政府根本无力支付军区的军饷，迫于无奈，只好以田代饷，将大量闲散弃耕土地充作军饷，按照军种和级别颁发给各级官兵。

  我们所以不惜笔墨详细介绍军区制的细节，完全是因为其极端重要性，笔者认为，这种类似于我国曹魏、隋唐时期"屯田""藩镇"的制度可能对整个东地中海地区具有决定性影响。军役土地是负有军役义务的田产。不论什么兵种和军阶的士兵都把经营军役田产的收入作为他们支付军事开支的经济来源。他们定居在其部队驻守的地区，平时经营田产，军区"将军"以下各级官兵自给自足、自备兵器装备。在服役期（一般为15年）内，其土地不可剥夺，享有免税权。这种"士兵田产"一旦颁给士兵，即可永久占有，士兵可自由处理,可以买卖,也可以赠送他人,还可以将田产连同军役义务一同转给继承人。履行兵役土地义务可以采取两种形式:第一种是直接服役,即由经营田产的士兵亲自服役,或参加边境防御战和军事远征,或修筑军事要塞,架桥修路,或营造舰船。第二种是间接服役,即由一户或几户提供足够维持一个士兵的军费开支和给养。经营军役田产的农兵仍然保持军队编制,随时听从军区将军的命令,集中行动,或从事军事工程劳役或随军作战。亚洲地区最先采取以田代饷的办法,因为该地区有大量弃耕农田。小亚细亚地区曾是罗马帝国和早期拜占庭帝国的谷仓,这里水系丰富,平原地区土地肥沃,气候适于农耕,因此农业一直比较发达。但是战乱和瘟疫使当地人口锐减,劳动力奇缺,大量土地被弃抛。这些土地就成为军区制下军役田产的主要来源。

后人无论如何分析个中原因,说它歪打正着也好,说它瞎猫碰上死耗子也好,拜占庭社会管理结构的军事化确实解决了帝国面临的人力资源短缺和财源枯竭的困难。学者们估计,4、5世纪的拜占庭军队总数可达65万人。但是,由于大瘟疫和连年战争,人力资源消耗严重,至6世纪查士丁尼一世统治末期,军队人数已减至15万人,以至在拜占庭波斯战争中投入的总兵力不足6400人。为了弥补军队人力资源的巨大缺口,帝国政府不得不大量招募日耳曼人雇佣兵,财政收入的大部分也被迫充作雇佣兵的军饷。巨额军饷连同其他军费开支就成为拜占庭国库的沉重负担。查士丁尼一世时期,拜占庭年收入约为11万金镑,其中80%用于军事开支。军区制将本国公民作为军队的主要兵源,使军队建立在广泛的本国人力资源基础上。这一制度将成年公民按照军队的编制重新组织起来,屯田于边疆地区,平时垦荒种地,战时应招出征,平时以生产为主,战时以打仗为主。这样就使军队具有广泛而稳定的兵源。另外,拜占庭政府为补充人力资源的不足,长期推行移民政策,如7世纪末年迁入奥普西金军区的斯拉夫人达8万人,仅762年迁入小亚细亚军区的斯拉夫人就多达21万之众。军区制下的农兵大多屯田于边疆地区,因此其参战的目的兼具保家卫国的性质,战斗力明显提高。而且,农兵占用的军役田产可以世袭,故使拜占庭军队的兵源世代维系。另一方面,军区中除高级将领如将军从国库领取薪俸外,其他各级官兵均自备所需的武器、装备和粮草,而不依靠国库供给,从而减轻了中央政府的财政负担。

军区制最直接的效能在于提高了帝国的军事应变能力,军事首脑的一元化领导极大地提高了地方管理的效率和军队的应急实力。

伊拉克略的军队和波斯人的军队交战

推行军区制以前,拜占庭帝国在罗马军团基础上组建的边防军、野战军和御林军几种类型的武装力量,并不介入地方行政管理,军权和行政权分离,军队首脑仅负责战事。行政长官则控制政权机构,管理行政事务。这种军、政权力分立曾有效地消除了罗马帝国后期军阀割据的局面。但是到6世纪后期,由于军政权力相互竞争,拜占庭帝国地方管理陷于混乱,常常出现军队出征御敌而得不到行政长官支持的现象,至于两权内讧、互挖墙脚的事情更是屡见不鲜。军区制的推行扫除了地方管理中的扯皮现象,将权力集中于将军一身,使之能集中处理辖区内一切事务。而行政长官或作为将军的幕僚听命于将军,或被挤出权力机构,从而使地方管理中消除了相互掣肘的因素。地方统治一元化和社会组织军事化极大地提高了地方管理的效率。还有,早期拜占庭皇帝旨在削弱地方势力、增强中央集权的行政改革也曾扩大了朝廷各部门的权力,形成庞大的官僚体系。但是,在外敌入侵的紧急时刻,庞大的官僚体系运作迟缓,难以对随时变化的军情作出及时反应。特别是当大规模入侵令某一驻守边关的部队难以抵抗时,军队中枢指挥机构不能及时抽调其他部队前往增援,经常贻误战机。而军区制是依据防务区域需要建立的,军区首脑按本区实际情况统筹谋划,或调动军队或组织生产,并以其控制的军、政、财、司法等权利,相对独立地指挥,故可使下情及时上达,也可迅速执行中央命令,提高了军队的应急能力,加强了拜占庭帝国的国防力量。现代拜占庭学家高度评价了军区制,认为它是"赋予拜占庭帝国新活力的大胆改革,其意义极为深远"。

军区制更深层的重要意义在于,农兵阶层因此形成,小农阶层也因此得到发展,这个阶层的兴衰对于拜占庭帝国的影响深远。拜占庭是农民占主体、农业为主要经济部门的国家,因此,尽管由于其占据特殊地理位置而使拜占庭工商业收入可观,但是其农业生产仍然是国家收入的主要来源,农业经济的盛衰决定拜占庭国力的强弱。早期拜占庭帝国的土地占有形式分为国有和私有地产两大类。其中前者成分复杂,包括皇产、教产、市产、军产,而私产地多为大地主的庄园。在国有地产上经营的主要生产劳动者是小农,他们也是拜占庭国家的主要纳税人。6世纪后半期,由于连年战争和自然灾害,小农大量破产,纷纷逃亡,弃耕荒地日益增加,特别是在战事最频繁的小亚细亚地区,昔日盛产谷物的田地被战祸夷为荒野。这种小农大量破产的现象已被学者们公认为是5、6世纪拜占庭社会的一大特点。为了稳定小农阶层,保持国家税收来源,查士丁尼一世通过大量法令,强迫小农固着于土地,取消他们原有的迁徙自由,甚至明确规定农民之子必须继承父业,不可从事其他职业。然而,查士丁尼的强制措施并未奏效,大地产主对小农土地的兼并和日益恶化的军事形势加速了小农破产的过程。

军区制则为小农的复兴创造了条件。军役土地制实际上造就了一个负有军役义务的小农阶层。农兵在分得土地的同时也负有从军作战的义务,他们以小农的经营方式,以家庭为单位从事农业生产。这种小生产就成为农兵经济的主要形式。农兵除了担负赋税以外,还要为从军打仗作好一切准备。当农兵的长子继承其父的军役义务和军事田产后,其他的儿子便补充到负有军役义务但不从军作战的自由小农中。因此,农兵和自由小农并肩兴起,他们在经济和社会地位方面没有本质的差异,故而帝国法令也将两者同等看待。据此,现代拜占庭学者认为"农兵和自由小农属于同一阶层。"

自 7 世纪军区制推广以后,拜占庭农兵阶层逐步形成,与自由小农同步发展。小农阶层在军区制带来的相对安定的环境中,经过一百年左右的发展,不断壮大。7、8 世纪颁布的《农业法》反映了当时拜占庭农村小农迅速发展的真实情况。该法共有 85 条,其中三分之二的条款涉及小农问题。

中古集权专制帝国无不以基层农业税收为主要财源,拜占庭帝国也不例外。为保证小农数量的增加,拜占庭帝国长期推行移民政策。移民政策的经济意义重大,因为新移民既可在边远地区开发利用大片荒地,进而为恢复国力扩大物质基础,又能充实小农阶层,扩大税收来源。由于小农经济的恢复和兴起,拜占庭国家税收大幅度增加,财政状况根本好转。9、10 世纪的年收入最高时可达 584,000 万金镑,相当于查士丁尼一世时期年收入的 5.31 倍。以军区制下兴起的农兵为主体,包括自由小农在内的小土地占有经济在 9、10 世纪之交达到其发展的最高阶段。某些拜占庭皇帝充分认识到小土地占有者对国家经济的重要性。皇帝利奥三世(Leo III, 886—912 年在位)曾在其法令中提出:"朕以为有两种职业对国家长治久安极为重要,一为农民,一为兵士。朕以为此二业当在各业之首。"皇帝罗曼努斯一世(Romanus I, 919—944 年在位)也明确指出:"此种小土地占有者予国利甚巨,因其缴纳国家税收,提供军队服役之故。倘若此类农民数量减少,其利必失。"

军区制的推行对稳定拜占庭边关局势、缓解外敌入侵的威胁起了重要作用。这种制度使拜占庭帝国以巴尔干半岛为中心的疆域逐步稳定,国力有所恢复,不仅在对波斯人的战争中取得了决定性胜利,而且迫使已经进入巴尔干半岛的斯拉夫人臣服并成为拜占庭帝国的臣民。同时，拜占庭帝国凭借逐步恢复的经济实力和外交活动，实现了与阿瓦尔人等其他民族之间的和平。特别是在抵抗阿拉伯人军事入侵的战争中，军区制发挥了重要作用。这一时期，拜占庭军队先后击败波斯人，打垮阿瓦尔人，将处于极盛时期的阿拉伯大军扩张的势头阻止在小亚细亚和东地中海一线，使岌岌可危的形势发生根本好转。不仅如此，由于拜占庭军事力量得到调整和加强，因而在8、9世纪对阿拉伯人的战争中获得多次重要胜利，使阿拉伯人侵略扩张的步伐再也未能向前迈进。现代拜占庭学者高度评价这些胜利，认为"保护欧洲免遭阿拉伯人侵略之主要屏障的荣誉无疑应归于拜占庭军队"。可以说，军区制改革虽然存在种种问题和其自身无法克服的深刻矛盾，但是，它毕竟适应当时的形势发展，缓解了紧迫的危机，并成为此后数百年拜占庭帝国强盛的基础。

军区制对于拜占庭帝国的好处是显而易见的，那么为什么后来

12世纪一个十字架上的图案：天使授意伊拉克略一世斩杀波斯国王

却不能长期坚持,特别在末代王朝统治时期,几乎所有的皇帝都没有重新恢复这种经过历史证明行之有效的制度呢?原因在于,军区制使得大军事贵族势力迅速兴起,在帝国政治生活中形成与中央集权抗衡的势力。7世纪开始推行的军区制曾加速了拜占庭帝国社会组织的军事化,使包括拜占庭军事实力和经济实力在内的综合国力得到一定恢复,有力地促进了以巴尔干半岛和小亚细亚地区为中心的拜占庭帝国疆域的稳定。但是,随着军区制的发展,在以农兵为主体的小农阶层兴起的同时,以大地产主为核心的军事贵族也悄然

据传,伊拉克略一世战胜波斯军队后,将"真十字架"(True Cross,指耶稣被钉死的那个十字架,波斯人曾抢走这一圣物)送还给了耶路撒冷。

崛起。军区内的小农经济十分脆弱，经受不住自然灾害和战争的打击。随着占有大地产的军事贵族迅速兴起，小农经济瓦解的过程大大加速。大地产主利用小农破产之机，以提供庇护权为借口吞并小农土地，并对小农的自由权利实行控制，使小农人身部分依附于大地主。而小农则因无力抵御天灾人祸造成的经济压力，不得不以自由权利为代价换取大贵族的保护。

中古农业国家中普遍存在小土地经营和大土地占有间的矛盾，拜占庭帝国也不能解决这种深层次的矛盾。11世纪以后，小农日益沦为大地主的农奴。马其顿王朝的皇帝，如瓦西里二世和罗曼努斯一世，认识到保护小农对于维持统治的重要意义，因此采取立法措施限制大地主的扩张。然而，拜占庭历代王朝统治者，除个别者外，未能采取切实有效的措施打击大地主，因为，皇帝们在发展军区的同时必须借重大军事贵族的政治势力，维护其在地方的统治。另一方面，如果打击大军事贵族就意味着削弱军区制，小农经济也难保存。特别是在大地主贵族势力已经相当强大的情况下，对大贵族的真正打击就等于取消军区制，以农兵为主的小农亦将同归于尽。因此，皇帝的立法并未得到贯彻，而皇帝们对小农经济的瓦解也无能为力，只好听之任之，他们所能做的唯有发布几项立法，仅此而已。这样，小农的地位并不能真正得到加强，他们仍然经受不住各种灾变动乱的打击，而处于随时被吞并的境地，即便法令暂时为他们提供种种优先权，他们也只能自动放弃或转让给大地主。10世纪以后的资料表明，小农日益丧失独立性，迅速沦为大地主的农奴，时人称之为"普罗尼亚"。到11世纪，随着军区制的瓦解，拜占庭国有小农几乎完全消失。

军区制改革的放权措施强化着大贵族势力的兴起,这对拜占庭中央集权造成直接威胁,成为晚期拜占庭社会政治动荡和国家分裂的主要因素。许多地方大贵族参与王室内讧,有些军区的叛乱甚至造成王朝的倾覆。尤其是军事贵族形成的政治势力,与中央政府的官僚势力争权夺利、明争暗斗,他们之间的较量构成了晚期拜占庭帝国政治生活的主线。因此,10世纪以后的拜占庭皇帝不断采取措施,将原有的军区分划为更多更小的军区,以便加强控制。最初在全国建立的6大军区到10世纪时就分化为25个,到11世纪时,这一数字上升为38个,仅在原亚美尼亚军区境内就分划出10个小军区。同时,中央政府重新委派行政官员分担军区将军的行政权力。这种分权措施实际上将军政权力重新分离,恢复了军区制以前的军政两元化领导体制。至12世纪,军区制被完全取消,"军区"和"将军"等有关军区制的"名称从此几乎完全消失了"。军区制原本是早期拜占庭帝国经历长期动荡,军事和政治经济管理制度演化的结果,是拜占庭统治阶级通过种种尝试从事的成功改革。但是,军区制从推行之初自身内就孕育着深刻的矛盾。拜占庭统治者为了通过推行军区制有效地应付外敌入侵,就必须依靠和重用军事贵族,这就为军事贵族势力壮大创造了条件。但是,随着军区制的发展和军事贵族的兴起,小农土地必遭吞并,小农经济必然趋于衰败,从而瓦解了军区制存在的经济基础。拜占庭皇帝们企图通过相对自主的地方管理有效地维护和保证中央集权统治,结果就不可避免地产生扩大地方权力,削弱中央集权和瓦解小农经济基础的后果。他们无法克服中央集权和地方分裂、大土地所有制和小地产生产、大地主和以农兵为主的小农之间的矛盾。

军区制形成和发展的同时也准备了自身毁灭的条件。正是由于这些不可调和的深层次矛盾的演化,才使军区制这种适合拜占庭帝国生存需要的国家制度归于衰败,进而造成拜占庭国力的衰落,也促成了拜占庭国家在外敌的连续打击下最终灭亡,最终让位给能够有效采取"屯田"制度的奥斯曼土耳其人。

七

新式武器

七 新式武器

674年夏季,君士坦丁堡战云密布,阿拉伯水军兵临城下,整个城市都笼罩在战前紧张的气氛中。这阵势有点像1453年初夏,不同的是进攻者为来自西南亚草原的阿拉伯人。当时恐怖的预言在城里流传,说名叫君士坦丁的皇帝在位时,帝国都城将面临东方的魔鬼的威胁。当时的皇帝确实叫做君士坦丁(四世,668—685年在位),是伊拉克略一世的孙子,他自幼性格坚毅、处事果敢,其父君士坦斯二世离开首都西巡时,君士坦丁年仅10岁。君士坦斯二世于668年在意大利叙拉古城被刺身亡时,君士坦丁已经18岁,参与和主管帝国都城军政事务多年。年轻的皇帝即位伊始便面临严峻的局势,阿拉伯大军压境。

阿拉伯人对于拜占庭人来说并不陌生,他们很早以前就知道在阿拉伯半岛上生活的这个古老的游牧民族,称之为贝杜因人。古代阿拉伯人以放牧骏马、绵羊、山羊和骆驼为生,其生活的阿拉伯半岛地区十分荒凉,大部分为人烟稀少的沙漠和荒芜的山区,只有南部的也门和沿红海的汉志地区比较富庶。古代东西方贸易传统的海上商路首先在也门的码头靠岸,由此经红海东岸的汉志地区继续北上,直到叙利亚首府安条克。活跃的东西方贸易和频繁的商队往来使古代汉志地区最先发展起来,成为阿拉伯半岛的政治和经济中心。阿拉伯人社会发展比较缓慢,7世纪初时,尚处在原始社会向阶级社会的转变时期。

阿拉伯人的巨大发展发生在7世纪"先知"穆罕默德(Muhammad)创立伊斯兰教以后。穆罕默德创立伊斯兰教有其深刻的社会背景。一般认为,当时阿拉伯半岛由于波斯和拜占庭两大帝国之间的长期战争而处于动乱之中,传统商路的中断直接影响当地的经济生活。社会各个阶层,特别是下层人民生活每况愈下,普遍要求改

君士坦丁四世时期铸造的金币索里德

变现状,希望寻求新的出路。事实上,这个时期气候因素也是个不可忽视的原因。周期性的有利气候促进了游牧业发展,并导致人口增加。而此期出现的恶劣气候加剧了争夺草场和商业资源的战争,激化了原始部落间的矛盾,阿拉伯社会内部部落仇杀日益升级。诚如著名历史学家希提所说:"从政治方面说,在古代的南部阿拉比亚发展起来的有组织的国家生活,现在已全然瓦解。无政府状态,在政治领域和宗教领域中都占了上风。历史舞台已经搭好,一位伟大的宗教领袖兼民族领袖上台的时机已经成熟了。"穆罕默德及其新宗教受到广泛的欢迎,人们纷纷皈依伊斯兰教。新宗教的发展必然与旧贵族的利益发生冲突,麦加旧贵族开始对穆罕默德及其追随者威胁利诱、残酷迫害,甚至企图加害穆罕默德。622年7月2日深夜,穆罕默德带领几名忠实信徒逃离麦加,前往北方城市雅赛里布,受到当地民众的欢迎。该城后来改名为麦地那(Medina),意为"先知城"。这个事件被称作"徙志",标志着伊斯兰教的诞生,这一年也被确定为伊斯兰教纪元的开端。穆罕默德以麦地那为基地,以随同他从麦加来的"迁士"和麦地那的穆斯林"辅士"为基本力量,按照其政治和宗教设想，全面实施新的政教纲领，势力迅速发展壮大。

得民心者得天下，穆罕默德首先在麦地那将穆斯林组织起来，建立了统一的穆斯林公社，并制定了严格的规章制度，穆罕默德本人既是公社的最高首长，也是伊斯兰教最高的领袖，控制政治、军事、经济、司法和宗教权力。这个政教合一的穆斯林公社后来就发展成为阿拉伯人的伊斯兰教神权国家。新国家清除了部落和氏族的隔阂，建立起保障私有财产和个人人身安全的新秩序，以穆斯林兄弟平等的精神团结了阿拉伯人民。同时，新国家积极发展和完善税收制度、司法体系和强大的军队，并于623年开始进行"圣战"。穆罕默德亲自率领穆斯林军队以少胜多，击败麦加贵族军队，625年和627年又两度粉碎了上万人的麦加贵族军队对麦地那的进攻，保卫和巩固了新生的伊斯兰教国家政权。在大约10年间，穆罕默德首先击败麦加旧贵族，占领麦加圣地，迫使其接受伊斯兰教，并承认穆罕默德的最高权威，扫清了统一阿拉伯半岛的主要障碍，而后征服汉志地区，使半岛南部的阿曼和也门被迫归顺，从而完成了阿拉伯半岛的统一事业，奠定了阿拉伯帝国发展的基础。

中古时代，统一意味着安定和富足。阿拉伯国家的统一有助于阿拉伯半岛地区的发展，但是，不断增加的人口与相对有限的生存资源间的矛盾仍然无法解决，有限草场和水源已经不能满足他们的需求，于是阿拉伯人在穆罕默德建立的新国家的组织协调下，将内部血腥厮杀转变为大规模对外扩张，其矛头指向发达富庶的两河流域和尼罗河三角洲地区。633年，穆斯林骑兵在阿拉伯著名将领、被誉为"真主之剑"的哈立德统率下冲出阿拉伯半岛大沙漠，挥舞着"圣战"的旗帜，开始了"征服世界"的远征。阿拉伯军队主要是由下层的穆斯林战士组成,他们习惯于艰苦的沙漠游牧生活,出征作战时仅带若干马匹骆驼,供沿途宰杀充饥解渴,而无需大批粮草辎重,故而行动极为迅速,往往在敌人尚未做好抵抗准备时,即发动奇袭,常常取得成功。他们大都精于骑射,单兵作战能力极强,对于以步兵为主要战斗力的周围的农耕民族来说,是一支无坚不摧的攻击力量。穆斯林士兵在"圣战"的旗号下被许可占有被征服地区的土地和财产,因而在战斗中人人当先,个个奋勇,战斗力极强。发动"圣战"的次年,亚孜德将军统率的数千骑兵部队首先攻入巴勒斯坦地区,击溃亲拜占庭帝国的阿拉伯人拉克米德王朝军队,攻占拜占庭帝国边境要塞巴什拉。而后,他们稍事休整,便向北方的拜占庭帝国和东方的波斯帝国同时发动进攻。

战场上的穆斯林军队

七 新式武器

那真是个金戈铁马疾风狂飙的时代，整个欧亚大陆都被陆续卷入哈里发扩张战争中。阿拉伯骑兵首先穿过沙漠攻击叙利亚，在大马士革附近与奉命紧急增援的拜占庭将军贝恩尼斯相遇。634年，双方在亚德兹那丹遭遇战中展开激烈厮杀，阿拉伯骑兵给拜占庭人以沉重打击，夺取了大马士革和埃麦萨。636年，双方在太巴列湖以南进行雅穆克河战役。阿拉伯军队以灵活的战术彻底击败数倍于己的5万敌军，重新夺取大马士革等重要城市。637年，阿拉伯人进入叙利亚北部地区，占领叙利亚首府安条克和阿勒波，638年，基督教圣城耶路撒冷失陷，639年，阿拉伯军队攻入美索不达米亚地区，640年，恺撒利亚失守，同年，阿拉伯军队征服美索不达米亚全境。在阿拉伯军队的攻击下，拜占庭军队只有招架之功，没有还手之力。而阿拉伯军队所向无敌，节节取胜，扎营于小亚细亚南部的额梅纳斯山脚下。叙利亚地区的丧失对拜占庭帝国在亚洲的统治是巨大的打击，对波斯人更是灾难降临的预兆。当时，波斯人尚未从伊拉克略一世的军事打击中恢复过来，紧接着便遭到来自阿拉伯人更猛烈的攻击，很快在642年的尼哈温德战役中全军覆灭，波斯帝国灭亡，其末代国王逃窜到中国避难。面对气势汹汹的阿拉伯军队，拜占庭军队也节节败退，战败弃城，642年丧失亚历山大，拜占庭帝国在埃及数百年的统治从此宣告结束。

661年倭马亚王朝建立后，阿拉伯军队继续在东、西、北三个方向上扩张。665年，万余阿拉伯骑兵向东挺进，迅速征服伊朗高原，占领中亚地区，兵抵我国唐朝西部边陲，因受阻于帕米尔高原等自然疆界，而进入印度。西线数万阿拉伯主力骑兵风驰电掣般横扫北非马格里布地区的拜占庭军队残余势力，占领迦太基，征服柏柏尔人,迫使他们皈依伊斯兰教。然后,他们以摩洛哥为基地,以柏柏尔人穆斯林军队为主力,越过直布罗陀海峡进犯西班牙。在此以前,驻叙利亚的阿拉伯总督穆维雅就已经向拜占庭帝国的小亚细亚地区发动进攻。由于这里是拜占庭帝国首都赖以生存的最后的粮仓和兵源所在地,因此拜占庭人进行了拼死的抵抗。阿拉伯军队通过战争和外交手段迅速控制了自两河流域源头地区至黑海的大亚美尼亚地区,并建立舰队进攻塞浦路斯岛和爱琴海沿岸地区。655 年,阿拉伯舰队首次兵临君士坦丁堡城下,在里西岩近海重创拜占庭帝国皇帝君士坦斯二世(Constans II, 641—668 年在位)亲自指挥的帝国舰队,切断了帝国首都与外界的水上联系。穆维雅的目的在于尽快清除阿拉伯帝国扩张的障碍,灭亡拜占庭帝国,使西征和北征的两路大军早日在欧洲中部会师。面对阿拉伯军队咄咄逼人的攻势和本国军队节节败退的局面,君士坦斯极为惶恐,决定放弃东地中海,迁都意大利,并于 660 年突然离开首都。拜占庭皇帝的惊慌失措加重了帝国首都不安的气氛,贵族和官吏纷纷准备西逃,无路可逃的百姓们则天天登城远眺,君士坦丁堡的末日似乎将要来临。

但帝国气数未尽,君士坦斯二世的儿子君士坦丁力保帝国大厦不倒,他不同意其父的外交政策,因为他深知朝野上下、特别是宫廷文武大臣中的主战派对父皇弃都西走、逃避抵抗阿拉伯入侵责任的行为极为不满。尤其是随同父亲西巡的麦兹乔斯将军,这个来自帝国东部亚美尼亚军区的赳赳武夫对家乡失陷痛心疾首,多次扬言要率兵出征,对君士坦斯二世的逃跑政策一直心存不满,最终买通内宫仆人刺杀了皇帝。君士坦丁四世认为,父皇的做法只能使朝野浮动,民心不稳,军心动摇。所以,他即位后立即着手整顿朝纲。他首先强化中央集权,整肃文武官员,清除和罢免主和派,提拔和重用主战派,对那些不忠于皇帝的将领和大臣格杀勿论。在这场斗争中,他的两个兄弟也不能幸免,被他残酷地剁去手脚。而后,他全面加强国防,调整对阿拉伯军队的作战部署。拜占庭军队经过数十年的抵抗阿拉伯入侵战争逐步积累了经验,对阿拉伯人的作战方式逐渐适应,一些军区已经能够有效地阻止敌军的前进。但是,阿拉伯人建立的近海舰队却构成了对君士坦丁堡的直接威胁。显然,阿拉伯人在陆地进攻受阻时,加强了对帝国首都的水上进攻。当时,哈里发穆维雅坐镇叙利亚前线,督战其海军向君士坦丁堡进攻,并派埃米尔法达拉斯为舰队司令,指挥阿拉伯水师突破拜占庭帝国达达尼尔海峡防线,攻占了马尔马拉海东南沿海的基兹科斯。此城距离君士坦丁堡仅半日海程,自674年夏季开始,阿拉伯海军每年都以此为基地发动大规模进攻,形成了对帝国首都的海上封锁。

如何有效地反击阿拉伯海军是君士坦丁四世日思夜想的问题,他在城门挂起皇榜,广泛征集退敌良策。这时有个名叫佳利尼科斯的上前揭榜,声称有海上退敌秘密武器,并向皇帝献上了"希腊火"的配方和使用方法。据史料记载,"希腊火"是由佳利尼科斯发明的。此人曾在叙利亚从事建筑业,在寻找和研究建筑用防水材料时对炼丹术发生了浓厚兴趣,进行过长期的化学研究,因此,逐渐掌握了火药的配制方法。阿拉伯军队侵占叙利亚后,他随逃难的人群撤往首都,在途经小亚细亚地区时发现了当地盛产一种黑色黏稠油脂可以在水面上漂浮和燃烧,这种油脂实际上就是我们今天所说的石油。佳利尼科斯定居君士坦丁堡后,目睹了阿拉伯军队从首都东、南两面的马尔马拉海上对首都的围攻。他提出使用火烧阿拉伯

君士坦丁四世和他的随从，中世纪镶嵌画

战船的建议，立即得到君士坦丁皇帝的重视，指示负责军械和武器生产的官员在大皇宫内组织秘密研制和生产，由佳利尼科斯担任技术指导。同时，皇帝下令对有关的一切事情特别是这种新式火器的配方和制作过程严格保密，甚至不许用文字记载下来。正是由于当时的保密措施才使这种威力巨大的新式武器在浩繁的拜占庭帝国文献中没有留下任何记载，我们只能从身受其苦的阿拉伯人的史书中略知一二。

在阿拉伯人的记载中，它被称作"希腊火"，而在拜占庭文献中则被称为"液体火焰"。据现代学者的研究，希腊火是一种以石油为主体、混合了易燃树脂和硫黄等物质的黏稠油脂。它附着力强，容易点燃,但不具备爆炸力,因此便于携带和运输。其性状如油,可以在水面上漂浮和燃烧,其容易附着于物体表面的特性有利于"火攻"敌军木质战船。经过配制的希腊火一般被装入木桶,运送到前方供守城将士使用。士兵们通常使用管状铜制喷射器将它喷洒向敌人,然后射出带火的弓箭点燃大火。根据一部古书中的插图,拜占庭海军派遣轻便小船引诱敌军大船出击,在诱敌过程中将大量"希腊火"洒在水面上,点燃后借助风力烧毁敌船。喷射器的结构并不复杂,大体类似于今日常见的儿童水枪,只是体积更大,喷口更粗,便于大量喷洒黏稠的"希腊火"。事实上,自从拜占庭帝国的高加索和亚美尼亚地区发现石油以后,就有相当数量的原油被运往君士坦丁堡,对于它的可燃性人们也早已熟悉。佳利尼科斯的新贡献在于将相当比例的易燃物质加入石油,使得它的可燃性变为易燃性,成为新式武器希腊火。由于原料充足,拜占庭人在很短的时间内就可以生产出大量的希腊火。拜占庭守城部队就是依靠这种新式武器击退了678年夏季进攻君士坦丁堡的阿拉伯海军。

拜占庭人防卫战的胜利意义重大,因为在此之前,阿拉伯军事扩张几乎没有遭遇到顽强抵抗,阿拉伯军队在扩张战争中所向披靡,兵锋所至,无坚不摧,征服了波斯和拜占庭帝国的大部分领土,像大马士革、安条克、亚历山大、耶路撒冷、泰西封和伊留波利斯等西亚和埃及的大城市都无一例外地被攻占。而对君士坦丁堡,阿拉伯骑兵却难有作为,因为,该城西面陆地一侧有两道坚固的城墙,特别是外墙极为高大,且有护城河保护。因此,阿拉伯人决定从防务相对薄弱的海上发起攻击。在阿拉伯军队发动进攻之前,拜占庭海军一直是东地中海最强大的水上武装力量,控制海上霸权几个世纪之久,几乎没有对手,君士坦丁堡临水方面似乎有一道天然防线,所以一直没有引起重视,城防工事相对薄弱。为了夺取君士坦丁堡,阿拉伯人建立海上舰队,积极发展海上势力,修造舰船,抢占具有重要战略意义的海岛和沿海据点,有计划地实施从海上进攻君士坦丁堡的计划。但是,阿拉伯水师遭到异乎寻常的顽强抵抗,最初的进攻并没有得手。临近马尔马拉海的各个港口均被拜占庭人封锁,使阿拉伯船只无法停靠。而阿拉伯军队从海上封锁君士坦丁堡的措施又没有起作用,致使阿拉伯军事扩张计划连续多年受挫。

678年夏季,哈里发穆维雅调集了更多船只,营造海上攻城器械,准备发动更大规模的攻势。6月25日清晨,前线总司令法达拉斯指挥百余只阿拉伯战船浩浩荡荡直扑君士坦丁堡城下。拜占庭海军事先布置大量小船在城下海面上喷洒希腊火,等待阿拉

威力无穷的"希腊火"

伯舰船驶近，施放带火的弓箭，点燃海面上漂浮的"希腊火"，进而使阿拉伯海军的木船被大火烧毁，阿拉伯舰队近三分之二的船只被毁。此战使阿拉伯海军再也不能组织起强大的攻势，只能退回基兹科斯基地。为了逃出拜占庭海军的反围攻，穆维雅命令剩余的阿拉伯船只向南撤退。在退却中，阿拉伯海军又遭到暴风雨的袭击，最后仅剩余十几艘伤痕累累的破船，埃米尔法达拉斯下落不明。而拜占庭海军则乘机在西里西亚海港城市西莱夫基亚附近借助顺风，再次使用希腊火无情地打击阿拉伯舰队，使一度相当强大的阿拉伯海军几乎全军覆没，最终仅剩几只小船逃进西莱夫基亚海港。

阿拉伯军队遭到此次最惨痛的失败后被迫向拜占庭帝国提出和谈。同年，拜占庭人和阿拉伯人订立 30 年和约，哈里发穆维雅表示降服，愿意每年向拜占庭帝国进贡。拜占庭帝国的军事胜利在东欧产生了强烈的反响，阿瓦尔人汗王和斯拉夫人各部落首领纷纷前往君士坦丁堡请求和平和友谊，承认拜占庭帝国的宗主权。现代历史学家高度评价拜占庭军队在 678 年夏季取得的胜利，认为这是阿拉伯军事扩张势头正处于强劲时遭到的最严重的挫折和阻遏，阿拉伯人征服欧洲的计划因此最终破产。著名拜占庭学家奥斯特洛格尔斯基指出："这一胜利使欧洲免遭阿拉伯军队的蹂躏和伊斯兰教文化的征服，其重大的历史意义远远超过胜利本身，它可以被视为世界历史发展的一个重要转折点。"

"希腊火"在冷兵器时代不啻中古"核武器"，特别是在固守城池的海上防御战中，其作用具有极端重要的意义，决定战场上的胜败，挽救了君士坦丁堡。这一武器一直为拜占庭人所使用，直到 1453 年首都保卫战中,它仍是守军抵抗奥斯曼土耳其大军的利器。而阿拉伯海军败于掌握了"希腊火"的拜占庭人,重要原因是他们没有像数百年后的土耳其军队那样掌握更先进的火器,也没有调集足够的兵马开展陆地攻城战。要知道正是奥斯曼土耳其人促使冷兵器向热兵器时代转变。

八

毁像运动

八 毁像运动

像 1453 年夏初首都出现的那种社会分裂,在 8 世纪中期也曾在君士坦丁堡上演过。当时,围绕着圣像问题展开的大争论,将整个首都抛入打砸抢的漩涡,连原本用于竞技赛车的大竞技场都被用来批斗戏弄教士修女,在数万人的哄笑声中,反对朝廷毁坏圣像政策的修士修女被游街示众。当时的人们在哄笑的喧嚣声中根本想象不到,这场毁坏圣像运动将延续一个多世纪,将成为中期拜占庭帝国历史上发生的重大事件。这场运动是 8、9 世纪拜占庭教、俗统治集团发动的禁止使用或崇拜圣像的社会斗争,涉及面广,影响极大,以至于学者们以这场运动标志当时的历史,称运动发生的一百余年为"毁坏圣像时代"。

这场运动起因比较复杂。从宗教角度看,主要原因有三。其一,拜占庭统治集团为消除有碍于加强基督徒与其他宗教信徒,如穆斯林或犹太教徒之间关系的宗教障碍。他们认为,由于基督徒对圣像等宗教偶像的顶礼膜拜,使得其他宗教信徒难以与基督徒接近,从而造成基督徒与其他宗教信徒的对立,也使帝国境域内外的犹太教徒和穆斯林对帝国抱有宗教敌对情绪。其二,当朝的伊苏里亚王朝皇帝们试图通过"净化"信徒对原始基督教教义的信仰来加强思想控制。皇帝们认为,由于《圣经》明确规定"不可跪拜那些偶像",而拜占庭基督徒普遍崇拜圣像,故触犯神威,屡受惩罚。他们甚至将诸如 726 年大地震等自然灾变和阿拉伯人入侵等灾难都视为上帝对基督徒违犯上帝戒律的惩罚。其三,拜占庭教俗统治集团中一部分受到拜占庭东方省区神秘宗教艺术影响的人力图将古典艺术崇尚自然形象的倾向剔除出基督教艺术,在艺术领域恢复基督教的纯洁。

事实上,基督教内部关于如何对待圣像的争论由来已久。早在4世纪初,西班牙地区就举行过爱尔维拉基督教大会,明确规定,教堂中严禁设置用于顶礼膜拜的绘画和图像。但是,基督教在帝国获得合法地位、特别是成为国教以后,这一规定被弃之不用,使用圣像和圣物装饰教堂日益流行,圣像艺术获得极大的发展,以至和君士坦丁一世同时代的作家尤西比乌斯认为,对耶稣基督、使徒彼得和保罗圣像的崇拜是基督教民族的习俗。对这一现象的出现,教会内部产生了两种相反的意见。反对者认为对圣像的崇拜有违上帝的意旨,而支持者则认为目不识丁的普通信徒唯有通过圣像才能了解基督教的信仰和基督的圣绩。当然,这个时期的争论还仅限于个别

圣像画"耶稣基督"

教士。例如,塞浦路斯教士埃比发努思就愤怒地撕毁过教堂中那些饰有基督和圣徒的圣像画窗帘。在拜占庭帝国重镇安条克,反对崇拜圣像的民众向圣像投掷石块。至7世纪后半期,对圣像和圣物的崇拜愈演愈烈,圣像的内容从对基督和教父的描绘发展到对所有圣人和殉道者的描绘,而圣物包括干尸断指、死人毛发、破衣烂袄等。人们感激涕零、痛哭流涕地亲吻圣像圣物,以为神气由此可以传导上身,治病辟邪。圣像的形式也多样化,不仅有绘画、镶嵌画,而且有使用象牙、木料、宝石和各种贵金属制作的雕像。更有甚者,一些狂热的信徒宣称,这些圣像不是普通的艺术品,而是上帝借人手创造出来的,因此会产生神迹。作为对这种倾向的对抗,拜占庭帝国亚洲各省份出现了广泛的毁坏圣像的风潮,许多教堂有组织地清除圣像,并支持学者著书立说批判圣像崇拜者的无知渎神。显然,毁坏圣像运动爆发以前教会内外关于如何对待圣像的争论已经达到相当激烈的程度。

  为什么圣像会引发激烈的争论呢?关于圣像的争论实际上直接涉及基督教基本教义的"救赎"理论,它是将晦涩难懂的教义和普通信徒的日常宗教生活密切联系起来的教规之争,也是基督教神学和哲学力图摆脱犹太教和古典希腊罗马哲学,并最终形成独立的神学体系的结果。基督教神学一方面用一神论取代多神论,以确立上帝至高无上、无所不在、无所不能的地位,进而奠定以上帝为最高目的的世界体系哲学的基础。另一方面用三位一体的基本信条克服犹太教绝对神秘主义的影响,用基督这一人神同形、同性、同格、同质的形象在人与神之间建立起"交流"的渠道,从而形成了救赎论的神学基础。

  社会运动的形成原因往往都很复杂。除了基督教自身神学发展的需要外,毁坏圣像运动还有深刻的政治原因。应该说,发动毁坏圣像运动的皇帝们不是从个人或王朝的宗教信仰出发,而是以宗教问题为契机,力图推行一场旨在抑制教权膨胀的社会改革。他们从一开始就把遏制教会和修道院政治势力的发展作为其宗教政策的出发点,力图恢复皇权对教权的控制、重新确立对皇帝的崇拜,特别是在教会势力迅速发展,直接威胁皇权对全社会统治,以及外敌入侵,极需统一全国力量的时期,这场运动就成为加强中央集权的重要步骤,一些学者明确指出:"利奥三世政策的基本目的并不依据任何宗教考虑。"

有的学者断言,这场运动就是皇帝为了控制教会而开展的斗争。基督教发展之初,皇帝对教会的权力是无限的,但是,随着教会实力的增加,这种权力被侵蚀。因此,皇帝们维护其"至尊权"的举措愈加严厉。皇帝对教会的控制表现在召开基督教大会、任免基督教高级教职人员和调解仲裁教会内部争端等方面。皇帝们总是积极参与教会事务,一方面防止教会脱离皇权控制,保持皇帝凌驾于教会各派之上的最高权力形象,另一方面及时制止宗教争端造成的社会分裂。与此同时,教权一直力图摆脱皇权的控制,不仅要求教、俗权力平等,甚至提出教权高于皇权的理论。教会司法权最先摆脱皇权控制。而后,皇权和教权之间的斗争愈演愈烈。当时尚由拜占庭皇帝控制的罗马主教格列高利一世(Gregory I, 590—604 年在任)公开与皇帝分庭抗礼,反对皇帝的"禁入令",即禁止官员和士兵在未完成世俗职责以前就进入修道院的皇帝敕令,他利用拜占庭世俗大贵族争夺皇权的斗争,迫使皇帝承认其"基督教最高捍卫者"的地位。到毁坏圣像运动爆发前夕,教会的势力已经发展到足以与皇权抗衡的地步,并在帝国政治生活中对皇权构成威胁,这就不能不引起世俗君主的极大恐惧。所以,认为毁坏圣像运动是拜占庭教、俗统治集团之间政治较量的结果的说法不无道理。

在教、俗君主权力政治较量的背后还存在实际经济利益的冲突,换言之,毁坏圣像运动还有其实际的经济原因。基督教教会在4世纪以前还是民间宗教组织,其有限的财产常常遭到罗马当局的查抄。4世纪末以后,它作为拜占庭帝国的国教,受到特殊保护,教会财产增加极为迅速。尼西亚基督教大会后,教会不仅收回了大量被没收的地产、金钱和粮食,而且在皇帝的直接支持下,兴建起大批教堂和修道院。教会还逐步获得许多经济上的特权,其中最主要的权利包括免税权、征收教产税权和接受遗产权。这些特权使得教会产业急剧增加,教会的经济实力迅速增强。

罗马主教格列高利一世口授《格列高利圣咏》,中世纪手抄本插画

世俗贵族对教会贵族羡慕嫉妒恨是有理由的。至7世纪末、8世纪初，教会已经在帝国各地拥有庞大的教会地产，这种地产大多为庄园，或由教会委派的庄头管理，或由教堂和修道院直接经营。以君士坦丁堡教区为例，它拥有29处大小不等的庄园。相比之下，世俗贵族的田产就逊色多了。据现代学者估计，当时拜占庭帝国有大大小小修道院千余所。各修道院除了直接控制的地产外，还占有其他地产。教会的地产一般都享有免税权，因此，随着教会地产的增加，国家的土地税收日益减少，从而引起世俗君主的极大担忧。教会还通过接受捐赠、遗产和经营庄园等途径，保持相当丰厚的年收入，其收入量远远高出世俗封建主。6世纪时，拉文纳教区的年收入为12000金币，卡拉布利亚教区的年收入达到25200金币，7世纪时，西西里教区的年收入高达47000金币。同一时期，拜占庭帝国最高等级的官吏年薪不过数百金币，如非洲和拉文纳两大总督区的总督年薪为725—800金币，统辖数省的大区长年薪也不过如此，一般官员的年薪只在35—72金币之间。

教、俗封建主经济收入的极大差距必然招致世俗君主的不满，特别是在国库入不敷出、国家财政吃紧的情况下，这种不满就显得更加强烈。教会以教堂和修道院为核心聚敛大量财富，其富有的程度是世俗君主难以攀比的。譬如，君士坦丁堡教区除拥有几十处庄园和教堂外，还拥有36个金银制成的圣像、16个镶满珠宝的珍贵十字架和圣物、29匹金银线混纺的高级织物、110匹马、15头骡、4头奶牛、47对耕牛、72头菜牛、238头奶羊、94头绵羊、52头山羊及其他浮财。显然，教会在物质上就是富有的大地产主，其巨大产业对世俗君主有极大的诱惑力，他们多次试图征用教产，但是常常遭到教会的反对。教会吸引大批青、壮年人出家,成为教职人员或修道士,这也是当时一个突出的现象。按照教会的规定,年满 18 岁的成年人都可以自愿为僧。他们分布于帝国境内上千所教堂和修道院,多数充当农庄式修道院的劳役僧侣,成为教会庞大经济的支柱。他们中仅有少数过着独居或隐居或行游僧式的生活。据学者们保守的估计,毁坏圣像运动前,拜占庭帝国有 10 万修士,约占总人口 2%。

俄国拜占庭学者安德列夫对此感到极为震惊,他写道:"鉴于目前在俄国广阔领土上居住的 12000 万人口中仅有 4 万修士和修女,我们很容易想象,在拜占庭相对狭小的领土上分布着何等稠密的修道院网。"7 世纪初拜占庭人力资源的极大短缺,除了其他因素外,与教会对青、壮年人口的吸引有密切联系。逃避现实生活的艰辛,躲藏在修道院势力的庇护下,这是很多信徒的功利主义追求,在献身上帝事业的神圣名义中渐成风潮。显然,基督教教会的巨大财产引起世俗君主相当强烈的羡慕,尤其在国家财政吃紧、世俗各阶层经济生活每况愈下的时候,这种羡慕就逐步演化为嫉妒乃至憎恨。同时,教会对大批青、壮年人的吸引和收容对国家税收和兵源造成严重的侵害和瓦解,也引起拜占庭世俗统治集团强烈的不满和恐惧。在这种教、俗统治集团经济利益激烈冲突的背景下,拜占庭世俗统治者必然借助宗教问题削弱教会的经济实力。

毁坏圣像运动持续百年以上,实在难以想象,而其背景的复杂性决定其过程的曲折性。这场运动以皇帝利奥三世于 726 年夏季颁布《禁止崇拜偶像法令》为开端,至 843 年幼帝米哈伊尔三世(Michael III, 842—867 年在位)统治时期摄政皇后塞奥多拉颁布反对毁坏圣像的《尼西亚法规》为止,持续了 117 年。在此期间,毁坏圣像运动经历了两个阶段。

第一阶段从 726 年到 812 年。利奥三世建立伊苏里亚王朝后,首先致力于抵抗阿拉伯人的入侵,缓解外部危机,而后平息了 718 年西西里的拜占庭军队兵变和 719 年以大贵族阿纳斯塔西乌斯为首的贵族叛乱,稳定了新王朝的统治。他通过继续推行军区制改革和制定法典等措施,巩固了中央集权。726 年夏季,利奥发布了《禁止崇拜偶像法令》,并首先下令将大皇宫入口处的基督圣像拆除,换上十字架标志。这一举动立即引发了君士坦丁堡狂热的基督徒的骚乱,受命执行拆除圣像任务的士兵被愤怒的女信徒们杀死。拜占庭帝国腹地希腊和爱琴海地区也爆发了民众起义,君士坦丁堡大教长日耳曼努斯(715—717 年在任)则成为反对利奥毁坏圣像政策的代表。同时,有关如何对待圣像的争论也从教士们的讲堂迅速扩展到社会各个角落。730 年,利奥三世召开宗教大会,撤换了反对毁坏圣像的大教长日耳曼努斯,代之以拥护毁坏圣像的大教长阿纳斯塔西乌斯(730—754 年在任),后者按照利奥的法令制定了毁坏圣像的宗教法规。该法规的重要意义在于,它使毁坏圣像的行为成为教会的事务,而不仅仅出自世俗君主的命令,同时,它为毁坏圣像运动提供了宗教理论上的依据。

利奥三世死后,其子君士坦丁五世继位,他大力促使运动的教义之争演化为对崇拜圣像者的残酷迫害,引起全社会的动荡,毁坏圣像运动遂进入新时期。君士坦丁五世首先平息了反对毁坏圣像的贵族叛乱,而后于 754 年在博斯普鲁斯海峡亚洲一侧的海耳里亚宫召集宗教会议。与会代表虽然超过 300 人,但是诸如安条克、耶路撒冷、亚历山大、罗马教区的主教都没有到会,甚至君士坦丁堡大教

八 毁像运动

利奥三世(左)和他的儿子君士坦丁五世(右)

毁坏圣像运动，9世纪作品

长也缺席。会上选举了新的大教长,重新发布毁坏圣像法规:"因圣经和所有教父的支持,我们以圣三位一体的名义一致宣布,基督教教会将拒绝摆放并清除和诅咒所有邪恶艺术画家创作的任何材料的圣像。将来任何人胆敢制作圣像,或崇拜圣像,或在教堂和私人宅院里摆放圣像,或秘密拥有圣像,将遭到强烈谴责,如果他是主教、教士或宣道师,他将被罢免神职,如果他是修道士或普通信徒,他必须受到世俗法律的审判,成为上帝的敌人和所有教父共同制定的教义的敌人。"

法令给整个社会发出了信号,不满教会的各界人士掀起了毁坏圣像的高潮,信徒们也争相表态不崇拜偶像,其中狂热之徒砸烂烧毁大量圣像艺术品,教堂内的圣像壁画被石灰水覆盖,坚持崇拜圣像的人遭到毒打、抄家、游街、批斗、投入监狱和没收财产,甚至被处死,崇拜圣像的高级教职人员被流放到偏远的山区和荒凉的孤岛,他们所在的修道院则被关闭,财产充公,修士修女被强迫还俗。在毁坏圣像运动的高潮中,修道院和修道士成为扫荡的主要对象,大赛场变成民众公开游斗侮辱修士修女的场合,他们被强迫脱去教服,穿上普通人的衣裳,修士手牵着修女在人们的哄笑和叫骂中走过赛场。在小亚细亚,迫害活动达到顶峰,修道院被洗劫,修士和修女被集中在广场上,强迫他们当场选择,或服从皇帝并还俗结婚,或被刺瞎眼睛并流放塞浦路斯岛,一些人选择了殉道,多数人不堪侮辱选择了还俗结婚。许多人因忍受不了迫害而逃亡,仅意大利卡拉布利亚地区就涌入了约5万希腊流亡者,有的人甚至流亡到阿拉伯国家。罗马主教乘机投靠法兰克国王矮子丕平(Peppin the Short, 752—768年在任),在其武力支持下,建立起教宗国,最终摆脱了拜占庭皇帝的控制。

君士坦丁六世(Constantine VI, 780—797年在位)少年继位,以摄政皇后伊琳尼为首的崇拜圣像派大举反攻倒算,不仅全面废除了以前历代皇帝毁坏圣像的法令和宗教法规,而且对参加毁坏圣像运动的教俗人士大肆迫害。君士坦丁堡大教长塔拉西乌斯(784—806年在任)于786年在首都召开宗教会议,罗马教宗应邀出席,宣布废除以前的毁坏圣像立法。但是支持毁坏圣像政策的军队冲入会场,强行驱散与会代表。伊琳尼因此撤换了军队将领,甚至解散了坚持毁坏圣像的小亚细亚军区。次年,基督教大会在第一次"尼西亚宗教会议"的旧址举行,与会主教超过300人,他们一致通过决议和法规,公开反对毁坏圣像,下令人人崇拜偶像,反对者立即被开除教籍,斥为人民公敌,所有因崇拜圣像而受到迫害的教士一律平反,发还财产。会议还规定世俗君主无权干涉教务。从此,毁坏圣像派的势力在差不多一代人期间销声匿迹。伊琳尼的内外政策导致朝野上下和武装力量的反对,她被将领尼基弗鲁斯发动的政变推翻,她本人则被流放爱琴海的莱斯伯斯岛,次年病故,客死他乡。

皇帝利奥五世(Leo V, 813—820年在位)继位标志着毁坏圣像运动进入第二阶段。利奥是毁坏圣像政策的坚定支持者,他以君士坦丁五世为榜样,重新推行前代毁坏圣像派皇帝颁布的法令,废除787年尼西亚基督教会议决议,并开始新一轮对崇拜圣像者的迫害。反对毁坏圣像政策的君士坦丁堡大教长尼基弗鲁斯(806—815年在位)被撤职,代之以坚定的毁坏圣像派领袖塞奥多杜斯(815—821年在任)。815年,毁坏圣像宗教会议在君士坦丁堡圣索菲亚教堂举行,再次重申禁止制作和崇拜任何形式的圣像,公开嘲笑对圣像的崇拜无非是对"僵死的雕像"和"无生命的图画"的崇拜。会后，一些崇拜圣像的主教和教职人员被解除教职，个别顽固分子被监禁和流放。但是，这个阶段的毁坏圣像的措施和第一阶段相比要温和得多。此后阿莫利王朝的几位皇帝，包括米哈伊尔二世（Michael Ⅱ，820—829 年在位）和塞奥弗鲁斯一世（Theophilos，829—842 年在位）虽然继续坚持毁坏圣像的政策，但并没有采取激烈的措施，拜占庭社会长期的动荡逐渐平息，这就为毁坏圣像运动的结束铺平了道路。

塞奥弗鲁斯一世去世后，其幼子米哈伊尔三世（842—867 年在位）继位，由皇后塞奥多拉摄政。她是坚定的崇拜圣像派，主持拜占庭朝政后立即推翻毁坏圣像的法令，恢复对圣像的崇拜，并通过宗教会议肯定了反对毁坏圣像的"尼西亚法规"，同时她再次确立皇权对教权的控制和对教会事务的干涉权。为了平息因毁坏圣像运动引起的社会动荡，她实行宗教安抚政策，为过去因这一运动受到迫害的教俗人士平反，从而最终结束了毁坏圣像运动。这场旷日持久的毁坏圣像运动对拜占庭历史和文化发展影响极大。

毁坏圣像运动最直接的影响是在政治和军事领域，因为，刚刚建立统治的伊苏利亚王朝君主们首先面对的是威胁其统治地位的国内外敌对势力。在这些势力中，教会是与皇权抗衡的主要力量，至少成为皇帝专制统治的掣肘力量，在拜占庭政治生活中对皇权构成威胁。可以说，毁坏圣像运动是拜占庭教、俗统治集团之间政治较量的结果，这场运动也可以被视为皇权极力恢复对教会控制的斗争。毁坏圣像运动是自上而下的政治斗争，世俗君主对削弱教会势力更感兴趣，无论是支持还是反对毁坏圣像的皇帝，其打击反对派教士的积极性更甚于对圣像的处理。利奥三世撤换反对派大教长日耳曼努斯和任命拥护毁坏圣像政策的大教长阿纳斯塔西乌斯,都有力地打击了不断膨胀的教会势力。君士坦丁五世采取的暴力措施,和在君士坦丁堡游斗教会上层人士使教士的人格倍受侮辱,昔日威风尽扫。支持崇拜圣像的世俗君主在反攻倒算中也不甘示弱,对毁坏圣像派教士大肆迫害。这样,在毁坏圣像运动进行的百余年期间,教会元气大伤,势力迅速下降,很难再与皇权对抗。843 年的法令确定了崇拜圣像的教义,同时再次明确皇权对教会的控制,使教会一度出现的摆脱皇权控制的趋势被遏止。在拜占庭历史上,东正教教会始终未能像罗马教会那样发展成为凌驾一切世俗君主之

崇拜圣像派的胜利

上的至高权力,其重要原因是毁坏圣像运动对教会势力的致命打击,这或许也可以被视为毁坏圣像运动的远期影响。今天当人们谈论东正教与其他基督教派别的区别时,都不约而同地注意到东正教始终受制于世俗政权的这个突出特征。

除了宗教领域的影响外,清除政治分裂势力和强化中央集权是毁坏圣像运动在政治生活中的一个重要影响。在整个运动中支持毁坏圣像的皇帝大部分来自拜占庭帝国的东方省份,例如利奥三世和君士坦丁五世是叙利亚人,利奥五世是亚美尼亚人,米哈伊尔二世是小亚细亚地区菲利吉亚人。这批来自帝国东部省份的军事将领夺取皇权后,必然与以官僚为主体的西部贵族势力发生冲突。为了巩固统治地位,军事贵族集团利用毁坏圣像运动打击西部势力。利奥三世在罢免反对派教士的同时,对起兵反叛的希腊军区和爱琴海军区的贵族进行残酷镇压。君士坦丁五世也在迫害反对派高级教士的同时,处死一批反对派世俗权贵。毁坏圣像运动的政治实质是皇帝们努力恢复皇权的至高地位、在拜占庭教、俗各界重新确立"皇帝崇拜"的举措,是强化中央集权的重要步骤。古往今来,社会运动都带有政治斗争的目的,而其影响必然十分深刻。

毁坏圣像运动在军事方面的影响是与其政治影响紧密联系在一起的。当时,拜占庭帝国最主要的外部压力来自于阿拉伯军队的入侵,而担负抵抗入侵的主要军事力量集中在帝国的亚洲军区。早在毁坏圣像运动爆发以前,帝国各地教会内部在如何对待圣像问题上出现了两种意见。帝国东方和西方省区在这个问题上也形成了截然不同的派别。大体而言,包括希腊在内的西方省区支持崇拜圣像,而东方各省则支持毁坏圣像。当时的拜占庭统治者十分清楚,如果不以明确的立法和政策支持东部军区的毁坏圣像的主张,就无法稳固军心,也不能使东部广大士兵得到安抚,进而对东线防务起到不利的影响。毁坏圣像政策的出笼确实鼓舞了东部各军区的士气,因而,8世纪中期的拜占庭军队在东部前线节节取胜,764年横扫小亚,进抵叙利亚北部地区。东部边境的军事胜利还使拜占庭帝国能够从容地实现其战略防务重点的转移,一方面它进一步扩充以东部各省士兵为主的武装力量,另一方面它可以更多地抽调东方前线部队到巴尔干半岛打击长期为患的保加利亚人势力,使之数十年不敢轻举妄动。但是,经过百余年的动荡后,毁坏圣像政策被全面废除,同时遭到打击的还有东部地区的军队,尤其是东部前线军区的解散对帝国造成了深远的不利影响。

  毁坏圣像运动在经济方面也产生了重要影响,这在遏止教会产业急剧膨胀和防止国家人力资源流失两方面表现得十分突出。由于基督教教会作为拜占庭帝国的国教受到皇帝的特殊保护,教会财产增加极为迅速,教会的经济实力急剧增强,因此,在运动之初,教会已经成为帝国内部最富有的利益集团。教会经济实力的急剧增长不仅成为它在政治领域与皇权分庭抗礼的基础,而且直接蚕食和损害国家人力物力资源,特别是在拜占庭帝国连年战争、瘟疫不断、人力资源消耗严重、国库入不敷出的情况下,教会侵蚀国家经济基础的作用就显得特别恶劣。皇帝们多次试图征用教产,都因为教会的反对而未果。在毁坏圣像运动中,利奥三世首先对罗马主教的辖区开刀,将原来归属罗马教区管理的西西里、卡拉布利亚和伊里利亚教区强行划归君士坦丁堡教区,他还下令将意大利南部地区缴纳给罗马教会的什一税全部收归帝国国库。君士坦丁五世更是把没

圣母子和天使像，7世纪。此画是毁坏圣像运动中幸存下来的少数圣像画之一，保存于圣凯瑟琳修道院

收教产、关闭修道院作为其主要的工作之一，以至现代学者评论说："与其称之为毁坏圣像运动，不如称之为毁坏修道院运动。"尼基弗鲁斯一世则毫不留情地取消了教会的免税特权，甚至大幅度提高强加给教会的税收。为了阻止教会夺取国家直接纳税人，皇帝们多次颁布法令，禁止士兵、军官和国家官员在退休以前进入修道院当修道士。同时强迫大批教士修女还俗。这些措施有效地实现了皇帝们从经济上打击教会的目的，大幅度增加了国家的税户，进而增加了国家的收入。

最后，我们还应提到毁坏圣像运动在拜占庭文化发展过程中所起的重要作用。在毁坏圣像运动的高潮中,确实兴起了世俗艺术的热潮,在石灰水刷掉圣像的墙壁上出现了以皇帝图像和花草动物等自然物景为主的世俗绘画,其中不乏对重大战役、皇家生活、围猎和公众活动,以及赛车竞技等场面的描绘。事实上,正是由于毁坏圣像运动对教会文化的打击,才遏止了5世纪以后教会文化迅速发展的势头,并为世俗文化的复兴提供了机会,此后,拜占庭教、俗文化在不同的领域共同发展,形成了拜占庭文化的一个重要特征。

九
天才传教士

九 天才传教士

9世纪中叶的一个夏季，在哈扎尔汗王举行的宫廷大会上，一位稳重的传教士正面对众人侃侃而谈，他就是代表基督教君士坦丁堡教区的君士坦丁，他虽然年纪不大，却知识渊博，旁征博引，条陈明细，思路清晰，将东正教思想阐述得非常明白。这次宫廷大会对于哈扎尔王十分重要，因为他邀请的伊斯兰教、犹太教、基督教等各路传教士都在会上阐述各自宗教的优长和正确，都在尽力通过这场辩论说服汗王接受他们各自的信仰。而汗王之所以对君士坦丁感兴趣，就是因为他在多次发言中，以其雄辩的口才和无所不晓的渊博从众人中脱颖而出，令在场的其他传教士汗颜，也令汗王信服。

君士坦丁在青年时代即圆满完成此次传教大任，在历史上确实留下了记载，也被后世作家写入了小说《哈扎尔词典》。但是，其传教事业的顶峰却出现在而后对斯拉夫人的传教中。故事发生在马其顿王朝统治之初，当时拜占庭帝国和保加利亚王国之间的关系发生了重要转变，从武力对抗到宗教文化交流，当时发生的重要事件是帝国在保加利亚地区的文化与宗教传播取得了巨大进展，而君士坦丁便是其中直接的推动者，他因此成为斯拉夫各民族文明化的一个重要开拓者。

斯拉夫人对拜占庭帝国历史发展影响深远，堪比蒙、满人对中华古史的影响。某些西方学者甚至认为，斯拉夫人彻底改变了拜占庭人的民族成分，以致现代希腊人的血管中没有一滴古希腊人的血液。斯拉夫人的祖先可能属于斯基泰人，拜占庭帝国最早接触的斯拉夫人是来自维斯杜拉河和多瑙河之间的斯克拉文尼人和来自第聂伯河的安带人。他们于6世纪大批迁徙进入巴尔干半岛和小亚细亚地区，先后于551年、558年和580年渡过多瑙河，同拜占庭帝国边境部队发生冲突。其中一些部落逐渐定居在拜占庭帝国境内,成为拜占庭皇帝的边民,许多人补充到拜占庭边防军中。594年,拜占庭皇帝莫里斯(Maurice)率兵进犯多瑙河北岸的阿瓦尔人,这里的斯拉夫部落也参加了抵抗拜占庭军队的战争,在此期间,斯拉夫人建立了较为强大的舰队。600年,斯拉夫人乘舰船第一次进犯爱琴海,623年,其舰船又进犯克里特,洗劫爱琴海上岛屿和沿海地区拜占庭帝国城市和农村,他们甚至和阿瓦尔人及波斯人组成联合舰队围攻君士坦丁堡。对于定居马其顿和色雷斯地区的斯拉夫人,拜占庭帝国政府长期推行移民政策,以解决帝国人力资源不足的问题,7世纪末年,皇帝查士丁尼二世将8万斯拉夫人迁入奥普西金军区,762年迁入小亚细亚军区的斯拉夫人就多达21万之众。7、8世纪时,定居在巴尔干北部山区的斯拉夫部落逐步过渡成为王国,形成了保加利亚、克罗地亚和塞尔维亚等小国,他们与拜占庭帝国时战时和,构成此后巴尔干地区复杂形势的重要因素。

当时,保加利亚人比其他斯拉夫人更文明,但其社会文化发展仍然非常落后,尚未形成本民族文字,他们在与拜占庭人的接触中,逐步开化,感受到先进文化和社会生活的优越性,因而迫切希望引进外来文化,弥补社会精神生活的不足,以适应建立大国强权的需要。在选择接受何种信仰期间,不仅保加利亚国王经历了艰难的思想斗争,而且基督教各派教会也展开了激烈的争夺较量。9世纪中期,罗马教会和君士坦丁堡教会为了扩大各自的影响,千方百计争夺当时尚未开化的保加利亚人,而保加利亚国王伯利斯一世(Boris I,852—889年在位)为了在斗争中击败政治对手,也极力选择大国为靠山。拜占庭教会在竞争中取得胜利。

最先积极向拜占庭帝国寻求支持的是保加利亚的邻国摩拉维亚大公拉斯迪斯拉夫(Rastislav, 846—870年在位)。当时,东法兰克王国大举东扩,兵锋所向,直指巴尔干半岛北部地区。为了保证进军顺利,法兰克国王与保加利亚汗王结成联盟,以此抗衡拜占庭帝国。862年,夹在日耳曼人大军与保加利亚人之间的摩拉维亚大公拉斯迪斯拉夫请求皇帝米哈伊尔三世派教士帮助他们建立独立教会,并使用斯拉夫语言传教。这一要求带有明显的政治目的,即建立与拜占庭帝国的联盟以对抗保加利亚和法兰克人之间的联盟。米哈伊尔三世立即物色和挑选了学识渊博且具有传教经验的君士坦丁兄弟前往传教。

君士坦丁(827—869)和他的哥哥美德多斯(819—885)生于拜占庭帝国第二大城市塞萨洛尼基的高级官员之家,他们天资聪慧,记忆力超群。尤其是君士坦丁,头脑更为灵活,年轻时求学于君士坦丁堡,深得大学者数学家利奥和神学家佛条斯的赏识,学业大进。学成后任神甫,供职于圣索菲亚教堂,后担任哲学教师,其雄辩的口才和缜密的逻辑思维受到广泛赞誉,也为之赢得了巨大的名声。863年,君士坦丁(也称希利尔)和美德多斯应邀前往摩拉维亚传教。为了完成用斯拉夫语传教的任务,他们使用希腊字母为斯拉夫方言拼音,创造了一种为斯拉夫人所理解的文字,称为"希利尔文字"。此后,他们在当地君主的保护和大力支持下,专门从事《新约》等宗教经典著作的翻译。君士坦丁在传教事业中取得的巨大成功使他也赢得了教宗的尊重,并应邀造访罗马,后偶感风寒,病重不治。其传教活动由其兄继续主持。保加利亚国王伯利斯一世曾对拜占庭帝国抱着极大的敌意,与东法兰克王国缔结同盟协议,但是,在拜占

君士坦丁(希利尔)
与美德多斯

庭帝国军事压力下被迫取消协议。864(或863)年,伯利斯一世也接受洗礼,皈依基督教,而后,他邀请君士坦丁的大弟子克莱蒙特到保加利亚传播文化,积极支持他建立独立教会和发展文化的活动。伯利斯一世因此被后人尊为保加利亚文化的奠基人。

但是,传教事业并非一帆风顺,期间伴随着大量疑惑。让我们看看沙皇伯利斯一世于865年提出的问题,他致信教宗尼古拉一世(Nicholas I, 858—867年在位),提出了106个关于保加利亚人接受基督教信仰后产生的问题。这封信件表现出斯拉夫人初识基督教的"迷惑",也真实地反映出拜占庭宗教文化传播的曲折历史过程,反映出9世纪中期"斯拉夫民族文明化"这一重大宗教文化和民族融和的进程非常艰难。这封保存在梵蒂冈档案馆的信件涉及最多的是与宗教信仰相关的问题,例如:世界上总共存在多少真正的教区主教?罗马主教之下谁是第二位的主教?在教堂里举行基督教圣事时使用的圣油是否只能从君士坦丁堡生产并运往各地?希腊教会"圣传"崇拜是否有效?哪些动物和飞禽可以允许基督教徒宰吃?在斋戒期过后的早晨何时吃饭?礼拜三和礼拜五是否可以洗澡?礼拜天是否可以行房事?礼拜日和斋戒期人们是否可以工作?普通信徒在就餐以前为什么不可以在餐桌上画十字祝圣?没有带腰带是否可以领受圣餐?信徒在教堂里站立是否要把双手交叉抱在前胸?一年中的斋戒期共有几天?大斋期圣餐礼仪是否每天都可以举行?妇女是否必须戴头巾方可进教堂?基督教国家如何对待基督教内部不同的教派?如何对待异教偶像崇拜?强制推行基督教信仰是否正确?与友善民族结盟的正确方式是什么?如果一个基督教国家撤销与另一个基督教国家订立的约定该怎么处理?基督教国家是否可以与非基督教国家签约?是否可以用马尾当作旗帜?战前是否可以占卜或举行唱歌舞蹈仪式?是否可以穿长裤和对刀剑起誓,或带护身符作战?士兵逃离战场或拒绝服从军令应如何对待?跨国变节背叛的士兵难道不应被判处死刑?士兵在战前没有作好武器和马匹等应作的准备该如何处罚?普通信徒为什么不能进行公共祈雨仪式?是否可以吃宦官宰杀的动物肉?是否可以接受叛乱的非基督教徒的悔罪?基督教如何对待谋杀、偷盗、通奸罪行,这些重大罪行都可以得到宽恕吗?还是只要忏悔不要惩罚?罪犯在教堂里就可以获得庇护权吗?令伯利斯一世深感失望

沙皇伯利斯一世会见圣希利尔和美德多斯门徒

沙皇伯利斯受洗

的是,教宗不仅十分冷淡,未能解释他提出的问题,而且罗马传教士的骄横暴露了其控制保加利亚的企图。于是,伯利斯重新坚定了亲拜占庭的政治策略。

伯利斯一世接受基督教信仰和强制推行基督教化的政策引起保加利亚保守派即氏族贵族的反抗,他们企图发动全国范围的起义,刺杀伯利斯,恢复保加利亚传统的古代信仰。为打击反对势力,伯利斯一世采取高压手段强制推行新的国教,残酷地镇压反对派贵族,下令处死策动起义的 52 名反叛者及其子女。据说,他后来对这次无情的判决心生悔意,并将错误归罪于其宫廷中的希腊传教士。但是,在新旧交替的社会变革中,伯利斯一世采取的强制措施无疑强化了中央集权,扫清了此后拜占庭文化和宗教继续传播的障碍,并最终引导保加利亚人走上了文明发展的道路。

同样,拜占庭人在促使俄罗斯人接受基督教方面也经历了风风雨雨。两个民族的关系始于 8 世纪。古代罗斯人属于东斯拉夫人,其国家起源问题一直存在争议。多数人认为,原始的罗斯人在瓦兰吉亚人征服过程中形成民族,9 世纪后半期以基辅为中心建立古代罗斯国家。留里克王朝时期的罗斯国家积极开展内外贸易,他们将在战争中掠夺的商品和奴隶贩运到黑海沿岸的市场上出卖,并购买金银、丝绸和香料等奢侈品。860 年,罗斯人随同瓦兰吉亚人侵入拜占庭帝国,907 年,罗斯大公率领数万军队进攻君士坦丁堡,迫使拜占庭皇帝于 911 年订立商约。当时,兴起于俄罗斯南部平原上的罗斯人通过黑海与拜占庭商人发生贸易往来,为了获得更多的商业利益,罗斯大公奥列格(Oleg)于 907 年率领 8 万余众水陆并进,通过黑海商路入侵拜占庭帝国京畿重地,洗劫了君士坦丁堡郊区。拜占庭人无力抵抗,被迫求和,双方于911年订立商约,拜占庭帝国承认罗斯人在君士坦丁堡郊区建立的商业区,并给予罗斯商人各项有利的贸易权利,罗斯商人获得进出口贸易免税权;罗斯人则允诺为拜占庭帝国提供军事援助。根据这一约定,由900人组成的罗斯兵团参加了拜占庭帝国的军事远征。941年,罗斯大公伊格尔(Igor)再犯拜占庭帝国领土,率领舰队蹂躏君士坦丁堡郊区,后遭到拜占庭军队反击,退回黑海,退却途中洗劫了小亚细亚沿海地区,迫使拜占庭人和谈,双方再次订立商约,重新认可了911年商约的内容。944年,罗斯大公伊格尔再度袭击拜占庭帝国腹地,洗劫君士坦丁堡城郊,虽然遭到拜占庭舰队的重创,但是在小亚细亚沿海地区继续洗劫,迫使拜占庭人续订商约。罗斯商人不仅可以继续保持其在君士坦丁堡建立的商业区,而且获得了免除贸易进口税的权利。

966—971年,罗斯人利用拜占庭与保加利亚两国战争的机会,派军队进入多瑙河下游地区,企图占据保加利亚人地区。968年,斯维雅托斯拉夫(Svjatoslav)率兵进犯巴尔干半岛,乘保加利亚衰落之机占领索非亚平原,并表示将定居于此。当时,拜占庭帝国已经控制了保加利亚地区,巴尔干北部地区基本处于和平,罗斯入侵使当地再度陷入战争。969年,罗斯军队占领大普里斯拉夫,970年,夺取菲利普堡,洗劫拜占庭帝国腹地的色雷斯地区。971年,拜占庭皇帝约翰一世派遣300艘战舰从黑海逆多瑙河而上,夺取大普里斯拉夫,4月,两国军队在索非亚平原展开决战。拜占庭军队经过13次冲锋,击溃罗斯军队阵营,迫使斯维雅托斯拉夫退回多利斯托隆。拜占庭军队围攻多利斯托隆3个月,罗斯被迫接受和谈条件,保证退出巴尔干半岛和多瑙河以北地区,撤退回国,并保证不进攻拜占庭帝国在黑海北岸的领地,同意拜占庭人提出的要求,在战时出兵帮助拜占庭帝国。和约使拜占庭帝国北部疆界再次推进到多瑙河一线。

说起来,罗斯人接受基督教的历史还颇具戏剧性。980年,罗斯大公弗拉基米尔(Vladimir)即位,强化中央集权和思想控制。当时,拜占庭帝国内乱严重,皇帝瓦西里二世为平息福卡斯(Phokas)叛乱,请求基辅罗斯大公出兵援助。作为出兵的条件,弗拉基米尔要求和拜占庭皇帝瓦西里二世的妹妹安娜(Anna)结婚。这一政治联姻符合10世纪后半期基辅罗斯公国积极推行的南下扩张政策。987年,基辅大公弗拉基米尔应拜占庭皇帝的邀请,派兵帮助镇压贵族叛乱。暴乱平定后,拜占庭人却一推再推,迟迟不履行诺言,致使恼羞成怒的弗拉基米尔于989年出兵占领了拜占庭帝国在克里米亚的领地。同年秋季,安娜公主在贵族和教士的陪同下出发去克里米亚,随同带去赠给弗拉基米尔的王冠和基督教圣物。安娜与弗拉基米尔结婚后,基辅公国将其占领的克里米亚地区归还拜占庭帝国,并协助拜占庭人清剿卡扎尔匪徒,两国继续保持同盟关系。此后,弗拉基米尔积极推行基督教化政策,聘请拜占庭建筑师建立多所教堂,并按照拜占庭帝国的行政税收制度改造基辅公国。他不仅强迫其臣民全体受洗接受基督教信仰,而且支持拜占庭传教士以"希利尔文字"为基础发明罗斯古文字,翻译圣经等文献。可以说,这一政治联姻不仅解除了两国对立与战争状态,而且为拜占庭宗教文化在古代罗斯国家的传播提供了保证。988年,弗拉基米尔宣布基督教为国教,公开强迫全体居民和他一起皈依基督教。此后,两国一直保持持续的商业和文化宗教往来,基辅罗斯公国的主教在此后200年间均由拜占庭教士担任,他们使用的文字就来源于百余年前天才传教士君士坦丁的发明。

  此后,古代罗斯民族的文明化进程大大提速,不仅全面接受新宗教和新文化的传播,而且接受拜占庭政治制度,甚至其官职名称也照搬拜占庭官名。两国时战时和的关系也在客观上加强了拜占庭文化影响的扩展。11世纪中期,罗斯国家发生分裂,各个小国相互战争,至12世纪中期,罗斯托夫—苏兹达尔公国、诺夫哥罗德和斯摩棱斯克等地区纷纷摆脱罗斯公国控制,这种政治上的分裂为13世纪上半叶蒙古军队的征服提供了契机。在蒙古金帐汗国统治时期,

Аа	Бб	Вв	Гг	Дд	Ее	Жж	Зз	Ии	Йй	Кк
a	b	v	g	d	e	ž	z	i	j	k
[a]	[b]	[v]	[g]	[c]	[(j)e]	[ʒ]	[z]	[ɨ]	[j]	[k]
Лл	Мм	Нн	Оо	Пп	Рр	Сс	Тт	Уу	Фф	Хх
l	m	n	o	p	r	s	t	u	f	x
[l]	[m]	[n]	[o]	[p]	[r]	[s]	[t]	[u]	[f]	[x]
Цц	Чч	Шш	Щщ	Ъъ	Ыы	Ьь	Ээ	Юю	Яя	
c	č	š	šč	″	y	′	è	ju	ja	
[ts]	[tʃ]	[ʃ]	[ʃtʃ]	-	[ɨ]	-	[ɛ]	[(j)u]	[(j)a]	

希利尔文字与俄语

Аа	Бб	Вв	Гг	Дд	Ее	Ёё	Жж
Зз	Ии	Йй	Кк	Лл	Мм	Нн	Оо
Пп	Рр	Сс	Тт	Уу	Фф	Хх	Цц
Чч	Шш	Ъъ	Ьь	Ээ	Юю	Яя	Ўў
Ққ	Ғғ	Ҳҳ					

希利尔文字母

拜占庭帝国与罗斯人的关系虽然暂时中断，但是已经深入古代罗斯人心的东正教信仰和拜占庭文化继续发挥其强大的凝聚力。当15世纪莫斯科公国领导俄罗斯人驱逐蒙古统治后，急于强化中央集权的沙皇便大力发展独立的俄罗斯文明，乘拜占庭帝国亡国之机，娶拜占庭皇室公主为妻，并宣称继承"罗马帝国"和东正教传统，自称为"第三罗马帝国"。

拜占庭文化对克罗地亚人的影响始于7世纪，由于其所在地区正好处于东、西教会势力重叠地带，因此一直是两大教会争夺的对象。克罗地亚人属于巴尔干半岛西北部的斯拉夫人部落。7世纪时，克罗地亚人与其他斯拉夫人部落一起进入巴尔干地区，当时，他们分为定居在潘诺尼亚地区的白克罗地亚人和达尔马提亚地区的克罗地亚人，拜占庭帝国首先接触的是后者，皇帝伊拉克略一世允许其部落定居达尔马提亚。9世纪初，法兰克国王查理曼东征白克罗地亚，一度将其纳入加洛林帝国的版图，但是查理曼死后，白克罗地亚人便于814年举行起义。达尔马提亚的克罗地亚人一直保持独立，879年，他们在布兰尼米尔(Branimir)君主领导下争取到教宗的正式承认。910—914年，托密斯拉夫(Tomislav)君主统一了两部分克罗地亚人后，其国家实力迅速壮大。923年，拜占庭皇帝罗曼努斯遣使克罗地亚和塞尔维亚，联合两国与拜占庭帝国结成反保加利亚同盟。在战争中，克罗地亚人重创入侵的保加利亚军队。但是，克罗地亚国家很快解除了盟约，寻求教宗的支持，925年，教宗承认克罗地亚为独立王国，其原因至今仍是不解之谜。11世纪，威尼斯人开始扩张势力，向克罗地亚地区渗透，迫使国王克莱斯米尔(Peter Kresimir IV)再度转向拜占庭帝国求援。正当两国友好关系顺利发展之际，东正教和克罗地亚当地教会于1060年和1074年发生争执，严重影响了双边关系。国王兹沃尼米尔（Zvonimir, 1075—1089/1090年在位）公开支持本国教会，两国关系因而恶化。12世纪以后，匈牙利崛起，克罗地亚遂成为其附属国，保持独立与自治，其与拜占庭帝国之间的关系因此中断。

拜占庭帝国和塞尔维亚人的文化联系更为密切一些。自9世纪开始，塞尔维亚作为巴尔干半岛北部的斯拉夫人国家，独立存在。838年，日益强大的塞尔维亚人在其首领乌拉斯迪米尔（Vlastimir）领导下与保加利亚人发生冲突。867—874年，塞尔维亚人接受了东正教信仰，也采用"希利尔文字"，与拜占庭人加强了经济文化联系。10世纪，保加利亚国王西蒙（Symeon）一度征服了塞尔维亚人，但西蒙死后，塞尔维亚再度成为独立王国。11世纪，拜占庭帝国马其顿王朝皇帝瓦西里二世为击败保加利亚沙皇沙木埃尔（Samuel）与塞尔维亚王国建立同盟关系。1018年，保加利亚灭亡后，塞尔维亚成为拜占庭帝国的邻国。为加强抵抗拜占庭帝国扩张的阵营，塞尔维亚与波西尼亚、扎塔等小国结盟。12世纪，塞尔维亚与匈牙利、威尼斯和基辅罗斯结成反拜占庭帝国同盟。拜占庭皇帝曼努尔曾一度将塞尔维亚变为拜占庭帝国的附属国。1204年，第四次十字军东征夺取君士坦丁堡后，摆脱控制的塞尔维亚迅速发展成为强大的王国。1217年，斯蒂芬（Stefan）成为塞尔维亚第一位由教宗加冕的国王，两年后，其兄萨瓦由拜占庭帝国大教长加冕称王。尼西亚拜占庭流亡政府承认其独立地位。同时，塞尔维亚人在巴尔干半岛复杂的局势中，联合盘踞在伊庇鲁斯地区的拜占庭专制君主，对抗再度兴起的保加利亚人。13世纪以后，塞尔维亚与保加利亚两国结成反拜占庭帝国同盟,而后又与西西里王国结盟,但是,该同盟被拜占庭皇帝米哈伊尔八世瓦解,塞尔维亚王国被迫将其占领的斯科普里等领土归还拜占庭帝国。此后,塞尔维亚王国发现银矿,国家财政迅速好转,在国王米鲁廷(Milutin)统治时期,其军队南下攻占马其顿大部分地区。1330 年,塞尔维亚军队击败拜占庭保加利亚联军。此后,国王杜珊(Stefan Uros IV Dusan)连续取得军事胜利,将马其顿地区全部囊括在塞尔维亚王国的版图中,但是其建立塞尔维亚拜占庭联合帝国的计划最终未能实现。在塞尔维亚扩张期间,拜占庭文化得到顺利传播。

文明化以后塞尔维亚发展更迅速,其国王斯蒂芬 1346 年 4 月自封为"塞尔维亚和罗马人沙皇",表明了塞尔维亚沙皇企图吞并拜占庭帝国的野心。而后,塞尔维亚人大肆扩张,控制了色雷斯和马其顿的大部分地区。衰落中的拜占庭帝国无力抵抗入侵,皇帝坎塔库震努斯遂于 1348 年两度遣使谈判,遭到拒绝,故寻求土耳其的援助。同年,拜占庭和土耳其两国订立同盟,共同反对塞尔维亚人。土耳其派遣万余军队协助拜占庭帝国作战。1349 年,在土耳其军队的帮助下,拜占庭人发动全面反攻,连续击败塞尔维亚军队,夺回维洛伊亚、斯科普里等马其顿重镇。1350 年,斯蒂芬被迫向拜占庭帝国投降,双方订立和约,拜占庭人收复了色雷斯、马其顿和塞萨利的大部分地区。这一同盟虽然暂时缓解了拜占庭帝国的北方边境危机,但是,却因为使用了大批有组织的土耳其军队而使拜占庭帝国陷入更大的威胁中。14、15 世纪,奥斯曼土耳其军队在巴尔干半岛扩张势力,塞尔维亚和拜占庭一同沦为土耳其帝国的附属国。

拜占庭帝国作为罗马帝国正统继承者,一直继承着罗马帝国整合巴尔干半岛的传统,并力图通过形成宗教、文化传统深化半岛地区的统一,进而建立囊括整个东欧地区的"拜占庭联邦帝国"。直到13世纪初,拜占庭人的这种努力是成功的。一种被整个东欧世界承认的拜占庭斯拉夫传统基本形成,巴尔干半岛似乎也结合成为了一个新的整体,这是巴尔干半岛历史上从未有过的和谐局面。如果后来的历史没有中断这种努力的话,今天的巴尔干半岛也许不会成为近现代世界的"火药桶"。但是1204年西欧十字军骑士攻占君士坦丁堡的胜利将这个刚刚完成还有待发展巩固的结合打破了,以拜占庭政治文化和宗教信仰体系为核心的巴尔干半岛整合体系被打乱了,拜占庭帝国失去了半岛整合过程的主导权,原本能够使巴尔干半岛继续整合并形成更加稳定的现代生存实体的过程中断了。

现代地区共同利益依靠的是共同的经济基础,这个基础需要在中古漫长的贸易活动和文明融合中加以培育。巴尔干半岛恰恰在这个关键环节上没有继续下去。拜占庭帝国朝贡体系还没有形成巴尔干半岛共同市场或商业体系时,帝国的大厦就坍塌了。巴尔干半岛群雄逐鹿,争夺半岛最高控制权斗争的唯一结果是削弱了共同利益的基础,减弱了半岛各民族联系的纽带,并为一个新兴势力的崛起创造了条件。土耳其人是第一支从南向北成功侵入巴尔干半岛的异族异教力量,其成功的重要原因是拜占庭国家的衰落,而土耳其人的崛起也是阿拉伯人失败的外在原因。土耳其人从14世纪中期开始,利用巴尔干半岛分裂和各国衰落的机会,迅速发展,控制了半岛局势。但是,作为一种新的军事强权,它企图利用新的传统取代已经形成的拜占庭斯拉夫传统的努力一直没有成功。相反,这种新的因素加剧了半岛分裂的趋势。近代以前的巴尔干半岛因此成为一个经济、政治、宗教、文化、民族多样性极为突出的地区,是一个多样性因素没有经过历史合理协调融合并逐渐形成整体利益的地区,因此是一个地区内部差异性超过了地区共同性的地区。当威斯特伐利亚体系开始形成近现代国家主权原则和国际交往规则时,巴尔干半岛从中古世界遗留下的分裂局面被强化,古代的遗产成为近现代民族国家对立的基础。巴尔干半岛的各种对立因素在这个狭小的空间内相互碰撞,而不是消融。任何不适当的外部干预都会导致这些对立因素变成爆炸性的力量,巴尔干"火药桶"是这种力量外部的表现形式。近代以来巴尔干半岛存在的种种问题,不仅仅是当时国际政治角逐或巴尔干国家利益冲突的结果,其深层次的原因来源于此前漫长历史的演变,是历史长期发展的结果。

十 "黄金时代"

十 "黄金时代"

末代皇帝在城破的最后夜晚,遥想帝国昔日的辉煌,不知道多么羡慕首都昔日的繁华,当他在圣索菲亚教堂祈祷上帝保佑,瞻仰那幅颂扬君士坦丁一世、查士丁尼一世丰功伟绩的镶嵌画时,也会想起亲自监督制作这幅画的瓦西里二世。是的,正是瓦西里皇帝将马其顿王朝的统治推向了巅峰时期,而后人通常将拜占庭帝国马其顿王朝统治时期视为"黄金时代"。

后人为什么把马其顿王朝看作是拜占庭帝国的"黄金时代"呢?主要依据是这个时期的内政外交方面取得的成果。当时的拜占庭帝国政治生活稳定,王朝统治时间为帝国早期和中期五百余年中各王朝之最,在位皇帝数量也最多。这个时期虽然宫廷变故不少,但是帝国管理体制特别是皇帝制度运转基本正常;军区制充分发挥作用,保证经济生活持续繁荣,为帝国提供了比较雄厚的物质基础,城市中的工商各业都呈现出活跃景象。也是在这个时期,文化生活非常丰富,出现了一大批传之后世的文化杰作,它们使马其顿王朝重新点亮了拜占庭文明的火炬,这一文化昌盛的现象被后世史学家称为"马其顿王朝文化复兴"。拜占庭帝国实力的增强也反映在外交方面。和此前相比,这个时期的拜占庭军队胜多败少,外交政策大体上表现出扩张的趋势,各条战线不仅基本保持稳定,而且向外扩展。马其顿王朝取得的诸多成就不能完全看作是这个时期统治当局的英明政策所致,而应更多考虑此前数百年拜占庭帝国推行的军区制这一因素。正是由于两个半世纪前进行的军区制改革才使得拜占庭帝国在其特定的历史环境中合理地解决了紧迫的军事难题,其他问题随之迎刃而解。数百年发展的积累,到马其顿王朝时期,便达到了拜占庭帝国历史的鼎盛阶段。如果我们从宏观的角度观察拜占庭帝国历史发展,就不难得出这样的结论,马其顿王朝时期确实是空前绝后的繁荣时期,把这个时期称为"黄金时代"是合理的。

马其顿王朝经历了5代18位皇帝,统治时间长达189年,在拜占庭帝国历史上12个王朝中统治时间仅比末代王朝的时间短了3年,但其强盛时期远长于后者。其皇位继承制度颇能代表拜占庭政治生活的普遍情况,也比较充分地反映出拜占庭宫廷政治生活的特点。该王朝以其出身的地区命名,奠基人瓦西里一世(Basil I,867—886年在位)为这个地区一个农民的儿子,行伍出身,在米哈伊尔三世时期,因战功卓越而平步青云,又因善于钻营而得到皇帝信任,866年被任命为共治皇帝。次年,他利用米哈伊尔三世年少无知、顽劣骄横,操纵皇帝,并借刀杀人,铲除了许多潜在的政治对手,而后便让米哈伊尔"意外"死在浴池中。建立新王朝后,他调动武装力量左右朝廷政治,结党营私,网罗死党,推行皇帝专制,稳定新王朝的

瓦西里一世被加冕为共治皇帝,中世纪手抄本

统治。包括马其顿王朝在内的8个拜占庭王朝都是由军人建立的,它们不是农民战争的结果,而是军人干政的延续,宫廷政变成为拜占庭帝国改朝换代的主要方式。事实上,军事将领在政变后成为皇帝的传统始于古代罗马帝国,特别是晚期罗马帝国的历史充斥着军阀割据、军人自立为帝的事件,拜占庭帝国无疑是继承了这种政治传统,只是它把地方割据的军阀势力转变成卷入朝政的军事贵族。而开始于7世纪的军区制改革是以中央政府向地方下放权力为特征的,这项改革进一步使军人和军队在国家政治生活中占有更重要的地位。

军人政治与血亲世袭继承的皇帝政治相结合,造就了拜占庭宫廷生活异常险恶的状况。为了防止外姓人觊觎皇位,瓦西里在其次子利奥六世4岁时便任命其为共治皇帝。但是人算不如天算,利奥

瓦西里一世与他的儿子利奥,后者被发现在国王面前携带了一把匕首。中世纪手抄本

的前3任妻子,即塞奥发诺、妯伊和尤多西亚都过早去世而没能生育男性王朝继承人,这就迫使利奥与宫女"黑眼睛的"妯伊私通,生下君士坦丁(Constantine VII, 913—959年在位)。但是,利奥的这次婚姻却招致教会激烈的反对,他们根本不理解利奥延续皇帝血亲的苦心,君士坦丁堡大教长尼古拉斯坚决否认这次婚姻的合法性,进而也否定了君士坦丁的皇位继承人地位。虽然利奥罢免了反对派教会领袖,但他的第四次婚姻一直没有得到正式承认,"黑眼睛的"妯伊始终没能获得皇后地位。只是由于皇帝没有其他子嗣,君士坦丁七世的皇帝资格才在数十年后得到认可,在此过程中,利奥的弟弟亚历山德尔(912—913年在位)在他死后一度继承皇位。事实上,君士坦丁七世的皇帝继承人地位并没有遭到否认,只是他们不愿意公开承认其母的皇后地位。在短命的亚历山德尔去世后,在大教长尼古拉斯监护下的君士坦丁七世继承皇位。不甘遭到排斥的妯伊联合军事贵族、海军司令罗曼努斯(920—944年在位)废除了尼古拉斯的职权,入主皇宫,以皇后身份担任君士坦丁七世的保护人和摄政王。为了加强政治联盟,她于919年积极促成当时已经14岁的君士坦丁七世和罗曼努斯的女儿海伦结婚。可见,军人干政只是拜占庭皇权的一道紧箍咒,教会干政则是皇帝头上的另一道紧箍咒。

野心勃勃的罗曼努斯成为皇帝的岳父后,不仅很快实现了其登上皇帝宝座的目标,而且着手建立他自己的新王朝。为此,他在中央政府和军队中安插亲戚,对其两个成年的儿子委以重任,并加封他们为共治皇帝,全面控制皇权。但是,他的计划立即引起朝野上下的强烈反对,过去支持和反对君士坦丁七世合法地位的教、俗贵族集团联合起来,利用罗曼努斯儿子们的无能逮捕并囚禁了罗曼努斯,该家族建立新王朝的计划破产,其对朝廷21年的控制也告终结。罗曼努斯被流放,成为修道士,他的两个儿子斯蒂芬和君士坦丁被监禁、流放,最终被处死。罗曼努斯的经历表明,拜占庭军事贵族不谋求武装割据,而注重宫廷政变,这是拜占庭皇帝制度遏制了地方分裂却将争夺权力的矛盾集中到朝廷的结果。而拜占庭皇帝血亲世袭继承的惯例限制了军事贵族篡权企图,这充分反映出中古时代的宗法社会关系是何等强烈。在马其顿王朝时期尤其如此,外姓人入主皇位必须寻求与皇族的血亲联系,以保证其权力的合法性。1028年到1055年间在位的4个男性皇帝全凭与末代公主妯伊的婚姻关系而登上皇帝宝座,妯伊死后,朝廷官僚贵族说服已经出家的妯伊之妹塞奥多拉放弃修道生活,主持朝政,她临终前指定老臣米哈伊尔六世(1056—1057年在位)即位,她的去世标志马其顿王朝的终结。稳定的皇帝制度保证了帝国最高权力交接的相对稳定性,这一制度在几百年间逐步确立,保证拜占庭中央集权制政权相对稳固,是拜占庭帝国千年不倒的重要制度措施,也是拜占庭国家处于鼎盛时期的标志之一。

强盛时期的拜占庭帝国,有效地坚持施行一系列旨在巩固军区制、提高农兵地位和打击削弱大地产贵族的措施。996年1月1日颁布的著名的保护小农立法,废除了农兵必须服役40年方可拥有军役土地所有权的法令,规定所有自922年以后以任何方式从农兵手中获得的军役土地必须无条件地归还土地原来的主人。这部立法的前言严厉指责诸如福卡斯等大土地贵族以非法手段大量占有小农土地的行为,例举近百年大贵族地主非法占有土地的丑闻。帝国政府以严厉手段处理违法的贵族,将朝廷命官菲洛卡利斯贬为庶民，没收了其非法聚敛的大量家产，以示法律的严厉。瓦西里还在讨伐巴尔达斯的途中，将盛情款待他的大贵族尤斯塔修斯押解回君士坦丁堡，将其家产全部充公。为了使小农摆脱困境，朝廷不顾大贵族的反对，强制推行税收改革，大幅度提高贵族纳税额度，减免无力纳税的小农的税收劳役。这些措施使拜占庭国力和军事实力大大加强，也为帝国对外军事征服与扩张提供了坚实的物质基础。

"黄金时代"最出色的君主是被称作"保加利亚人屠夫"的瓦西里二世。瓦西里二世生性刚烈，果敢坚毅，早年便经历了皇室内争权夺利的风风雨雨，培养出残酷无情的性格。少年时代，他无心向学，而对军事问题格外感兴趣，这对他一生独身、长期从军作战可能有某些影响。在他18岁独立掌握皇帝大权之前的13年里，母后塞奥发诺曾两度再婚，皇帝权力由继父福卡斯家族的尼基弗鲁斯二世和约翰·吉米斯基控制。在此期间，他目睹了皇室内讧造成国家衰弱和外敌欺侮的现实，深刻地认识到充分行使皇权和加强军事实力的重要性。因此，即位之后，他立即摆脱大贵族的控制，强化中央集权。为了专心主持帝国军政要务，他一改过去寻欢作乐、不务正业的生活作风，身着深色服装，不配戴首饰，亲自指挥军队和判决案件，甚至终身不娶。为了能够胜任从军作战和指挥战争的职责，他努力锻炼，成为优秀的骑兵和统率官兵将士的能手。为了充实国库，他不耻下问，学习财政知识，很快就成为理财的专家。法国拜占庭学家路易·布莱赫尔描写他："有着战士的秉性，又是伟大的军事将领，而且兼有统治管理才能。"此后，瓦西里采取了一系列强化皇权的措施，首先解除了大贵族瓦西里·利卡番努斯摄政王的职务，没收其财产，并将其囚禁于修道院，而后罢免了巴尔达斯·福卡斯禁卫军司令的职务,把他流放到安条克,最后于988年平息了巴尔达斯·福卡斯和巴尔达斯·斯科莱卢发动的军事叛乱。

外交是内政的延续,内政的安定增强了拜占庭帝国的军力,促使马其顿王朝不仅彻底解决了保加利亚人入侵的问题,还妥善处理了与阿拉伯人、罗斯人、帕臣涅格人和西欧人的关系。马其顿王朝统治时期,阿拉伯人已经在其征服的广大领土上建立稳固的统治,并以此为基地继续扩张,迫使拜占庭军队面临来自北非和西亚两方面的军事骚扰。当时,阿拉伯海军渡过突尼斯海峡占领了西西里岛的大部分地区,并侵入南意大利沿海地区。拜占庭皇帝瓦西里一世被迫与法兰克国王路易二世(854—875年在位)结盟,联手反击入侵的阿拉伯人,最终收回了被阿拉伯人占领的马耳他岛和西西里岛。但是,在利奥六世统治时期,阿拉伯军队再次夺取了墨西拿海峡东岸的卡拉布里亚,活跃的阿拉伯海盗经常洗劫伯罗奔尼撒半岛和爱琴海沿岸地区,他们与叙利亚和克里特的阿拉伯海军联合行动,称霸东地中海。904年,阿拉伯海军对拜占庭第二大城市塞萨洛尼基的进攻使该城损失严重。

不过,这个时期的阿拉伯帝国已非统一的帝国,正在逐渐解体,形成许多相互厮杀的小王朝,这就缓解了其对拜占庭帝国东线边境和西部海岛造成的威胁。马其顿王朝统治中期,拜占庭军队发动全面反击,从罗曼努斯一世到瓦西里二世时期,拜占庭帝国大体上收复了亚洲失地。拜占庭历史上著名的军事将领约翰·库尔库阿斯在小亚细亚和两河流域连续击败阿拉伯军队,将拜占庭帝国东部边界推进到幼发拉底河东岸和耶路撒冷附近。拜占庭军队还在海上发起强大反攻,收复了东地中海的主要岛屿和西里西亚及西亚沿海

瓦西里二世身着凯旋装束,接受天使赠予的皇冠

广大区域,特别是塞浦路斯岛的收复对拜占庭人重新建立东地中海控制权具有重要意义。拜占庭军队在东部前线取得的胜利一度改变了西亚的政治格局,对各个弱小的地方政权产生了强烈震撼,当时的阿拉伯作家安条克人亚赫雅(Yahya of Antioch)记述道:拜占庭军队的进攻"成了其战士们愉快的旅行,因为没有人袭击他们,也没有人抵抗他们。他(尼基弗鲁斯二世)可以向任何他想要去的地方进军,也可以摧毁任何他想攻击的地方,而遭遇不到任何穆斯林,或其他任何企图阻挡和遏止他实现其意愿的人。没有人能够抵抗他"。拜占庭军队在征服叙利亚阿拉伯军队后与之订立的和约中,迫使阿拉伯人归还拜占庭帝国领土,同意进入阿拉伯国家的拜占庭

商队正常经商,保证修复和重建被战火毁坏的基督教教堂,并取消对基督教徒的迫害政策。法提玛王朝也因此极为注意和拜占庭帝国保持友好关系,两国基本上维持了长期和平局面。

在其他方向上,拜占庭帝国也保持着优势地位,而其在意大利的势力则发生了较大变化。阿拉伯军队入侵西西里以前,拜占庭帝国在意大利的领地包括西西里和伊奥尼亚海诸岛,以及巴里、拉文纳和威尼斯等意大利南部、东部沿海的一些城市。马其顿王朝统治初期,阿拉伯人已经占领西西里多年,并经常袭击拜占庭人控制的南意大利城市。为了收复失地,拜占庭帝国尽可能联合意大利其他势力,抵抗阿拉伯海军的扩张。瓦西里一世时期甚至承认新兴的威尼斯摆脱拜占庭皇帝的控制,建立独立的圣马可共和国,并与之进行对等的贸易谈判,企图利用威尼斯的海军力量打击阿拉伯人。同时,瓦西里一世积极推进与路易二世结盟,以共同对付日益猖獗的阿拉伯人海上袭击。

瓦西里二世率领胜利的军队行进在君士坦丁堡的大街上。中世纪手抄本

西地中海的政治格局随着"神圣罗马帝国"（962—1474）的建立而改变，德意志皇帝"强外弱内"政策积极发展其在意大利的势力，与拜占庭帝国在当地的利益发生冲突，奥托一世（936—973年在位）对拜占庭帝国在意大利的属地发动进攻，彻底破坏了拜占庭人联合西方力量抗击阿拉伯海军入侵的计划。面对奥托一世的扩张，拜占庭帝国新皇帝约翰.吉米斯基采取积极主动的结好政策，开展政治联姻，将拜占庭公主塞奥发诺嫁给奥托一世之子奥托二世（973—983年在位），从而结成两个帝国之间的政治联盟。10世纪末和11世纪初，拜占庭帝国在意大利的卡拉布里亚和伦巴底两个军区被合并为意大利军区，其统治范围包括亚平宁半岛东、南沿海部分城市和西西里墨西拿地区。直到马其顿王朝统治末期，拜占庭帝国借助威尼斯舰队的海军力量成功地抵抗住了阿拉伯人的进攻，并在坎奈古战场附近平息了拜占庭帝国将领麦莱斯的叛乱。这是拜占庭帝国"灵巧外交"的一个范例。

马其顿王朝的内外政策可圈可点之处很多。例如在立法方面，该王朝历任皇帝都十分注意制定或重修法律，揭开了查士丁尼时代以后新的立法时代。瓦西里一世即位后即制订编纂大型法典的计划，他打算按编年体系重新修订自查士丁尼一世以来历任皇帝颁布的所有帝国法律，将已经过时的旧法和适应社会变化的新法按年代编入同一部法典中。新法典使用希腊语，并对查士丁尼法典的拉丁词汇进行系统诠释。为了完成这一庞大计划，瓦西里首先颁布了40卷《法律草稿》，其中包括《民法大全》所有的基本概念和刑法的详细目次。《法律草稿》主要收集了查士丁尼法典和伊苏里亚王朝颁布的《六书》。瓦西里一世时期还颁布过60卷本的《法律详解》和40

卷本的《法律介绍》。在这些法典中，具体规定了皇帝、大教长、各级教俗官员的权力和职责，清楚地阐明了拜占庭国家和教会之间的关系，以及社会和公共生活的结构。瓦西里一世的立法活动对马其顿王朝后代君主影响极大，其法典被翻译为斯拉夫民族多种语言，在东欧地区广泛使用。

惹上"婚姻"麻烦的利奥六世也积极开展立法活动，在位期间颁布了多部法典。《皇帝法律》是其中最重要的文献，它以《法律草稿》为蓝本，全书共分60卷，对查士丁尼时代编撰的《罗马民法大全》的所有内容进行精心解释。该法典不是前代法律的翻译，而是立足于当时拜占庭社会环境，重新完善法律体系。尼基弗鲁斯二世时期的《市长立法》则是君士坦丁堡社会生活的立法书，它详细规定了首都各阶层的地位及其相互之间的关系，其中提到工商各业的行会规则。例如列在该法律行会名单首位的是公证人行会，以下依次为珠宝商、丝织匠、丝绸成衣匠、亚麻成衣匠、蜂蜡工、制皂工、皮革匠、面包师、银号商人、丝织品商人、原丝商人、香料商人、蜂蜡商人、肥皂商、零售商、屠夫、猪贩子、鱼贩子、马贩子行会，等等。按照该法律，各行会均享有本行业的垄断权，在生产技术、原料进货、产品价格、工作方式、营业时间、交易方法等各个环节，法律都作了严格规定，对违反法律者给以严厉的惩罚。上述立法活动对建立中央集权控制下的正常社会生活秩序提供了坚实的理论基础和法律规范。

马其顿王朝的强盛也表现在其推行的宗教政策上，其中最突出的事件是促成了"基督教第一次大分裂"，这涉及与罗马教宗为首的天主教教会的关系问题。毁坏圣像运动以后，基督教的分裂日益明显。罗马教会在8世纪中期摆脱了拜占庭皇帝的控制，建立独立的教宗国。为了夺取基督教世界最高领导权,罗马教会和君士坦丁堡教会之间的斗争愈演愈烈。瓦西里一世时期,大教长佛条斯(858—867年和877—886年在任)推行对罗马教会的强硬路线,与皇帝瓦西里结好西方教会的政策相对立,被罢免了职务。新任大教长伊格纳条斯(867—877年在任)遵循瓦西里一世的方针,极尽所能取悦罗马教宗,并邀请教宗访问君士坦丁堡。869年,基督教大会在罗马和君士坦丁堡举行,东、西方教会在许多问题上达成一致。但是,当拜占庭帝国极力扩大其在东欧斯拉夫人地区的影响时,两大教会之间再次发生冲突。对拉丁教会持强硬态度的佛条斯先是被从流放地招回,进宫担任皇太子的教师,而后重新担任大教长。从此,东、西方教会之间的斗争更加激烈,最终导致基督教历史上第一次大分裂。

  事情发生在1054年,当时双方因争夺对南意大利教区的管辖权再起争端,关系极为紧张。同年,罗马教宗派遣特使宏伯特前往君士坦丁堡与大教长米哈伊尔进行谈判,在基督教圣餐使用发面饼或死面饼问题上,两人互不相让。这一争执源起于《圣经》福音书,其中涉及圣餐时只是说,耶稣基督"又拿起饼来,祝谢了,就劈开,递给他们(门徒们)说:'这是我的身体,为你们舍的,你们也应当如此行,为的是纪念我。'"这里的饼显然是小麦制成的面粉所做,但是没有说明究竟是使用发面饼还是死面饼的问题。罗马天主教认为这里的"饼"当为未经发酵的面饼,而君士坦丁堡东正教认为此"饼"应为面包。说起来可笑,两大教会怎么会为这么点小事争吵,最终分裂?事实上,这一圣礼之争的实质是双方借此强调各自理论的正统与正确,进而占据神学理论的制高点,并最终控制整个基督教世界的领导权。这年夏季,宏伯特利用在君士坦丁堡圣索菲亚教堂演讲的机会,指责米哈伊尔及其追随者犯有多种罪行,宣布开除他们的教籍。米哈伊尔立即召开宗教会议,批驳宏伯特的指责,并宣布开除宏伯特及所有在圣餐礼中使用死面饼为圣餐者的教籍。事实上,在米哈伊尔背后有拜占庭帝国君主和贵族的支持,他们不能容忍罗马教宗势力的迅速发展,因此,基督教第一次大分裂是拉丁教会和希腊教会长期争夺最高教权的结果,也是拜占庭皇帝和罗马教宗争夺实际利益的结果。

这个时期是拜占庭文化发展的重要阶段,其文化活动异常活跃,学术水平迅速提高,教育水平为整个欧洲地中海世界之冠,文化成果极为丰硕,出现了一大批在拜占庭文化发展史上闻名遐迩的杰出人物。现代拜占庭学家瓦西里认为:"这个时代目睹了拜占庭文化典型特征的最清晰的展示,显现出世俗因素和神学因素紧密结合的发展,或者是古代异教智慧和基督教新思想的融合,促使一种包罗万象的普及性知识大发展,从而显得最终缺乏原始原创的特征。"最值得一提的是著名的学者、"数学家"利奥,据说他通过深入研究修道院图书馆的藏书而获得了渊博的学问。当他在君士坦丁堡的私塾中传授哲学、数学、天文学和音乐时,其学识为公众所认可,并被皇帝任命为国家教授,享受俸禄。后来他在宫廷官学中担任校长,继续讲授哲学,而在他选聘的几何学、数学、天文学和修辞学四大讲席教授中,就包括他的亲戚和资助人,也是当时非常著名的学者佛条斯。这所皇家大学一直得到皇帝的重视,君士坦丁七世就是其积极而热心的支持者。正是由于这批著名学者的任教,马其顿王朝时期出现了一大批学识超群能力不凡的优秀人才,这个时期的文

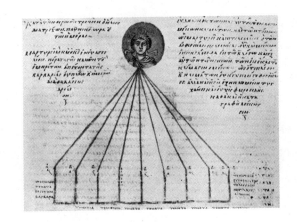

9世纪拜占庭古籍中的插图"九大行星图"

化水平得到显著提升。诚如现代拜占庭学家曼格所说:"可以肯定地说,在9、10世纪期间,希腊文学的水平大为提升,或者说变得更为精致讲究……正如我们所知道的那样,这种情况在历史写作中表现得十分突出。"

上面提到的这位佛条斯绝非等闲之辈,他是个不甘寂寞的学者,一生卷入帝国政治漩涡之中,曾两度担任过君士坦丁堡大教长。他虽身处帝国上层,却一直不懈追求学问,完成了著名的读书笔记,涉及290种380部古代作品。其博闻强记和融会贯通的治学能力,使他完成了青史留名的《书目》一书,其中不仅对他阅读过的每本书都做了多达几行至十几页的记录,而且附有对它们的评价。现代学者统计,该书涉及的作品包括有233部基督教古书,147部异教或世俗古书,全部属于传世精品。正是佛条斯的学问使他赢得了广泛的声誉,并受到皇帝的赏识,一度担任皇家教师。佛条斯还是杰出的思想家、卓越的政治家和精明的外交家,凭借其学识两度担任君士坦丁堡大教长职务。任职期间,他提出了教会和皇帝"双头权力理论",确定了世俗和教会权力之间理想的关系模式,一度成为教会正统派的思想。但是,这样的思想与皇权至上的政治实践相对立,最终,在886年利奥六世即位后,他被罢免,从此退出了君士坦丁堡的政治圈,客死亚美尼亚流放地。

还有一位"大师级"人物普塞罗斯,也是马其顿文化复兴中群星闪耀的杰出人物之一。他出生于君士坦丁堡中等的殷实之家,自幼聪颖,读书甚勤,过目不忘,父母对他寄予很高的期望,对他进行系统培养。他师从当时多位大学者,因而打下了教、俗知识兼通的牢固基础。36岁时,他进入奥林匹斯山修道院研修,不久重返首都,成为宫廷学者,在多位皇帝庇护下钻研学问,并在当时的文化建设活动中发挥了重要的政治和学术作用,曾任帝国哲学院院长,类似我国古代"翰林院大学士"。普塞罗斯是位多产作家,其流传后世的

9世纪拜占庭珠宝镶嵌的珐琅装饰袖筒

作品涉及历史、哲学、神学、法学、韵律诗歌、散文、札记和书信。其《编年史》很受推崇,这部主要涉及976—1078年间政治和军事事件的作品,具有古典希腊历史作家的文风,即在叙述中始终强调大自然的作用,注意从现世事物中寻找事件发生的原因,并根据自己的观察分析胜败得失的原因,这在以神学理解历史事件的拜占庭作家中并不多见。正因为如此,其笔下的人物和事物几乎都充满了矛盾,他总是力图从人性的缺陷中追寻失败的原因。普塞罗斯的作品得益于他丰富的经历,许多关于皇帝和宫廷生活的描写来自其亲身近距离的观察,因而比较可靠,成为后人反复引用的资料来源。他晚年失势,在贫穷和失落中去世。

记忆力超群且勤奋好学是成功学者的共同素质,而权贵人物的支持是马其顿王朝文化复兴运动发展的必要条件,诸种因素缺一不可。在著名的"文人"皇帝中,必须要提及的是君士坦丁,他虽不是治国理政的能手,但不仅终生致力于学问、著述高深、佳作丰硕,而且由于他对知识和学术的由衷热爱而催生了追求高雅智慧的文化热潮。拜占庭历史上第一位亲自撰写文史书的皇帝是君士坦丁七世(Constantine VII, 905—959),他虽然生于皇家,身为皇帝亲生儿子,却命运多舛,其皇帝继承人的身份长期得不到承认,因此被排斥在王朝权力中心之外长达40年。但是这种特殊经历为他提供了生活条件优越而又置身权力斗争之外的环境,为他追求学问、发挥其好学天赋创造了条件。他一生向学,热爱古代文化,大力支持学术,褒奖各种文化活动,吸引大批学者在其周围,大力推动了"马其顿文化复兴"。他是真正的学者,亲自参与和独立撰写了多种文体的作品,在其多部关于拜占庭帝国军区、政府、宫廷礼仪的著作之外,他还主持编纂了《皇帝历史》这部史学著作。该书共分4卷,共20万余字,涉及813—961年间的王朝政治史。他还为后人留下了《礼仪书》《帝国政府》《论军区》等极其重要的文献,都成为今人研究那段历史的主要依据。他在位期间实施了一系列图书整理编纂计划,整理出珍贵的古籍文本,例如《农书》涉及古代晚期的农业,《兽医学》涉及当时的兽医科学,君士坦丁还下令编纂了医学百科全书和动物学百科全书,而最浩大的图书整理计划是《史典集成》,是从历史作品中广泛挑选出来的作品摘录集,涉及从希罗多德时代一直到9世

基督为君士坦丁七世加冕

纪修道士乔治时期的所有作家,从本书主题标注的"皇帝的敕令""胜利""公开演讲""狩猎""婚姻"和"发明"等53个题目可以看出,整部书规模相当浩大,如此丰富的藏书编目大概只有皇帝有能力进行编纂,这不禁使我们联想到我国的《册府元龟》《古今图书集成》和《四库全书》了。除此之外,我们还应该提到君士坦丁下令编纂的历法、众多圣徒传记(约148部)、百科全书式作品《文通》(直译"问学之道"),后者包括大约30000个词条,按照字母排列,涉及难解的词汇、历史注释、文学诠释、谚语格言等,大部分涉及古代知识。君士坦丁皇帝好学求知,学富五车,最主要的原因在于天赋,他继承了其父利奥六世热衷学问的本性,而后者除了在立法活动中十分突出外,在其他方面也建树颇丰,其诸多事迹在此不一一详说了。

  盛世修史确实是古今中外的一个突出现象,马其顿王朝时期也出现了作家撰写史书的高潮。除了我们在上文中提到的多部史书外,特别值得一提的是,这个时期问世的史书大多与尚古热潮密切联系,形成了马其顿朝史书的一大特点。例如《历史》一书的作者利奥就是尚古作家中的突出代表,其作品中的主人公被比喻为古代的英雄,他笔下的皇帝尼基弗鲁斯被比喻成赫拉克利特再世,皇帝约翰则变为复生的提丢斯,基辅大公斯维亚托斯拉夫被视为阿喀琉斯的后裔。那么这些具有古典异教色彩的人物是如何被纳入上帝全能神力之下的呢?利奥笃信上帝的力量,确信命运是无法摆脱不能对抗的,而一切成功都体现了神的意旨,所有的失败和灾难都是上帝对人的惩罚。其作品中渗透的浓厚的悲观主义色彩恰好具有古典悲剧"命运"主题的影子,只不过上帝代替了古典的神祇。像利奥这样的作家并非少数,例如编年史家"大官"西蒙、《简明编年史》作

829年拜占庭史书插图:哈里发遣使拜见拜占庭皇帝

者约翰·斯基利奇斯、《编年史纪》作家"忏悔者"塞奥发尼斯等都具有强烈的尚古精神。正是在这个热潮中,文学艺术也出现了特色鲜明的模仿古典作品的时尚,古希腊历史家希罗多德、修昔底德、色诺芬和波里比阿,诗人荷马和赫西俄德,哲学家柏拉图和亚里士多德,演说家德莫斯蒂尼等人的作品都受到当时作家的追捧和模仿,这个时期的一批传世佳作都映射着古典文史哲作品的影子。这样的复古方式后来在拜占庭帝国衰落时期一再出现,从此没有消失,反映了拜占庭知识分子企图在古典学问中寻求精神出路的愿望。

马其顿王朝统治时期,拜占庭社会相对稳定,其内政外交均取得了一定的成就。但是,拜占庭历史发展的"黄金时代"并没有持续很长时间。该王朝统治末期,由于军区制瓦解,小农和农兵阶层迅速消失,帝国赖以维系的小农经济基础被破坏,大地主和军事贵族势力崛起,中央集权遭到地方分裂力量的破坏,拜占庭国家因此趋于衰败。1025年冬季异常寒冷,瓦西里二世偶感风寒,一病不起,12月15日去世。他的去世标志一个时代的结束,拜占庭帝国从此走向衰落。其弟君士坦丁不仅无能,而且继承皇位不足3年也死于冬季流感。他的3个女儿或沉湎于修道生活,或热衷于奢侈的宫廷生活,皇权旁落,军、政大贵族势力乘机左右朝政,拜占庭帝国由此进入其衰败阶段。

十一
十字军恩仇

1204年4月13日,数千名拉丁骑士从"黄金角湾"北面的拉丁人商业区突然攻击君士坦丁堡,负责守卫城墙的热那亚雇佣兵弃城而逃,拜占庭宫廷乱作一团,皇族显贵纷纷仓皇逃命,涌上马尔马拉海码头停泊的船只,向大海对面的小亚细亚逃去。惊魂未定的拜占庭贵族们从船上眼睁睁地看着狂喜的西方骑士疯狂抢夺财物,他们怎么也不相信首都竟然在一夜之间落入拉丁骑士之手。

这些拉丁骑士就是第四次东征的十字军将士。他们原本是去埃及讨伐穆斯林异教徒的,怎么会到拜占庭帝国首都来打仗呢?这还要从一个多世纪前开始的那场著名的十字军战争说起。拜占庭帝国曾是东地中海世界最强大的国家,曾经长期左右着这一地区的国际政治格局。但是,随着帝国的衰落,该地区的形势也发生了重大变化。其中最主要的变化是塞尔柱突厥人的迅速崛起,他们取代阿拉伯人成为西亚、北非的强大势力。同时,意大利各沿海商业城市共和国和诺曼人国家的兴起,也逐步排挤了拜占庭帝国在东地中海的势力。塞尔柱突厥人原是活动在咸海附近地区的游牧民族。11世纪前半期,他们向亚洲西部迁移,在小亚细亚东部地区与拜占庭军队发生接触。但此时的拜占庭帝国国力已经大不如前,皇帝君士坦丁九世(1042—1055年在位)早已撤销了帝国在这里的军区部队,所以对塞尔柱突厥人的入侵未能采取任何有效的抵抗措施。11世纪中期,塞尔柱突厥人征服了阿拉伯人,逐步控制了过去属于阿拉伯国家的领土,并在拜占庭帝国东部边境地区形成对帝国的巨大威胁。1071年夏季,塞尔柱突厥军队15000人在亚美尼亚东部幼发拉底河畔重镇曼兹克特大败皇帝罗曼努斯四世(1068—1071年在位)亲自统率的60000拜占庭军队,俘获皇帝本人,使拜占庭人元气

1204年十字军攻占君士坦丁堡

大伤。虽然,拜占庭人以150万片黄金将罗曼努斯四世赎回,但是,这次影响深远的失败引发拜占庭帝国统治阶层新的内讧。塞尔柱突厥人利用这一有利时机,占领了拜占庭帝国在小亚细亚的大部分领土,并于1081年在距离君士坦丁堡很近的尼西亚城建立都城。此后,在苏丹苏里曼(?—1086年在位)和梅利克沙(1073—1092年在位)统治时期,塞尔柱突厥人夺取叙利亚首府安条克城,并准备进攻君士坦丁堡。

拜占庭科穆宁王朝皇帝阿莱克修斯一世在塞尔柱突厥人的强劲攻势压力下只有招架之功,而无反攻之力,遂紧急招募雇佣兵,也向教宗求援。1095年3月,他派遣特使会见教宗乌尔班二世(1088—1099年在位),请求他组织各基督教国家出兵援助,反击塞尔柱突厥人。这一请求立即得到教宗的回应,他公开敦促西欧各国封建主和广大信徒参加圣战,帮助东方的基督教兄弟反对异教徒。同年底,他再次号召发动圣战,解放被穆斯林占领的圣地。教宗的鼓动很快在西欧各国引起热烈反响,在法国南部克莱芒市举行的盛大集会上,数以万计的狂热基督徒和数千封建骑士热烈响应教宗的

教皇乌尔班二世在法国克莱蒙特会议上鼓动十字军东征

号召,高呼口号,当即立誓出征。由于他们将十字标志缝在各自的服装和旗帜上,所以被称为"十字军战士"。

教宗大人何以如此卖力游说?西欧各国封建主何以迅速响应?一切都不是偶然的,有其深刻的社会背景。11世纪时,经历了几百年社会变革与动荡的欧洲社会趋于安定,社会经济生活日益繁荣,人口急剧增加,农业耕地等物质资源不足的问题越发突出,人口数量的急剧增加和物质资源开发的相对缓慢之间的矛盾日益激化。西欧各国封建世袭领地制曾产生出一批以作战为职业的骑士,在相对和平的环境里,他们失去了赖以为生的战争职业,无所事事、游手好闲、频生事端,成为社会不安定的因素。随着商品经济的发展,西欧上层封建领主对物质生活提出更高的要求,他们对农奴不断加强的剥削仍然不能满足其需求,因此,迫切希望找到新的财源。同时,西欧各地的农奴和下层人民对领主的压榨和人身依附的日益加强越来越不能忍受,他们也迫切希望改变现状。而西欧的商人,特别是意大利商人早就觊觎东方贸易的丰厚利润,希望分享东地中海国际贸易的利润份额,打破拜占庭帝国在这一区域的商业垄断权。事实上,拥有强大舰队的威尼斯人和热那亚人早在10世纪时即开始得到对拜占庭帝国的贸易优惠权,并因此获得了巨大的商业利益。但是,仅仅建立商业据点,分享国际贸易的利润还不能满足他们的贪欲,他们要垄断东西方商业贸易。

教宗的号召无疑给西欧社会各阶层提供了机会,带来了希望,贪婪的上层封建主希望在战争中夺取新的土地和无尽的财宝,狡诈的商人计划利用战争建立自己的商业霸权,没落的骑士们幻想在战争中一展身手,重新建立骑士的丰功伟业,而深受剥削的农民和下层人则希望以此摆脱农奴制的压迫，在新的土地上重建小家园。这些出发点各异的梦想迅速汇集成征服东方的狂潮，形成了延续200年的"十字军东征"运动。十字军战争的发动者和罪魁祸首是教宗，他除了在追求财富方面具有不亚于世俗封建主的热情和积极性外，还有其扩大宗教势力范围的特殊目的。事实上，早已经摆脱了拜占庭皇帝控制并迅速发展的教宗国，在1054年东、西方教会相互开除教籍并导致基督教历史上第一次大分裂以后，就极力扩大其势力，教宗以基督教世界领袖自居，希望夺取最高宗教领导权。12世纪是拜占庭帝国迅速衰落的时期，教宗便积极利用各意大利城市共和国向东地中海扩张经济势力的机会，扩大罗马天主教的势力。教宗认为拜占庭皇帝的求援请求是恢复东、西教会统一和控制东方教会的天赐良机，因此进行广泛的宣传和组织工作。

十字军从组织到出征只经过了几个月时间，1096年春季，第一批战士在法国穷修士彼得和穷骑士瓦尔特率领下上路了，这些心存幻想、愚昧无知的贫苦农民、无家可归的流浪汉和其他走投无路的下层民众沿多瑙河向东进发。不知道末代皇帝是否羡慕阿莱克修斯一世这么快就得到了救兵？而他自己在1453年最后的守城战中期盼西方救兵的突然降临，度日如年，救兵却千呼万唤未出来。

从1096年直到13世纪初，英、法、德等西欧国家各级封建主发动了3次东侵。在此过程中，被蒙蔽和愚弄的广大下层十字军战士损失惨重而收获甚微，他们既没受过军事训练、缺少作战常识，又无军事装备和充足的给养，一路上风餐露宿，忍饥挨饿，仅靠抢劫沿途居民为生，未到前线已经死伤过半。他们一旦上了战场则溃不成军，被大肆杀戮，生还者极少，大部分战争所得都被指挥十字军的封建主占有，他们仅得到少许战利品和在被占土地上重新开始农奴生活的权利。正因为如此，十字军战争表现出罕见的残暴性。首批"穷人十字军"几乎全军被歼，仅有十分之一生还。同样，付出极大代价的十字军战士在战争中身心扭曲、残酷无情。1098年和1099年攻占安条克和耶路撒冷后，基督徒十字军战士把"博爱为本"的基督精神弃之脑后，对穆斯林居民进行了骇人听闻的大屠杀和十分彻底的大洗劫。在十字军征服的小亚细亚、叙利亚和巴勒斯坦地区，城市破败，农田荒芜，昔日繁荣的经济生活完全消失，当地文化遭到彻底破坏。

在最初的交战中，由于身着重甲、精于骑术和决斗的十字军骑士对近东地区的塞尔柱突厥人来说是陌生的，他们完全不熟悉汹涌而至的西方骑兵，更不了解其战术和作战方法，因此，十字军频频得手，在1096—1099年仅3年时间内就夺取了东地中海沿海地区大片土地。西欧封建主在这一地区建立了第一批西欧式的封建国家，其中包括由波赫蒙德建立的安条克公国和雷蒙德建立的耶路撒冷王国，这些大大小小的封建国家均按照西欧的封建制度进行层层分封。

十字军的暴行必然引起当地人民的反抗，于是，西欧封建骑士于1147—1149年发动了第二次东侵。埃及苏丹萨拉丁(1169—1193年)一度担负起反抗西方入侵的领袖责任，他成为近东地区反十字军斗争的领袖和杰出代表。他于1169年任埃及苏丹后，迅速扩张势力，发兵反击十字军，进攻耶路撒冷王国，五年后便向北占领了直到大马士革在内的巴勒斯坦和叙利亚南部地区。1187年，萨拉丁军队在提比利亚湖附近大败十字军，攻占耶路撒冷，令西欧封建主大为

两名十字军骑士，
19 世纪作品

震动,促使他们于 1189—1192 年再次组织第三次东侵活动。这次东侵的主角是"神圣罗马帝国"皇帝腓特烈一世(1152—1190 年在位),他先是气势汹汹率兵进入拜占庭帝国的马其顿和色雷斯地区,大肆抢劫一番,而后渡过博斯普鲁斯海峡,夺取伊克尼乌姆。但是,两个月后,这位不可一世的德皇不慎落水,淹死在塞里弗河,另一路从海上进攻的十字军也无功而返。事实上,十字军东征不仅给近东地区带来极大的灾难,而且,也使拜占庭帝国惨遭破坏,十字军历次进军经过的地区都被贪婪的西方骑士大肆抢劫,这是阿莱克修斯一世始料不及的。如果说他的这种引狼入室的行为尚出于无知,那么其后的皇帝则是千方百计勾结西方势力参与拜占庭帝国内部政治角逐,从而给帝国带来更大的灾难。

拜占庭帝国长期实行皇帝专制统治制度，政治、经济、立法、行政、军事、外交、文化、宗教等各种公共权力高度集中，导致其政治生活中围绕皇权展开的斗争始终非常激烈残酷。拜占庭历史上王室内讧从未间断，晚期则更为突出。科穆宁王朝末期发生在皇室内部的自相残杀开创了拜占庭晚期历史上子杀母、侄杀叔和叔杀侄的血腥先例。统治集团内部的斗争在阿莱克修斯一世去世后，进一步升级，首先是皇帝长女安娜领导的推翻其弟约翰二世的宫廷政变，计划流产。而后是安德罗尼库斯一世利用首都民众对其堂兄曼努埃尔一世及其子阿莱克修斯二世推行亲西欧政策的强烈反感而发动兵变，夺取皇位。紧接着，安德罗尼库斯一世的重臣依沙克二世反叛称帝，建立了短命的安茸鲁斯王朝。而依沙克二世（1185—1195年在位）之弟阿莱克修斯三世（1195—1203年在位）废兄夺权则将这个时期拜占庭帝国争夺皇位的内部斗争推到了顶点。阿莱克修斯三世曾是依沙克二世的心腹战将，主持对斯拉夫塞尔维亚人的战事，1195年，他乘其兄亲临前线之机发动军事反叛，扣押了皇帝，以瞽目的酷刑将亲哥哥依沙克二世变成残废，并将其投入监狱严加看管。在其无所作为的统治期间，阿莱克修斯三世一直面临依沙克二世之子、他的侄子阿莱克修斯（四世）颠覆皇权的挑战。阿莱克修斯在其叔叔废除了其父的皇位时，侥幸逃脱，乘比萨人的商船逃离君士坦丁堡，并经意大利转道到德意志寻找其姐姐伊琳妮，此时她已是德意志国王士瓦本人菲力浦（1198—1208年在位）的妻子。阿莱克修斯得到他们为其父复仇的允诺后，又求助于教宗英诺森三世（1198—1216年在位），恳求教宗批准西欧十字军帮助他们父子恢复帝位。

拜占庭皇室内讧为觊觎君士坦丁堡已久的西欧各国君主、特别是威尼斯商人提供了入侵的借口,他们早有吞并富庶的拜占庭帝国之心,此时终于获得良机。西欧封建主和商人征服拜占庭人的愿望从百余年前第一次十字军东侵后逐步强烈起来。十字军东侵以前,西欧人对君士坦丁堡这个欧洲和地中海世界最大的城市和经济文化中心并不十分了解,只是耳闻拜占庭人富裕舒适的生活。东征的游历使他们目睹了壮丽雄伟的古都、豪华奢侈的皇宫、安逸闲散的市井生活和珠光宝气的贵族,东征的西欧人,无论君主还是骑士,或是农夫和流浪汉,面对神话般的世界,惊讶得无以言表,当时人留下的许多记述无一不流露出这种极度羡慕渴望占有的心情。因此,十字军战士从一开始就把拜占庭帝国列入和异教徒领土一样的抢劫对象,他们一进入拜占庭帝国就肆无忌惮地洗劫沿途的农村和城镇,毫不留情地抢走任何他们认为有价值的东西,这就必然造成拜占庭人和十字军骑士的对立。

拜占庭皇帝最初希望西方君主派遣雇佣军,在拜占庭帝国将领指挥下,协助拜占庭军队赶走外敌,保卫拜占庭帝国领土,而根本没有想到教宗会煽动起巨大的十字军运动,组织起庞大的十字军东征,更没有想到十字军竟然是一群毫无纪律约束的散兵游勇,因此,他们从一开始便对十字军抱有强烈的戒备心理。阿莱克修斯一世的女儿安娜明确指出:"还有一些更老谋深算的人,特别像伯赫蒙德(诺曼国王罗伯特一世之子)及有类似想法的人,却另有秘不示人的目的,他们就是希望在路过这里时找适当的借口以某种手段夺取首都。"女性的直感预言了未来的灾难,事态后来的发展不幸为其言中。

拜占庭帝国普通民众对打着圣战旗号的十字军普遍反感，对以帮助他们打击异教敌人为名的西欧援军没有丝毫的感激之情，相反，当十字军进入拜占庭帝国领土后，他们立即以驱除兵匪的态度将十字军押送到小亚细亚地区。为了有效地控制源源而来的十字军骑士，拜占庭皇帝要求各路十字军领袖按照西方封建礼仪向他宣誓效忠，并保证将夺回的帝国领土归还拜占庭帝国。这个要求与十字军将士的梦想不同，与他们各自的目的大相径庭，所以他们中许多人公开加以反对，甚至与拜占庭军队大动干戈，有的则出尔反尔，把誓言视同儿戏。伯赫蒙德即是如此，他在夺取了安条克后拒绝履行诺言，并与拜占庭人发生争执和火拼。后来，他返回意大利，招募

战场上的十字军战士残酷无情

了一支由法、意、德、英、西班牙等国骑士组成的军队进攻拜占庭帝国,企图夺取君士坦丁堡,但是,在亚得里亚海东岸的底拉西乌姆海港遭到拜占庭人的打击,被迫订立屈辱性条约,承认自己是皇帝的封臣,不再与皇帝为敌,并归还曾属于拜占庭帝国的领土。

此后,拜占庭人和十字军之间的对立情绪有增无减,特别是1124—1125年,威尼斯人为重新获得商业特权派舰队大肆洗劫爱琴海岛屿及沿海地区,使希腊人对昔日的盟友深恶痛绝。1147—1158年,诺曼人舰队进攻拜占庭帝国,夺取亚得里亚海和爱琴海许多岛屿,抢劫沿海地区,摧毁了拜占庭帝国在希腊科林斯的丝织业中心,掳走大批技术工匠,使已经衰落的拜占庭经济雪上加霜,再次遭到沉重打击。1147年,由德意志国王康拉德三世(1138—1152年在位)领导的十字军在洗劫色雷斯地区时遭到拜占庭军队的打击,康拉德因此记恨拜占庭人。而受到拜占庭皇帝曼努尔一世盛情款待的法国国王路易七世(1120—1180年在位)则恩将仇报,阴谋与德意志骑士联手进攻君士坦丁堡。当他们在阿纳多利亚地区遭到土耳其人打击无功而返时,便迁怒于拜占庭人,声称后者与土耳其人勾结出卖了十字军。1189年,德意志皇帝巴巴罗萨领导的十字军在进军亚洲途经色雷斯地区时也无情地抢劫城市和村庄,兵临君士坦丁堡,他还写信给其子亨利六世(1191—1197年在位),令其率领舰队从海上进攻君士坦丁堡。同一时期的英、法十字军则毫不客气地从他们宣誓效力的"领主"依沙克二世手中夺取了塞浦路斯岛。1170—1176年,拜占庭人因拒绝威尼斯人对拜占庭帝国商业特权无止无休、得寸进尺的要求,与威尼斯人再度爆发战争,拜占庭帝国又饱受丢城失地的痛苦。

拜占庭人从百年来的历史中得到沉痛的教训，他们将十字军视为闯入其家园的凶恶敌人，认为西方的基督徒打着圣战旗号，其目的只有一个，就是掠夺财富和土地。因此，他们对十字军骑士、意大利人乃至被统称为"拉丁人"的所有西方人充满了仇恨。这种愤怒的情绪与日俱增，终于导致了1182年君士坦丁堡人民起义。在起义中，西欧商人的商业区被愤怒的民众捣毁，商店、住宅被放火焚烧，大批西欧人惨遭杀害，甚至连教宗亚历山大三世（1159—1181年在位）的代表、红衣主教约翰也性命难保，他的头颅被砍下后系在狗尾巴上游街示众。拜占庭人民对西欧教、俗封建主及商人各种形式的入侵进行激烈反抗，使西欧各国君主耿耿于怀、寻机报复，拜占庭帝国安茞鲁斯王朝的内讧恰好为西欧封建主提供了机会。

第四次十字军是拉丁人复仇的良机。它是由英诺森三世发动的。此人年龄不大，却城府极深，野心勃勃，一直梦想成为世界领袖。英诺森三世于1198年初当选为教宗后，便向西欧各国君主和基督徒发出通谕，号召基督徒举起圣战旗帜，为保卫圣地而战，企图利用十字军达到控制东方教会的目的。他到处发表演说，向各国君主发寄信件，还派遣特使四处游说，信誓旦旦地保证所有参加十字军的人将被赦免一切罪孽。他公开威胁拜占庭帝国君主，要求他们无条件地将君士坦丁堡教会合并到罗马教廷，否则将对拜占庭人动用武力。但是，对远征东方早已失去兴趣的西欧民众对教宗的呼吁反应冷淡，西欧各国君主正忙于国内事务，无暇他顾，对教宗的呼吁也不加理睬。只有急于报仇的个别封建主和威尼斯人表现得格外积极，到处游说，筹集资金，招兵买马，积极准备第四次十字军东侵。

长期以来，许多西欧学者羞答答地回避第四次十字军战争的丑恶,坚持认为其进攻方向的转移是偶然发生的,基督教信徒之间的厮杀也是教宗始料不及的。事实上,第四次十字军在准备阶段就已经将进攻君士坦丁堡作为主要议题加以讨论,事件的整个进程完全是有预谋、有组织和经过精心策划的。起初,英诺森三世的呼吁确实没有得到各国君主的反应,只有拜占庭帝国被废的皇太子阿莱克修斯多年不懈地往返于德、意、法三国,劝说他的姐夫德意志国王士瓦本的菲力浦、菲力浦的表兄弟法国国王菲力浦二世(1165—1223年在位)和教宗帮助他恢复帝位。早在士瓦本的菲力浦成为德意志国王以前,他的哥哥德皇亨利六世(1165—1197年在位)就希望通过联姻获得拜占庭皇位继承人资格,并安排了菲力浦与拜占庭皇家公主伊琳尼的婚姻,幻想得到拜占庭皇位。此时,士瓦本的菲力浦并没有完全放弃这个想法,只是,德、法等国都忙于本国事务,虽然对

英诺森三世

流落他乡的阿莱克修斯深表同情,但又抽不出身来,于是,力荐意大利蒙特菲拉特公爵伯尼法斯于1201年担任第四次十字军首领。这位伯尼法斯公爵出身意大利贵族家庭,29岁时即开始其骑士游侠生涯,曾经陪伴其兄康拉德访问过君士坦丁堡,对拜占庭人的优裕生活羡慕不已,对那里的金银财宝垂涎三尺。1201年,在其表弟法国国王菲力浦的劝说下,已经50多岁的他担当起第四次十字军领袖的重任。

为了掩人耳目,十字军的组织者一开始公开声称进攻的目标是阿尤布王朝(12—13世纪)的政治中心埃及,但是私下里却在积极策划进攻君士坦丁堡的细节。他们对当时拜占庭帝国防务和军事力量的配置了解得十分清楚,为了避开相对强大的拜占庭陆军,从君士坦丁堡薄弱的水上防线进攻,伯尼法斯谎称巴尔干半岛北部山路难行,由陆路取道拜占庭帝国进军埃及,路途遥远,不如从海上直捣亚历山大。于是他在威尼斯集结部队,并与威尼斯人商讨具体进兵事宜。伯尼法斯深知威尼斯人与拜占庭人的宿怨,也了解威尼斯商人急于夺取东地中海贸易垄断权和海上霸权的心情,因此,双方一拍即合,达成了用威尼斯船只运送十字军的协议,至于把十字军运往何方以及十字军的作战目标,彼此都心照不宣了。

狡猾的教宗也充当了极不光彩的角色。从理论上讲,他积极鼓噪和挑动起来的这次圣战应当以异教徒为征服对象,东正教信徒则是他们帮助和解救的兄弟。可是,他对于以武力征服拜占庭帝国的阴谋一直没有作公开的批评和否定,更没有发布明确的指示禁止进攻基督徒兄弟。第四次十字军"圣战"从一开始就不"神圣",惯于玩弄阴谋的教宗并非不了解伯尼法斯的野心和威尼斯的计划，他也不是在十字军攻入君士坦丁堡以后才听说这个消息，许多已经昭示天下的事实就是证据。首先，阿莱克修斯多次面见教宗，提出请求十字军帮助他们父子恢复皇帝地位，极有心计的教宗没有表示拒绝，但也没有表示同意，安慰一番了事。按理说，十字军攻打基督徒是违背神圣教义的，教宗没有必要吞吞吐吐，这表明教宗清楚地了解十字军领袖们正在策划进攻君士坦丁堡的行动；其次，作为第四次十字军首领的伯尼法斯直接会见过英诺森三世，极力说服教宗同意他带领十字军帮助依沙克父子恢复帝位，教宗又没有明确表态，顾左右而言他地鼓励一番。显然，英诺森三世确切了解这次十字军的进攻目标，他只是通过这种遮遮掩掩的方式暗示其默许的态度，这符合当时年届40岁的这位教宗狡诈的行为方式。再者，就在十字军即将出发之际，包括德意志国王菲力浦和阿莱克修斯（四世）在内的反阿莱克修斯三世的多种势力集聚威尼斯，这一动向明显地暴露出第四次十字军的作战方向，对此，消息灵通的教宗更不会一无所知，他不过是在玩弄手段，佯装不知；另外，英诺森三世在通过谈判促使东方教会合并到罗马教会的努力失败之后，曾给当时的拜占庭皇帝阿莱克修斯三世发出恐吓信，声称将以适当的方式恢复依沙克的皇位。英诺森三世的意图是很清楚的，他既要保持其基督教世界领袖的清白名声，又想掩盖其利用十字军达到征服东方教会之目的的真实面目，既要当圣人，又要做强盗，因此，对这次十字军东征采取模棱两可、听之任之的态度。在玩弄阴谋方面，他可算经验老辣，"道行"极高，君不见德、英、匈、捷、保、波、丹、葡、瑞、挪等国君主哪一位不是被他摆弄得服服帖帖！

阿莱克修斯（四世）在这场引狼入室的大阴谋中充当了最可耻的角色。他在推动第四次十字军进攻君士坦丁堡的活动中不遗余力、丑态百出，极尽摇尾乞怜、阿谀奉承之能事。为了复辟，他在教宗和德意志国王菲力浦面前哭述阿莱克修斯三世对他们父子的迫害，恳求十字军帮助他不幸的父皇，他让他的姐姐向菲力浦大吹枕边之风。她曾形容她的兄长，"失去祖国、无家可归，像流星一样四处流浪，他一无所有，只剩下自己的肉体了"。为了赢得教宗的支持，他答应复位后，东方教会完全听命于罗马教宗，而对十字军首领伯尼法斯则大行贿赂，许以大笔钱财供十字军使用。按照他一厢情愿的计划，十字军在帮助他们父子复位后即离开君士坦丁堡，继续进军埃及。为了加强各位十字军将领的信心，他在十字军出发前从德意志请来国王菲力浦，同往威尼斯，继续策划攻打自己祖国首都的行动。

1202年初秋，十字军从威尼斯起航，首先按照威尼斯总督丹德罗（1192—1205年在任）的意愿出其不意攻陷由匈牙利国王控制的亚得里亚海滨城市扎拉，将城内财物洗劫一空。由于该城市属于罗马天主教的势力范围，因此，教宗故作姿态，假惺惺地表示了一番谴责，而后就不了了之了。1203年5月，威尼斯和十字军最后确定了进攻君士坦丁堡的计划，旋即拔寨起航，向君士坦丁堡进发。

第四次十字军经过一个月的航行，绕过伯罗奔尼撒半岛直达君士坦丁堡城下的博斯普鲁斯海峡，首先于1203年6月在城市北部郊区加拉大商业特区登陆。这个区在黄金角湾北岸与君士坦丁堡隔水相望。面对君士坦丁堡，西方骑士们倍感惊讶。一位参加过第四次十字军的法国骑士记下了当时的情景："此时你可以想象，那些从

引狼入室的阿莱克修斯四世

来没有见过君士坦丁堡的人两眼直勾勾地仰望着它,他们看着那高大的城墙、环绕着城市的那些雄伟的塔楼、华丽的宫殿和巨大的教堂,简直不能相信世界上竟有如此富有的城市。城中教堂数量之多若不是亲眼所见,没人能够相信。城市建筑之高和占地之广超过所有其他君主的都城。你也能够想象得到我们没有一个人有足够的勇气不浑身颤抖,这毫不奇怪,因为上帝创造世界以来,没有任何人从事过如此伟大的事业。"

最初,虽然十字军猛烈攻击君士坦丁堡,但是,终因兵力不足和城防坚固而未果,直到7月份,才在内奸的帮助下攻占了该城。无能的阿莱克修斯三世携国库金银财宝弃城而逃,不知去向。阿莱克修斯四世(1203—1204年在位)"光荣"入城,瞎眼的依沙克二世欣喜异常,重新登上皇位,这对可悲的罪恶的父子同时成为皇帝,共同主持朝政。心满意足的阿莱克修斯四世以为,帮助他们父子恢复皇位的十字军已经完成使命,应继续南下进军埃及。但是,出乎其预料的是贪婪的威尼斯人和十字军早有预谋,他们正在寻找借口大开杀戒,他引入家门的西欧十字军已经举起了屠刀,准备洗劫富庶的君士坦丁堡。

威尼斯总督丹德罗首先要求阿莱克修斯四世履行诺言,向十字军提供大笔金钱,以供他们继续东征。此时拜占庭帝国国库空空如洗,仅剩的钱财也被阿莱克修斯三世尽数带走。阿莱克修斯四世清楚地知道,如果向首都居民和教会临时征集新的捐税将导致人民起义,因为拜占庭帝国各阶层对阿莱克修斯四世引来十字军极为反感。因此,阿莱克修斯四世恳求十字军宽限时日,容他筹集金钱。这正好为十字军继续待在君士坦丁堡提供了借口。这些武装的拉丁骑士积极准备夺取君士坦丁堡,同时他们在帝国首都和色雷斯地区为所欲为,激起当地人民的反抗。为了防止发生意外事件,阿莱克修斯四世采取措施将十字军营地迁往城外,但是,仍然不能平息人民的愤怒,他们认为阿莱克修斯四世把帝国出卖给了拉丁人。1204年初,阿莱克修斯三世的女婿、杜卡斯家族的阿莱克修斯领导首都人民起义,推翻了阿莱克修斯四世和依沙克二世的统治,将瞎子皇帝重新投入监狱,阿莱克修斯四世则被愤怒的民众杀死,落得一个可耻的下场。

按理说,人数有限的十字军虽然能征善战,但坚固的城防也能抵挡住他们。阿莱克修斯五世(1204年在位)决心依靠人民的力量守住君士坦丁堡,因此,上台后立刻着手巩固城市防务,同时,拒绝履行阿莱克修斯四世对十字军许下的诺言。丹德罗清楚地意识到，夺取君士坦丁堡的时机到了。为了防止胜利后的十字军因内部分赃不均发生内讧，他提议提前举行分赃会议，从而使"商人精神"解决了瓜分拜占庭帝国遗产的问题。同年3月，分赃会议达成以下基本协议：占领君士坦丁堡后，十字军将在城中建立拉丁人的政府；十字军各方将依照协议瓜分君士坦丁堡的战利品；组成威尼斯人和法国人各六人参加的委员会，负责选出治理新国家的皇帝；皇帝将占有被征服的首都的四分之一，包括两个皇宫；其他四分之三将由威尼斯和十字军对半平分；圣索菲亚教堂和大教长的职位将属于威尼斯人；所有十字军战士都将获得或大或小的封地，并按西欧封授土地方式向皇帝宣誓效忠；只有威尼斯总督丹德罗可以免除效忠式。

协议达成后，十字军上下全力投入攻城的战斗，为了即将到手的财富，他们人人争先，个个奋勇。阿莱克修斯五世虽然有心御敌，但是无兵可用，只能使用热那亚雇佣兵参与守城。正是这些雇佣兵的突然逃跑，使得十字军于4月13日攻克君士坦丁堡。而后，十字军纵兵三日，这座被誉为"万城之城""众城的女王"的城市完全落入杀人放火、抢劫盗窃的种种暴行之中，任凭西欧骑士蹂躏，高举圣战旗帜的十字军骑士和道貌岸然的随军教士抛开了伪装，展开了抢夺金银财宝的竞赛。君士坦丁堡近千年来积聚的来自地中海世界各地的珍贵艺术品和古代图书手稿，以及来自世界各国的奇石异物和各种金银器物都是他们洗劫的对象，教堂、大赛车竞技场、国家图书馆、公共会议厅和私人宅院是他们光顾的主要场所。据当时目击者的记载，这场抢劫在历史上是绝无仅有的，其手段之凶狠、洗劫之彻底、赃物数量之多都是没有先例的，甚至穆斯林对耶路撒冷的抢劫

君士坦丁堡被第四次东征的十字军攻陷,19世纪作品

较之也大为逊色。十字军抢劫财物,坐地分赃,所有的骑士都分到了许多财宝。那位留下有关第四次十字军暴行记载的骑士惊讶地写道:"自从创世以来,在任何一个城市里都不能得到这么多战利品!"许多封建主把分得的战利品运回本国,整个西欧被这些从君士坦丁堡抢来的珍宝和艺术品装饰一新,大部分西欧教堂都得到了抢来的宗教圣物,其中法国教会收获最大,因此,法国至今仍是拜占庭古代文物主要的收藏地。威尼斯也因此变得雍容华贵起来,君士坦丁堡大赛车竞技场上的装饰物"四匹铜马"被威尼斯总督丹德罗运

回威尼斯，成为圣马可教堂正门入口的装饰物，至今仍在向世人炫耀当年的战绩。

　　能搬动的都搬走了，能抢到手的都抢走了，十字军还对拜占庭帝国领土和政治权利进行瓜分。威尼斯总督丹德罗志在发展母邦威尼斯，无意争夺拉丁帝国皇位，但是，他在选举皇帝的问题上再度起了主导作用。由于他的干预，最初的候选人蒙特菲拉特公爵伯尼法斯未能当选，这是因为一则伯尼法斯的领地十分接近威尼斯，有可能成为威尼斯的竞争对手，二则伯尼法斯身为第四次十字军领袖，影响太大，将来可能把新国家重新建设成为威尼斯在东地中海的商业竞争对手。心怀不满的伯尼法斯被迫接受拜占庭帝国第二大城市塞萨洛尼基作为领地。势力和影响较小的法兰德尔伯爵鲍尔温(1204—1205年在位)被推选为拉丁帝国的皇帝。5月3日，鲍尔温在圣索菲亚教堂加冕称帝，拉丁帝国在君士坦丁堡的废墟上建立起来。十字军对被征服土地的瓜分基本上是按照1204年3月"分赃会议"的原则进行的，但是在落实的过程中充满了钩心斗角的斗争。首都君士坦丁堡由鲍尔温和丹德罗占有，前者分得城区的八分之五，后者分得八分之三。鲍尔温作为拉丁帝国的皇帝还得到了色雷斯地区南部、连接博斯普鲁斯海峡和达达尼尔海峡的小亚细亚西北部地区，爱琴海上某些大岛，如莱斯伯斯岛、萨莫斯岛和休斯岛，也归皇帝鲍尔温占有。

　　这场战争中，威尼斯是最大的赢家，获利最为丰厚，除了得到富有的君士坦丁堡商业区和圣索菲亚教堂外，亚得里亚海沿岸重要的商业地区，如通往意大利的枢纽底拉西乌姆和"沿海七岛"，爱琴海大部分岛屿和沿海地区，包括伯罗奔尼撒半岛沿海地区、克里特岛、色雷斯沿海重要港口和达达尼尔海峡港口城市。与其他领主不同，他自称"专制君主"，不隶属于鲍尔温的拉丁帝国，在历史上他的国家被称为爱琴海公国。同时，占据了圣索菲亚教堂的威尼斯教士选举威尼斯人托马斯·莫罗西尼为大教长。显然，威尼斯人控制了东地中海最重要的岛屿和口岸城市，占有最富庶的商业区，控制了君士坦丁堡与意大利之间的航线，因而掌握了东地中海贸易垄断权。

伯尼法斯特别失落，他分得了小亚细亚部分地区、塞萨利地区和马其顿地区，以塞萨洛尼基为首府建立了王国，并承认鲍尔温一世的宗主权。但是，伯尼法斯不满足他得到的战利品，因此，出兵攻击希腊本土，并于同年秋季在希腊建立了雅典—提比斯公国，由他的封臣伯艮底骑士奥松·迪·拉·利赫担任雅典—提比斯公爵。而后，他应法国骑士乔浮利·迪·威利哈冬之邀，继续向南进军伯罗奔尼撒半岛，将占领地分封给他的另一个封臣，来自香槟伯爵家族的法国骑士威廉，该领地称为阿塞亚侯国。除了第四次十字军新建立的国家外，前三次十字军骑士沿叙利亚和巴勒斯坦地区建立的安条克和耶路撒冷王国等大大小小的封建国家也死灰复燃，重新打出拉丁帝国附属国的旗号。

教宗起初由于没有得到任何好处而大为恼火，因为不仅丹德罗和伯尼法斯这些战争的直接领导者得到巨大的利益，而且普通的骑士也获利不薄，但作为第四次十字军发动者的教宗竟然没有从十字军丰厚的战利品中分得一金半银，尤其是十字军领袖们在分赃过程中竟然丝毫没有考虑他的利益，根本没把他教宗放在眼中，这是英诺森三世无论如何也不能接受的事实。他先是给十字军发去一封措辞强硬、态度愤怒的信件，谴责他们违背上帝的也就是他的意志，竟敢攻打基督徒兄弟，宣布开除全体威尼斯人和十字军将士的教籍。但是，当圆滑的鲍尔温一世因立足未稳、急需教宗支持，以谦卑的口吻给教宗写信自称是教宗的臣属时，英诺森三世便一改先前的态度，在回信中对十字军的行为大加赞扬，称赞他们攻陷君士坦丁堡是"上帝的奇迹"，是东正教背叛罗马教廷应得的惩罚，说什么"我以天主之名而感到欢欣鼓舞"，称十字军的所作所为"使上帝的名得到颂扬和光耀，使教宗的宝座得到荣誉和利益……使君士坦丁堡教会恢复对教廷忠实的尊敬……使希腊帝国臣属圣座"。他还向所有教士、世俗君主和基督徒呼吁支持鲍尔温一世的事业，保卫拉丁帝国。显然，教宗终于达到了征服东方教会的目的，至于教宗是否从十字军的赃物中分得一匙半碗则是至今尚未解开的历史之谜。

十二

起死回生

拜占庭帝国历史上,首都君士坦丁堡被外敌攻陷过两次,第一次陷落标志着帝国的衰败,第二次陷落则标志着帝国的灭亡。读者不禁要问,为什么第一次陷落后,拜占庭帝国没有灭亡?这里暂且抛开复杂的偶然性历史因素,原因大体上可以概括为两方面:一是拜占庭帝国气数未尽,命不该绝,尚存起死回生的活力,故能够东山再起;二是占领帝都的拉丁帝国过于虚弱,难成大器,给了残存的拜占庭皇朝势力重整山河的机会。这两方面因素在1453年的大灾难中表现得完全不同,因此最终的结果也不一样。

先让我们看看拉丁帝国的统治是何等衰弱。在拜占庭首都君士坦丁堡废墟上新建立的拉丁帝国,按照西欧分封制的原则改造拜占庭社会结构,这是继十字军无耻瓜分拜占庭帝国遗产后对拜占庭社会更严重的瓦解。拉丁帝国名为帝国,实为各自独立的西欧封建主的联合体。连作为首都的君士坦丁堡也不能统一由皇帝鲍尔温掌控,威尼斯总督丹德罗占有首都的一半,他们各自管理。作为拉丁帝国皇帝的鲍尔温只控制色雷斯和小亚细亚西北部分地区,其他地区则形成了许多独立小国。这些小国在理论上附属于拉丁帝国皇帝,各个小国的君主均承认皇帝为最高封主。但是,他们各自为政。在爱琴海上,除了莱斯布斯岛、萨莫斯岛和休斯岛归鲍尔温占有外,大部分海域由威尼斯控制,如伯罗奔尼撒半岛沿海地区、克里特岛、色雷斯沿海和赫立斯滂海峡(达达尼尔海峡)的所有重要商业城市都脱离了拉丁帝国皇帝的管辖。在巴尔干半岛,伯尼法斯所属的塞萨洛尼基王国的势力范围包括马其顿和塞萨利地区。伯尼法斯的封臣、伯艮底骑士奥松·迪·拉·利赫统治着雅典—提比斯公国,控制阿提卡半岛及其沿海岛屿。伯尼法斯的另一个封臣、法国骑士威廉为首的阿塞亚侯国的势力范围在伯罗奔尼撒半岛。在亚洲的叙利亚和巴勒斯坦地区，则存在着安条克王国和耶路撒冷王国。

西欧分封制与拜占庭集权制完全不同，在拉丁帝国各小国内部，各级封建领主又结成以土地分封为基础、以封建等级义务为纽带的领主与附庸之间的主从关系。君主和各级封建主将土地分封给自己的下属，并对附庸的土地财产和人身安全提供保障，而附庸则要向领主宣誓效忠，承担军事、司法和其他若干义务。例如塞萨洛尼基王国的伯尼法斯国王封授威廉为阿塞亚侯国侯爵，后者又将侯国分封给12个贵族，各个贵族依次再分封骑士。西欧大小贵族还在四分五裂的原拜占庭帝国土地上建造起西方式的城堡，例如古代斯巴达遗址附近的米斯特拉城堡便因此而闻名，克莱蒙特城堡也建于此期，它们的军事作用直到希腊独立战争时期仍然没有消失。这些城堡就成为拜占庭社会分裂进一步加深的标志。

鲍尔温于1204年5月16日在君士坦丁堡的圣索菲亚教堂热热闹闹地搞了一把加冕称帝的大典，但是他对帝国大部分地区没有直接控制权，因为他的附庸的附庸并不是他的附庸，他的封臣的封臣并非他的封臣，这使他的权力仅限于君士坦丁堡和爱琴海上个别的岛屿。第四次十字军骑士建立的拉丁帝国（1204—1261）实际上是一个内部关系极为松散的西欧封建领主的联合体，在其7任皇帝57年统治期间，不仅没能统一内部，也不能完全征服外部，"帝国"的称号虽然一直存在到14世纪，但是从一开始即名存实亡。在拉丁骑士们的领地周围还存在着大量希腊人和斯拉夫人反抗西方入侵者的游击队，帝国各地有许多相互独立的希腊人政权，其中存在时间最长、影响最大的是尼西亚帝国(1204—1261),它以古城尼西亚为中心,控制博斯普鲁斯海峡西岸直至卡帕多西亚地区。此外,在伊庇鲁斯山区有末代王朝远亲后裔米哈伊尔及其子塞奥多利(Theodore)建立的伊庇鲁斯君主国,在黑海东南岸有末代皇室血亲建立的特拉比仲德帝国。

显而易见,第四次十字军东侵彻底摧毁了拜占庭帝国统一的物质基础和社会基础,一方面,它把统一的帝国撕成大小不等的碎片,在原拜占庭帝国版图内分立起各自独立的帝国、王国、公国、专制君主国、骑士领地和自由城市共和国,它们相互攻讦,矛盾错综复杂,很难重新统一起来。另一方面,它把西方封建制度引进拜占庭社会,瓦解了拜占庭国家统一的社会基本结构,使晚期拜占庭帝国长期陷入类似于西欧中世纪社会的无政府状态,再也没有能力重新发展成为统一的中央集权制的强国。

再让我们看看流亡的拜占庭势力是如何图强自救的。第四次十字军攻陷君士坦丁堡以及拉丁人对拜占庭居民的剥削压迫引起希腊人的极大反感和仇恨,广大的东正教信徒对由威尼斯人组成的君士坦丁堡教会十分憎恶,他们以各种形式展开斗争。在原拜占庭帝国领土各地形成的希腊人政权中,尼西亚成为最大的拜占庭人流亡中心,并逐步发展成为推翻拉丁帝国、夺取君士坦丁堡、恢复拜占庭人统治的斗争中心。

尼西亚政权要做的第一件事就是在小亚细亚站稳脚跟。君士坦丁堡陷落时,许多拜占庭贵族高官纷纷携带家眷和金银细软逃离危在旦夕的首都,来到海峡对面的小亚细亚地区。科穆宁王朝皇帝阿莱克修斯三世的女婿、拉斯卡利斯家族的塞奥多利(1204—1221

年在位)于城破之际,在圣索菲亚教堂被人们推举为皇帝。而后,新王朝便仓皇向东撤出君士坦丁堡,先在布鲁萨城暂避风头,后得到担心拉丁人势力东扩的突厥苏丹的支持,在尼西亚定居下来。由于拉斯卡利斯王朝的势力发展迅速,并公开宣布继承拜占庭帝国传统,该政权有时被称为"尼西亚帝国"。拉斯卡利斯王朝的势力范围在小亚细亚西部沿海地带,以萨卡里亚河和大门德雷斯河为其东界,西临爱琴海。该王朝按照所控制的领土的自然地理状况,将版图大体分为两大地区,即以大教长驻地尼西亚为首府的北部地区和以南菲宏皇宫为首都的西南部地区。随着尼西亚王朝实力的增强,其疆界向东推进到安卡拉以西,向西控制了博斯普鲁斯海峡和达达尼尔海峡及爱琴海东部沿海岛屿,并将势力扩张到色雷斯地区。该王朝的金库设在马格尼西亚,皇室和朝廷住在南菲宏,海军基地设在斯米尔纳。

他们做的第二件事是伺机扩张。拉斯卡利斯王朝统治57年,4位皇帝先后在位。据史料记载,该王朝有波斯血统,原为小亚细亚军事贵族,塞奥多利娶科穆宁王朝公主后,以皇室成员身份参与帝国政治斗争,被拥立为皇帝。他死后由女婿即位,长女伊琳尼的丈夫约翰·瓦塔基斯(1222—1254年在位)时期最大限度地扩张了王朝的疆域。其子塞奥多利二世(1254—1258年在位)统治时间虽短,但已经完成了推翻拉丁帝国的准备工作,可惜英年早逝。王朝统治在其子约翰四世(1259—1261年在位)时期中断。尼西亚流亡政府建立之初面临拉丁帝国的追剿攻击。当时,在小亚细亚地区已经存在几个拜占庭人残余势力建立的独立政权。1204年,拉丁帝国皇帝鲍尔温的兄弟亨利和根据第四次十字军分赃协议分得尼西亚地区

塞奥多利一世

约翰三世

塞奥多利二世

约翰四世

的路易斯伯爵率领拉丁骑士出兵小亚细亚,并在今巴勒克埃西尔附近打败塞奥多利的拜占庭军队。此后,拉丁帝国军队横扫马尔马拉海沿海地区,攻占了比塞尼亚地区的全部城镇。但是,在尼西亚王朝生死存亡之际,色雷斯希腊人和保加利亚人发动起义,迫使拉丁帝国军队回师西向,从而使尼西亚政府获得喘息的机会。1205 年 4

月,希腊—保加利亚联军在亚得里亚纳堡战役中全歼拉丁帝国军队,皇帝鲍尔温被俘,路易斯伯爵阵亡,拉丁帝国受到致命打击。尼西亚政府从此摆脱了拉丁骑士的威胁。

拉斯卡利斯王朝首先统一小亚细亚地区各个希腊人小政权,其中包括盘踞在菲拉德菲亚地区的塞奥多利·曼卡法斯、米莱图斯城周围地区的萨巴斯·阿塞德努斯、今大门德雷斯河的曼努埃尔和地中海沿海的大卫·科穆宁等,他们先后接受了尼西亚政府的统一领导。而后,拉斯卡利斯王朝致力于恢复拜占庭政治制度,建立中央和地方的统治机构,按照拜占庭帝国旧制全面整顿政府各部、教会、军队和法庭。博学的米哈伊尔·奥托利亚努斯被任命为大教长。1208年,他为塞奥多利正式加冕,宣称拉斯卡利斯王朝为拜占庭帝国合法继承人。这样,尼西亚政府就成为拜占庭反抗拉丁帝国的政治和宗教中心。

尼西亚帝国做的第三件也是最重要的事是奋发图强富国强兵。1206年,拉丁帝国新任皇帝亨利(1206—1216年在位)再次入侵小亚细亚,但因保加利亚人进攻色雷斯地区而被迫撤军,并于1207年与尼西亚政府订立和约。为了清除拉斯卡利斯王朝势力,1209年,亨利与尼西亚帝国东部的土耳其人罗姆苏丹库斯鲁签订秘密同盟。1211年,罗姆苏丹国军队对拉斯卡利斯王朝发动进攻,在这支突厥人军队中,有800名拉丁骑士为中军前锋,前拜占庭皇帝阿莱克修斯三世也充当突厥军的指挥官。双方在敏德尔河流域的安条克附近进行决战,塞奥多利大获全胜,击毙苏丹,活捉其岳父阿莱克修斯。这次胜利彻底解除了尼西亚帝国东部威胁,极大地提高了拉斯卡利斯王朝的地位。1214年,尼西亚帝国和拉丁帝国在南菲宏订立边界条约，划定以萨卡里亚河上游和苏苏尔卢河为两国分界线。从此，尼西亚帝国的疆域基本稳定，拉斯卡利斯王朝遂着手进行富国强兵的内政改革。

拉斯卡利斯王朝统治者们充分地认识到自强图存的唯一出路在于推行改革，去除时弊。塞奥多利和瓦塔基斯统治时期大力实行各项改革措施。首先，政府全面实施旨在休养生息、恢复生产的轻徭薄赋政策，减轻农牧工商各业的税收，免除过去因天灾人祸拖欠的税款。同时，朝廷采取一系列促进农业生产的措施，一方面改善农业和畜牧业的生产条件，实行优惠政策，调动农牧民的积极性，另一方面，皇帝们亲自下田耕作，建立皇帝示范农庄，并亲自经营农、牧、渔、园艺业，希望以自己的模范行为为臣民树立榜样。塞奥多利明确表示，他要以成功经营皇帝示范农庄的行为告诉自己的臣民，只要全身心投入经营，那么无论是在农田、牧场，还是在果园、作坊，都会获得好收成，取得好效益。他亲自养鸡，并用其出售鸡蛋的钱制作了一顶皇冠，作为礼物赠送给皇后。这个"鸡蛋皇冠"的故事传遍全国，极大地鼓舞了尼西亚帝国的农牧业生产者，他们积极投身农业生产，使尼西亚社会经济迅速繁荣，物质充足丰富，成为东地中海和小亚细亚地区最富裕的国家。当时的历史学家欣喜地记述道：在很短的时间里，尼西亚帝国的所有仓库都装满了粮食和水果，公路、牧场和围栏里都挤满了各种牲畜，周围国家的居民纷纷到尼西亚帝国的城市来换取生活物资，因此，尼西亚人家中都堆满了突厥人和阿拉伯人的金银宝石。

富有经商传统的拜占庭人根据其特殊的处境，借鉴以往经济发展的经验教训，坚持自力更生和自给自足的原则，积极发展国内贸

14世纪拜占庭古籍插图:"农民耕作"

14世纪拜占庭古籍插图:"医生行医"

易,削减进口,建立关税壁垒,减少意大利商业势力的渗透,终止前朝皇帝授予意大利各航海共和国的商业特权。同时,皇帝下令臣民停止购买外国奢侈品,特别要求各级官吏和大小教俗贵族"应该满足于罗马人(指尼西亚帝国臣民)在自己土地上所产之物和罗马人亲手制作的商品"。为了促进生产,政府鼓励出口,特别是对贫穷的突厥人的农副产品贸易十分活跃,从中获得巨大利润。拉斯卡利斯王朝推行社会公平化政策,以缓和由于社会贫富不均产生的矛盾,降低社会内部分裂的可能。限制贵族和官僚的发展与赈济贫民、扶助农工是这一政策的两项主要措施。瓦塔基斯统治时期不仅规定了贵族拥有土地的最高限额,而且没收了许多违法贵族官吏的地产和浮财。同时,他利用经济发展带来的钱财建立了许多救济院、医院,甚至分配土地帮助农民生产,因此,现代学者有理由称其为"农民和市民的保护人"。这一政策必然引起贵族的不满,招致高级官僚的反对。因为,皇帝们在限制大贵族的同时,毫不吝啬地将土地赏赐给中下级官员和将士,以此培植新的政治势力,削弱大贵族的力量,事实上,拉斯卡利斯王朝的社会公平化政策带有明显的中央集权化目的。落难中的皇帝非常清楚争取民心的重要性。

尼西亚帝国成功的关键在哪里呢?还在前文提到的重建军区和恢复军区制这项工作中。拜占庭军区制早在12世纪时便废弃不用了,拜占庭国家实力因此大为衰落。尼西亚王朝吸取前朝的教训,在稳定了王朝统治后,立即着手恢复军区制。朝廷坚持伊拉克略时代的原则,实行军、政权力合一的一元化管理体制,军区中最高首脑"将军"由皇帝亲自任命。各级军事官员和士兵在重新占领控制的地区上按照原军事编制驻扎下来,并以皇帝的名义根据兵种和级别重新分配土地。在色雷斯、马其顿和小亚细亚地区,中央政府先后建立起大小不等的军区。军区的农兵以终身服役换取经营小块军役地产的权利,平时携家带口耕种农田,遇有战事随军作战。农兵除负担有限的军事劳役,如修桥补路外,还要通过经营土地满足军事方面的各种需求,例如,兵器和装备、粮草和马匹都由农兵自备。中央政府还仿照10世纪安置斯拉夫移民的方法,将受到蒙古人入侵打击而大批进入尼西亚帝国的库曼人编成拜占庭军队,驻扎在边境地带。军区制的恢复解决了尼西亚军队的兵源问题,减轻了长期战争造成的财政负担,特别是建立起边境地区的防务体系,对稳定形势起了重要作用。对于拉斯卡利斯王朝重建军区的措施,当时和后来的作家均给予高度的评价,认为这是尼西亚帝国不断发展强盛并最终夺回君士坦丁堡的根本原因。布莱赫尔称赞:尼西亚的拜

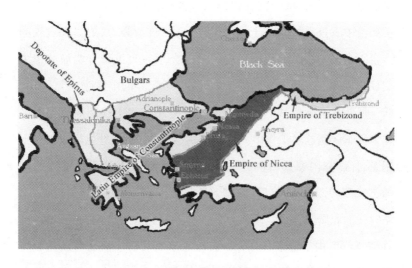

尼西亚帝国版图

占庭人"日益加强了其政治和军事活动,一系列出色的法令鼓励农耕,提倡纺织业,建立军区制以确保边境防御,组织对突厥人的贸易,这样就使其帝国兴旺富有,拥有强大的财力……因此,尼西亚的皇帝试图组织夺取君士坦丁堡的反攻就毫不奇怪了"。瓦西列夫认为塞奥多利是功绩最大的君主,"他已经在小亚细亚建立了一个希腊文化中心,一个统一的国家,并将欧洲希腊人的注意力都吸引到这里。他奠定了其后人得以建筑大帝国的基础"。

尼西亚帝国的经济昌盛为其文化繁荣提供了雄厚的物质基础,拉斯卡利斯王朝发展文化事业的活动使尼西亚成为13世纪东欧和东地中海新的文化中心。拉斯卡利斯王朝统治者大多是接受过良好教育的饱学之士,他们在发展国家经济、进行军事与外交活动的同时,积极支持文化活动。塞奥多利一世把发展文化作为稳固新政权的措施之一。他邀请分散在原拜占庭帝国各地的学者,特别是被拉丁骑士占领地区的希腊学者到尼西亚帝国,例如雅典主教米哈伊尔在第四次十字军征服之际流亡到克斯岛,当塞奥多利听到这位学者的消息后立即派人将他和他的兄弟请到尼西亚。后者虽然被塞奥多利委任为新国家的官员,但却在皇帝的支持下以更多的时间和精力从事写作和教育。东地中海地区的希腊学者闻讯纷纷投靠拉斯卡利斯王朝,各类知识分子一时云集尼西亚皇宫,他们成为直接促进尼西亚帝国文化复兴运动的主角,在发展拜占庭文化事业中发挥了重要作用。

学术和文化的发展离不开当局的扶植政策,尼西亚帝国为文化和教育发展提供了优越的条件,为学者们创造了良好的环境。塞奥多利的继承人约翰三世在亲自主持大量紧迫的军事和外交工作之余,仍然亲自过问建立国立学校的计划,他还下令在各大小城市建立公共图书馆,特别是艺术博物馆和科学技术图书馆。他和他的儿子塞奥多利二世(1254—1258年在位)派遣学者到各地收集古代书籍,能够购买的不惜重金加以收购,不能买到的则指派博闻强记的人前往阅读,记录笔记或写下摘要。当时,不仅在尼西亚帝国,而且在拉丁骑士和各希腊人独立政权或保加利亚人控制的地区都有尼西亚派出的文化"特使"。皇帝们将广泛收集到的书籍分发给各个国家图书馆,作为图书馆的馆藏图书,为学者们提供学习和研究的条件。塞奥多利皇帝在一封写给君士坦丁堡国立图书馆馆长的信中,要求图书馆为读者提供方便,并允许读者将图书带回家去阅读,这大概是西方图书馆借阅制度的滥觞。

在这样的政策支持下,尼西亚帝国出现了文化繁荣。一大批拜占庭文化的著名学者和作家集聚在皇宫,有的著书立说、有的担任皇家宫廷教师。著名历史家尼西塔斯流亡到尼西亚后被任命为宫廷史官,创作了许多文学作品,其中《东正教的宝藏》影响极大,流传后世,为我们提供了有关当时社会生活和宗教活动的珍贵资料。在众多知名学者中,布雷米狄斯是最突出的代表人物。他生于君士坦丁堡,第四次十字军征服帝国都城后,随父母流亡到小亚细亚。在尼西亚帝国浓厚的学术气氛中,他师从许多著名学者,接受多方面系统教育,精通诗歌、韵律文的写作,熟悉哲学、逻辑学、医学、几何学、算术、天文学、物理学,成为当时最博学的作家。后来,他进入修道院,潜心钻研圣经和早期基督教教父的神学著作,对神学理论极为精通,并成为皇帝与罗马教廷谈判的顾问。布雷米狄斯还在皇帝的支持下建立学校和修道院,一方面培养年轻学者,另一方面写作了大量科学和神学教材。他曾接受约翰·瓦塔基斯皇帝的派遣,游历色雷斯、马其顿、伯罗奔尼撒和小亚细亚各地,收集古代手稿和民间流传的图书。在其大量作品中被认为最有价值的是两部自传,它们为后人提供了丰富的资料,使我们得以了解13世纪拜占庭社会生活的真实情况,至今仍被认为是研究尼西亚帝国历史最重要的资料。他为东正教教会宗教仪式写作的赞美诗广泛流传,其优美清新的风格使它成为东正教晚祷礼仪的常用诗歌,至今仍然是希腊、前南斯拉夫和俄罗斯教会的晚祷词。

这个时期的文学也获得了长足的发展,文化救国的热情跃然纸上。由于君士坦丁堡的沦陷,云集在尼西亚帝国的拜占庭学者们对政治问题给以极大的关注,最有代表性的作品是布雷米狄斯的《皇帝的形象》。这部著作是他写给他的学生、皇太子塞奥多利的论文,描述了一位理想的开明君主的形象。他把君主的政治素质摆在首位,提出皇帝"是上帝派往人间的最高官员",首先应关心臣民的利益,照顾百姓的冷暖,并以身作则,为臣民树立榜样,引导百姓到达尽善尽美的境地。作为一邦之主,君主应成为人民的后盾和支柱,应特别注意军队建设,和平时期应居安思危,随时备战,因为对臣民最有力的保护就是国家的武装力量。皇帝还应特别关注国家的组织建设、关心宗教问题、完善司法制度,以法治国。布雷米狄斯的主张反映出尼西亚帝国知识界希望通过开明君主的领导,实现驱除拉丁统治者、光复拜占庭帝国的目标的思想。历史作品也成为这一时期重要的文学成就。例如,布雷米狄斯的学生和塞奥多利的另一位老师阿克罗颇立塔曾撰写了尼西亚帝国的断代史,记述了十字军征服君士坦丁堡及其后的历史事件。由于作者为其所记述事件的直接参与者,且因为其特殊身份可以接触大量宫廷文献,其作品的可靠性和记述的合理性大大提高了它的历史价值。各种形式的文学作品纷纷涌现,极大地丰富了这一时期的拜占庭文学的内容。除了大量优美的宗教诗歌和葬礼词外,出现了浪漫叙事诗,它冲破了只歌颂上帝的宗教文学的限制,描写爱情,讴歌人的真实情感。在匿名作者的《伯商德罗斯和赫里尚查》中,作者描写了年轻王子伯商德罗斯在浪迹天涯时误入"爱之堡"仙境,知道他未来的爱人是赫里尚查。于是,当他在安条克王国见到公主赫里尚查时,一见钟情,与公主双双堕入情网。不幸的是,国王反对他们的婚事,并在他们约会的时候将伯商德罗斯抓住,于是,他们以智慧和勇气克服种种困难,逃离国王的追捕,最终回到祖国,这对恋人终成眷属,并继承了王位。

这里值得一提的是,尼西亚帝国文化发展过程中表现了明显的恢复古典文化的特点。当时的学者特别崇尚古典的希腊文化,他们不仅在国家的支持下收集和整理古典作家的作品,而且在文学创作和教育活动中研究和使用古代作品。布雷米狄斯进行哲学研究的主要对象是亚里士多德,他的《简明物理学》和《简明逻辑学》即是以亚里士多德的作品为蓝本。阿克罗颇立塔的历史作品则模仿了修昔底德的《伯罗奔尼撒战争史》。尼西亚帝国的复古之风对巴尔干半岛地区的知识界产生了深刻的影响,伊庇鲁斯的著名学者奥博考库斯就是古典文化的热情崇拜者,他对荷马、阿里斯多芬、修昔底德、亚里士多德等古希腊作家的作品极为熟悉,并模仿他们的作品进行创作。尼西亚帝国的文化繁荣增强了民族复兴的凝聚力,提高了它作为拜占庭人驱逐和抵抗拉丁人统治、复兴拜占庭国家的中心地位,极大地加强了拜占庭希腊民族的自信心,并有力地促进了以尼西亚帝国为主力的推翻拉丁帝国的政治斗争。

推翻拉丁帝国统治的拜占庭势力从巴尔干地区东、西两个方向打击原本就十分虚弱的拉丁帝国政权。拉斯卡利斯王朝首先致力于建立小亚细亚根据地,尼西亚军队主要开展了肃清小亚细亚的拉丁骑士的攻势,并利用各种机会争取首先占领君士坦丁堡。第一次机会出现在1216年6月拉丁帝国皇帝亨利去世之际。当时,拉丁帝国的皇位由亨利的妹夫彼得伯爵(1217—1219年在位)继承,罗马教宗也为之加冕。但是,他在前往君士坦丁堡赴任途中被伊庇鲁斯专制君主国的军队俘获,不久病逝于监狱。皇帝塞奥多利乘机与彼得遗孀尤兰德(1217—1219年在位)谈判,并娶彼得之女玛利亚,企图通过政治联姻重新入主君士坦丁堡。同时,他派遣以弗所市长尼古拉斯与教宗的代表谈判东西教会消除分歧、联合统一问题,为名正言顺地恢复对君士坦丁堡的控制铺平道路。此后,塞奥多利又将女儿嫁给拉丁帝国皇帝。但是,正当这一系列活动紧张进行之际,塞奥多利不幸去世,从而中断了希腊人"和平演变"的努力。

约翰·瓦塔基斯皇帝在加强内部调整和建设的同时,频繁出击,先后攻占了爱琴海主要岛屿,如莱斯伯斯岛、休斯岛、罗得岛、萨莫斯岛和伊卡里亚岛。在此基础上,尼西亚军队攻入色雷斯,受到拜占庭居民的热烈欢迎,几乎未遇抵抗地占领了色雷斯全境。与此同时,伊庇鲁斯专制君主国的军队从西向东进攻,夺取塞萨洛尼基城,灭亡了塞萨洛尼基王国。此时,如果两支希腊军队联合作战,全力进军君士坦丁堡,则有可能完成重新夺取君士坦丁堡的共同事业。为此，瓦塔基斯也曾作过努力，可惜的是，伊庇鲁斯专制君主塞奥多利担心胜利后皇权可能落入拉斯卡利斯家族之手，因此挑起争夺最高领导权的内讧，并向尼西亚军队进攻，迫使瓦塔基斯退出巴尔干半岛，进而使拉丁帝国皇帝得以联合保加利亚沙皇阿森二世（1218—1241年在位）对拜占庭人进行反击，断送了重新夺取君士坦丁堡的大好时机。形势的变化迫使尼西亚帝国必须暂时搁置恢复拜占庭帝国的计划，而首先进行统一希腊各派力量的工作。在此过程中，尼西亚国家采取静观其变、坐山观虎斗的策略，即在拜占庭人各派斗争中采取消极防御的方针，在巴尔干半岛各种力量的角逐中"退避三舍"，等待其他派别自相削弱力量，而后坐收渔人之利。而挑起内讧从而葬送了复国良机的塞奥多利不久也受到了命运的惩罚。

伊庇鲁斯专制君主国是由科穆宁王朝远亲后裔米哈伊尔于1205年建立的。起初，他利用巴尔干半岛混乱局面控制了希腊西北部临近亚得里亚海的伊庇鲁斯山区，而后逐渐向马其顿地区扩张。1216年，第二任专制君主塞奥多利（1215—1230年在任）派军队占领了拉丁骑士伯尼法斯控制下的塞萨洛尼基，并侵入色雷斯西部地区，与尼西亚军队发生冲突。塞奥多利为扩张自己的势力，与保加利亚沙皇阿森二世结盟，企图称霸巴尔干半岛，控制各派拜占庭希腊人反拉丁统治力量。然而，阿森的野心是建立包括原拜占庭帝国领地和多瑙河南岸地区的大保加利亚王国，他出尔反尔、背信弃义地与拉丁帝国皇帝结盟，并将女儿许配给拉丁帝国小皇帝鲍尔温二世（1240—1261年在位），企图不动干戈，坐享皇权。于是，伊庇鲁斯军队便与保加利亚军队反目为仇，1230年，双方在马利卡河流域的

保加利亚沙皇阿森二世

科洛克尼察战役中进行血腥厮杀,伊庇鲁斯全军覆灭,塞奥多利被俘。为了报200多年前拜占庭皇帝瓦西里二世残害保加利亚人之仇,阿森将塞奥多利双眼刺瞎释放。保加利亚军队则乘胜进军,夺取色雷斯、马其顿和伊庇鲁斯大部分地区。伊庇鲁斯专制君主国从此急剧衰落,不久便被迫加入巴尔干半岛反保加利亚人大同盟,并承认尼西亚帝国的盟主地位。1236年即位的塞奥多利之子约翰放弃对皇帝权力的要求,承认尼西亚帝国的宗主权。1246年和1252年,尼西亚军队两度平息伊庇鲁斯复辟势力的反叛,占领了巴尔干半岛大部分地区。

保加利亚王国当时也是巴尔干半岛一霸,势力强大,控制着拉丁帝国与西欧母邦的陆上通道。为了实现建立大保加利亚王国的梦想，沙皇阿森二世先与伊庇鲁斯专制君主国结盟，而后弃友投敌又与拉丁帝国结盟，企图通过政治联姻吞并虚弱的拉丁帝国。当拉丁帝国皇帝鲍尔温意识到保加利亚人的阴谋时，立即中断盟约，采取了敌视保加利亚的政策，并积极促成巴尔干各国反保大同盟，承认尼西亚帝国的盟主地位。瓦塔基斯皇帝则极力挑起巴尔干地区各派势力的相互斗争，因此，他与保加利亚和新兴的塞尔维亚人结盟，策动他们向拉丁帝国进攻。最终，反复无常的保加利亚人再度中断与尼西亚帝国的友好关系，准备向色雷斯进攻。这时，西征的蒙古人侵入东欧和巴尔干半岛，其强大的骑军所向披靡，所过之处一片焦土，俄罗斯、波兰、波希尼亚、摩拉维亚、匈牙利以及多瑙河下游地区全部沦陷，保加利亚人也被迫纳贡求和。尼西亚帝国皇帝约翰三世立即主动结好蒙古人，利用保加利亚人势力衰落的机会，稳固其在巴尔干半岛的权力，对拉丁帝国构成南北夹攻之势。这样，尼西亚的拜占庭军队已经具备了夺取君士坦丁堡的一切必要条件。

时势造英雄。1261年，拉斯卡利斯王朝末代皇帝约翰（1259—1261年在位）统治时期，大权旁落，他即位时年仅7岁，朝政由时任摄政王的科穆宁王朝后裔、帕列奥列格家族的米哈伊尔掌握。这个米哈伊尔心狠手辣，继承了前代科穆宁、杜卡斯和安茞鲁斯王室血缘中的狡诈成分，天生精明，在五兄妹中最有心计，不仅涉猎广泛，而且对拜占庭帝国兴衰得失有深刻了解。为了重振王朝大业，他自青年时代即投身军界，广交朋友，建立贵族私党和效忠于他个人的军队。他表面上温文尔雅，平易近人，但内心狠毒无情。1258年，他利用幼主约翰无知，联合贵族发动军事政变杀死摄政王乔治·木扎伦,取而代之,并自任"专制君主"职,次年成为共治皇帝,为建立新王朝作好了准备。1259年,他在帕拉格尼亚平原打败支持拉斯卡利斯王朝的贵族叛乱,确定了其不可动摇的强权地位。此后,米哈伊尔致力于夺回君士坦丁堡的最后准备,并依靠热那亚舰队的帮助,将其心腹战将阿莱克修斯将军率领的800人巡逻部队派往色雷斯前线地区,冒险侦察保加利亚人的动静。他们完成任务返回尼西亚途中,在故都居民的帮助下混进城门,兵不血刃地占领了君士坦丁堡。拉丁帝国末代皇帝鲍尔温二世闻讯慌忙乘小船逃走。1261年8月15日,米哈伊尔八世举行光荣的入城典礼。失陷了半个多世纪的君士坦丁堡重新回到拜占庭希腊人手中,拜占庭帝国似乎重新站立起来。为了防止大权旁落,他刺瞎了小皇帝的双眼,强娶小皇后,建立了新王朝。

米哈伊尔八世

尼西亚帝国的历史证明,衰落中的拜占庭国家是有可能扭转颓势,重振雄风的,衰落并不一定灭亡,其中关键在于以皇帝为首的拜占庭统治集团能够卧薪尝胆,像尼西亚帝国诸位皇帝一样,推行正确的自救图强政策,凝聚民心,充分利用天时地利的优势,改写历史。可惜的是,末代王朝缺乏这样的明君,皇族没有雄才大略的帝王,一群酒囊饭袋的平庸之辈,错过了多次历史机遇,最终把拜占庭帝国推向了灭亡。

十三
"西西里晚祷"

1282年3月30日复活节,地中海中部的西西里岛巴勒莫全城教堂敲响了晚祷钟声,激昂愤怒的人群冲向所有法国官员和士兵,充当信使的流浪汉们将起义的信息迅速传到西西里各地,人们奔走相告,大规模的民众起义爆发了。原来,在巴勒莫附近的一所教堂,一个风流的法国官员在众目睽睽之下勾引一名漂亮的妇女,怒火中烧的丈夫拔刀当场杀死了法国官员。不可一世的法国人认为此事非同小可,当即集结报复,此事立即引发仇恨法国人的西西里民众压抑已久的愤怒,"杀死法国佬"成为所有起义者的口号,他们大肆屠杀惊慌失措的法国人和亲法分子,抢劫法国贵族高官的豪宅,攻击法国商人客栈和码头,砸毁法国教堂和修道院,迫使法国驻守当地的总督出逃。随即,起义者宣布建立独立的人民公社,接管全岛公共事务。这就是地中海历史上著名的"西西里晚祷"事件。消息传到遥远的君士坦丁堡,皇帝米哈伊尔长长出了口气,立即下令举行宫廷宴会加以庆祝。拜占庭皇帝为何为西西里民众起义感到欢欣鼓舞?这背后隐藏着多少不为人知的关系?

原来,正是这个拜占庭皇帝米哈伊尔一手导演了这出历史大戏,是他出钱积极活动,暗中促成了法国安茹王朝在西西里统治的全面崩溃。当初,重新回到君士坦丁堡的米哈伊尔满心欢喜,但不久他发现重新入主古都后面临的问题太多,此时的拜占庭国家比刚刚被它推翻的拉丁帝国政权强大不了多少。虽然他足智多谋、心狠手辣,且使出浑身解数,企图恢复帝国的实力,重建帝国的威严,但终因问题成堆、积重难返而难有建树。老辣的皇帝很清楚,帝国已经不是"帝国",它已经下降到二等小国的地位,大事做不了,只能处于守势。米哈伊尔八世重回首都后,拜占庭国家面临西方和北方强

"西西里晚祷"。19世纪作品

敌的威胁,特别是刚刚被推翻的拉丁帝国残余势力正在大肆进行复辟活动,这对于立足未稳的新王朝来说不啻为悬挂在头上的"达摩克利斯利剑",使他感到无时不在的恐惧。可以说,复辟与反复辟是新王朝面临的第一个生死攸关的斗争。

复辟派一方以原拉丁帝国末代皇帝鲍尔温二世(1240—1261年在位)为首,他侥幸逃窜到西方,勾结西西里王安茹的查理(1265—1285年在位),联合反拜占庭人的巴尔干国家,如塞尔维亚、保加利亚、残留在希腊半岛的拉丁人势力和伊庇鲁斯专制君主国,结成反拜占庭同盟,并发动过一次旨在复辟拉丁帝国的十字军征伐。查理于1268年成为西西里国王时,曾得到教宗乌尔班四世的支持,因为后者急于使西西里摆脱德意志霍亨斯陶芬家族的统治。不过,西西里人民憎恶安茹朝统治者,而查理本人对西西里人也没有什么兴趣,他主要的目标是利用西西里岛作为其建立地中海帝国的前哨站。他在那不勒斯设立首府,还到西西里进行视察,为了征服德皇腓特烈二世死后接管西西里的继承人曼弗雷德,派遣军队洗劫过该岛,埋下了当地人仇恨的种子。在后来进行的大清洗中,查理罢免了所有西西里官员,代之以法国官员,还支持法国地主取代西西里地主,招致更深的愤怒。尽管查理统治期间社会秩序更好些,商业贸易更活跃些,但是安茹朝蔑视当地传统,政治上歧视和经济上压制的政策却导致西西里人普遍的不满,在家族势力强大的西西里,不满和仇恨就意味着杀戮。到1282年时,野心勃勃的查理已经身兼西西里、耶路撒冷和阿尔巴尼亚王,担任普罗旺斯和法国驻其他属地的总督,兼任希腊区和突尼斯领主,这距离他成为整个地中海地区统治者的野心还差一步:即征服拜占庭帝国。他因此与鲍尔温一拍即合。

反复辟势力的首领米哈伊尔(1259—1282年在位)对此展开积极的外交活动加以对抗,一方面主动向教廷派遣使节,提出重新开始关于东、西方教会统一问题的谈判,表示愿意领导东正教教会服从教宗,以此分化教宗和查理的关系,另一方面紧紧抓住查理之兄、法王路易九世(1226—1270年在位),主动遣使结好,并投其所好,馈赠许多希腊古代手稿和文物,同时,以谦卑的姿态请法王仲裁东、西教会之间的争论,从而赢得路易的好感,后者因而多次出面阻止其弟安茹朝查理的东侵计划。最后,米哈伊尔八世与埃及苏丹和西班牙阿拉贡国王进行秘密谈判,出钱资助阿拉冈国王彼特罗三世

（1276—1285年在位）远征西西里，以便阻止查理对"西西里晚祷"起义者进行镇压，进而击败查理，彻底粉碎西欧骑士的复辟阴谋。

这个彼特罗三世说起来还与安茹朝查理沾亲带故，只是因为后者追求权力的野心太大才导致两人反目。由于彼特罗的妻子康斯坦茨是德意志霍亨斯陶芬家族的公主，因此是西西里王位的合法继承人，而彼特罗的重臣约翰也曾在德皇腓特烈二世和曼弗雷德手下担任要职，他们都与西西里关系密切，成为查理的死敌。拜占庭皇帝米哈伊尔将这些分散的势力联合起来，私下里暗算张牙舞爪的查理，同时积极推动彼特罗向西西里派遣密探，煽动和协助起义军。起义爆发后，就是西班牙特使促成巴勒莫起义者宣布成立独立公社，也是他们劝阻起义者放过法国总督威廉，将后者驱逐回法国的

米哈伊尔八世像

普罗旺斯。当起义不断蔓延到西西里各地,大小城乡宣布独立时,阿拉贡人在支持西西里人民继续战斗中面临资金不足,起义军因此派人向拜占庭皇帝请求援助。于是,米哈伊尔出钱资助彼特罗率领西班牙军队进入西西里,正是在巴勒莫,西班牙王被拥立为西西里王,阿拉贡王后康斯坦茨担任摄政。"西西里晚祷"事件沉重地打击了安茹朝查理,眼见起义军节节胜利,阿拉贡人掌控西西里,他一病呜呼,其地中海王国计划胎死腹中,鲍尔温复辟拉丁帝国的梦想也就此烟消云散。

应该说,在拜占庭帝国末代王朝的10位皇帝中,米哈伊尔属于聪明狡诈的外交家,他在位时期拜占庭外交活动还具有某些灵活性。他除了巧妙周旋在西欧各种政治、宗教势力之间,利用他们的矛盾和利害冲突,达到巩固新王朝统治的目的外,还摆脱宗教信仰的束缚,大胆开展对东方各国的外交活动,遣使于蒙古军队统帅旭烈兀,主动结好,并与马木路克王朝和金帐汗国结成同盟,为维护拜占庭帝国在亚洲和东地中海地区的势力创造有利条件。但是他一死后局势立即恶化。

末代王朝的皇帝们似乎都昏了头。自1341年以后,该朝的外交政策变得飘忽不定,忽而亲土耳其,忽而亲西欧,左右摇摆,失去了外交政策的稳定性和独立性。特别是在皇族内战"两约翰之战"进行期间,交战双方为了各自的利益,向强大的保加利亚军队和土耳其军队求援。当时,尚在迅速发展初期的奥斯曼土耳其人完全控制了小亚细亚地区,正在寻找进入欧洲的机会,这一外交政策恰恰为之提供了正当理由。1345—1356年间,土耳其人先后5次对巴尔干半岛大规模增兵。约翰六世为巩固其傀儡皇帝的地位,还于1346年将亲生女儿塞奥多拉许配给奥斯曼土耳其苏丹乌尔罕（1326—1362年在位）。约翰五世则在西欧人雇佣兵的帮助下击败其岳父约翰六世，并对西方国家充满幻想，企图依赖西方援军稳固统治。1366年和1369年，他先后前往匈牙利和罗马，企图说服西方君主再次发动援助东方基督徒的十字军，但结果使他大为失望。西欧封建领主们不仅没有响应他的求救呼吁，反而对他大敲竹杠，威尼斯人甚至以其赖账为由将他扣押在威尼斯。1371年以后，他步约翰六世的后尘，投靠土耳其苏丹，缴钱纳贡，送交人质，甘心情愿地成为奥斯曼土耳其帝国的附属国。

也真是难为了末代王朝的皇帝们，他们沦落到了无依无靠的地步。在奥斯曼土耳其人咄咄逼人的压力下，曼努埃尔二世皇帝再度推行亲西方的外交政策，千方百计乞求西欧国家的救援。当时奥斯曼土耳其人已经扫清了占领君士坦丁堡的一切障碍，完成了灭亡拜占庭帝国的准备工作。新苏丹巴耶札德（1389—1402年在位）通过一系列战争，征服了整个小亚细亚和巴尔干半岛地区，并组建了庞大的舰队控制爱琴海，使拜占庭人龟缩在君士坦丁堡城内。在此背景下，曼努埃尔二世只能将得救的希望寄托于西欧国家。他先是请求威尼斯人向被封锁的首都运送粮食，以缓解城中发生的饥荒，而后向包括教宗、法、英、阿拉贡、威尼斯在内的西方国家和俄国求援，但得到的只是各国君主的口头响应，俄国人的金钱支援和法国人派来的1200人骑兵根本不足以挽救拜占庭帝国。于是，曼努埃尔二世在法国将军布希考特的陪同下前往西欧进行了为期三年半的游说活动，但是得到的几乎全部是空洞的许诺。

皇帝约翰八世（1425—1449年在位）也是平庸之辈，不思自救，

曼努埃尔二世

只会求援,他先后访问了威尼斯、匈牙利和米兰,费时一年。其实,这些皇帝已经绝望了,他们在西欧的游说活动多半带有旅游消遣性质,否则也不会不顾都城的危亡用如此长的时间逗留在那里。他在位期间,土耳其人正经历被蒙古大军击败、国内骚乱的局面,在大约一代人期间,这位皇帝没有采取任何图强自救的措施。1438年,他率领包括东正教大教长约瑟芬二世在内的东正教教会代表团再赴西欧,参加教宗主持召开的佛罗伦萨宗教会议,签署"佛罗伦萨东、西教会统一协议",企图以此推动教宗尤基尼乌斯(1431—1447年在位)发动反土耳其人的十字军东征。1444年,由匈牙利、波兰和罗马尼亚等国军队组成的十字军在匈牙利国王弗拉迪斯拉夫(1434—1444年在位)统率下于瓦尔纳战役中遭到重创,全军覆灭,弗拉迪斯拉夫阵亡。这次东欧人抵抗奥斯曼土耳其扩张、挽救拜占庭帝国的最后尝试以失败告终,也彻底绝了约翰八世最后的念头,他停止了外交努力,听凭命运之神的摆布,消极等待最终末日的来临。

末代王朝的活动充分说明,弱国无外交,作为小国的拜占庭外交政策没有自主性,只能随着当时西亚和欧洲、特别是小亚细亚和巴尔干半岛形势的变化而变化,只能在国际形势的惊涛骇浪中随波

平庸的拜占庭末代皇帝

逐流。不仅如此,该王朝皇帝们内政外交的错误对整个形势的恶化也起了推波助澜的负面作用。其外交活动没有成为强化内部改革的补充,也没有为加强国力提供外部条件,而只是成为他们寻求援助和救护的渠道。在该王朝统治的近200年期间,人们几乎找不到任何旨在富国强兵的措施,甚至还不如尼西亚流亡政府,后者曾成功推行了军事和土地改革,恢复了军区制,但都被末代王朝废止了。他们错过了从内部救亡的良机,堵塞了从内部解决边防问题的可能性。特别是该王朝多位皇帝引狼入室,加剧了拜占庭国家的衰落,耗尽了这个弱国最后的元气。留给末代皇帝君士坦丁十一世(1449—1453年在位)的是一个彻底绝望的空架子,他能做的除了战死沙场外就是流亡或投降。这位皇帝也许并不昏庸,但是他怎么也想不明白帝国的气数为何就耗尽了,他企盼的"奇迹"为什么不能落在他身上。

十四

苟延残喘

十四 苟延残喘

"奇迹"不是没有光顾拜占庭人,半个世纪以来,上帝的恩典也多次降临这个不幸的国度,但是帕列奥列格王朝长达192年的统治期间,拜占庭人实在无所作为。在两代人的比拼中,奥斯曼土耳其人生龙活虎,百折不挠,而拜占庭人萎靡不振,苟延残喘,前者最终获胜,后者最终灭亡,其结果顺理成章,历史趋势不可逆转。

当时的拜占庭帝国已经名不副实,国家政治混乱、经济衰退、社会动荡、军队瓦解,列强任意欺辱,外敌肆意蹂躏。所谓帝国的领土仅包括君士坦丁堡及其郊区、塞萨洛尼基、莫利亚、塞萨利和靠近色雷斯海岸的利姆诺斯岛。还有一些名义上归属拜占庭帝国的领地,实际上独立于帝国朝廷,例如远在黑海南岸的特拉比仲德、巴尔干半岛西部的伊庇鲁斯专制君主国,它们有时甚至与中央政府对抗。在这些零散的领土之间,散布着保加利亚、塞尔维亚、土耳其等外族敌对势力。

帝国首都君士坦丁堡也已经破败得不成样子。据当时慕名而来的西班牙旅行家皮罗·塔夫记载,君士坦丁堡城内完全不像城市,到处是已经种了庄稼的农田和菜地,人们只能从坍塌的房屋和许多巨大的宫殿、教堂和修道院的废墟上想象它昔日的繁荣,"被人称为'天堂'的教堂如此破败不堪,已经无法修复。破烂的码头一定曾十分繁忙,因为即使在今天还能停泊大量船只。皇宫也一定曾宏伟辉煌,但如今它和整个城市都败落了,成了人们遭受罪恶和放纵罪恶的场所"。在空旷的城区里,为数不多的居民衣衫褴褛、面露菜色,在贫困的生活中挣扎。政治上的分裂和中央集权的瓦解是这个时期最明显的特征,昔日组织严密的中央政府和地方管理体制完全瓦解,机构形同虚设,人员急剧减少,无事可做,朝廷政令不出京城,

拜占庭阿帕梅亚古城遗址

皇帝说话也没人理会。即便是那些分散在巴尔干半岛和小亚细亚的省份也几乎成了独立国家,它们除了承认君士坦丁堡的宗主地位外,和中央政府没有其他联系,既不纳税也不提供士兵。皇室成员分封土地加剧了政治分裂,塞萨洛尼基和莫利亚都成为皇帝兄弟们的领地,拥兵自重,各自为政,有时相互大打出手,血腥厮杀。

政治混乱加速整个国家崩溃,经济活动停顿,特别是农业经济在内乱和外敌入侵的双重打击下几乎被完全摧毁,其结果是掏空了物质基础,一方面国家传统的农业税收因此全部丧失,另一方面,传统的以谷物和农副产品为主要商品的国内贸易完全消失。尼西亚帝国时期一度恢复的军区制再度消失,不仅由于外敌侵蚀,土地资源急剧减少,使国家无地可以用来屯田,而且由于居民逃亡,人口大量流失，使军队无人可以用作农兵。可世袭的"普罗尼亚"土地继续成为一种承担某些义务的不可转手的地产，但是这类土地世袭转手的情况日益增多，意味着最初的制度已经发生了极大的变化，表明中央集权越来越衰弱，迫使朝廷对大封建贵族不断让步，因此它成为农民农奴化的标志。过去作为拜占庭帝国谷仓的富庶农业地区，如小亚细亚和色雷斯地区大多沦陷于保加利亚和土耳其人之手，拜占庭人能够控制的地区则因内战和外敌入侵以及外国雇佣军的破坏，成为无人耕种的荒凉地区。由国家直接控制的纳税小农纷纷托庇于新兴的大地主和地方贵族。

末代朝廷几乎没有收入，致使货币持续贬值，国库空虚，宫廷开支无以为继，靠变卖皇家剩余领地和借款度日。约翰五世（1341—1391年在位）就把达达尼尔海峡入口处的泰尼多斯岛以35000杜卡特（威尼斯金币）卖给威尼斯人，他还以25000杜卡特和几条战船为代价将皇冠抵押给威尼斯人。安娜皇后也下令将宫中金银器皿熔化铸造货币，应付财政危机。皇宫礼仪庆典虽然还继续维持，但其"金玉其外败絮其中"的可悲情景被当时的史官记载下来。像约翰五世的婚礼这样的重大庆典也不得不简单操办，场面十分寒酸，整个王宫"连金银杯盘都没有，一些杯盘是锡制的，其余的用陶土制成"，"婚礼上皇帝穿戴的衣帽礼服装饰也仅有黄金宝石的样子，其实都是染上金色的皮革，或饰以彩色玻璃……到处可见类似具有天然魅力的宝石和绚丽多彩的珍珠一样的东西，但是，这些都骗不过众人的眼睛"。

朝廷为维持大笔开销，通过增加税收和新税种等手段加重对税户的剥削，但仍然于事无补。14世纪时，拜占庭年收入不足12700

金币,仅相当于中期拜占庭年收入的2.18%。拜占庭曾经具有极大优势且获利巨大的国际贸易在帕列奥列格王朝时期几乎完全终止,商业贸易垄断权也几乎全被热那亚和威尼斯等意大利商人摄取。位于君士坦丁堡北部郊区的加拉大商业特区成为热那亚和威尼斯控制拜占庭商业贸易的殖民区。拜占庭帝国曾获利最多的"黄金角"的港湾里,来自意大利、西班牙、法国、英国和东方的商人大多与热那亚和威尼斯商人作生意,而少数希腊富商惯于偷税漏税,政府从贸易中得不到任何利益。热那亚共和国早在帕列奥列格王朝统治初期就获得了贸易特权,包括进出口免税权,在加拉大设立商业殖民区权,在爱琴海诸岛开办工厂和设立商站权,以及垄断黑海贸易权等。威尼斯共和国后来也得到同样特权。拜占庭金币在此期间不断贬值,其国际货币的地位逐渐被意大利城市共和国的金币所取代。有学者观察道,"金币进一步贬值,结果其稳定的国际信誉最终被摧毁。自13世纪中期以后,一度在国际贸易中享有毫无争议巨大影响的拜占庭金币逐渐被新的金币即意大利城市共和国的'货币'所取代。"

最严重的危机莫过于军队的瓦解。土地资源的减少和人口的流失直接造成兵源枯竭,军队士兵无以为继。当局被迫在内、外战争中大量使用雇佣兵。当时在拜占庭帝国领土上为金钱而战的外国雇佣兵来自欧洲各地,包括西班牙卡塔兰人、土耳其人、热那亚人、威尼斯人、保加利亚人、塞尔维亚人、盎格鲁—撒克逊人、瓦兰吉亚人等。他们名为士兵,实为匪徒,在帝国城乡肆意妄为,稍有不满即大动干戈,无情洗劫当地居民。特别是在拜占庭政府无力支付其高额军饷时,他们的洗劫就更为彻底,抢劫的范围更大。拜占庭海军与陆军同时衰落,中央政府无钱建造战舰,只能依靠热那亚和威尼斯人的舰队,其代价是彻底丧失了在爱琴海、黑海和地中海的全部利益,意大利城市共和国控制了上述海区。

末代王朝皇帝们对这些灾难无能为力,他们最感头疼的是剧烈的社会动荡。大地主贵族的兴起和农民的破产使拜占庭社会贫富差距迅速加大,形势的恶化首先将贫苦农民推入绝境,他们被迫沦为大地主的农奴,其处境极为悲惨,成为社会的最底层,他们为了活命涌入城市。在城市里,两极分化的现象也进一步加剧,中等的业主经受不住大商人和高利贷者的盘剥,迅速下降为干体力活的工匠,手工业工匠和雇佣工人则因失业沦为贫民,各个城市都充满了流浪汉和乞丐。拜占庭城乡各地人民起义此伏彼起、愈演愈烈。在广泛的人民起义中,富人和穷人、贵族和平民、官吏和百姓、不同族群间的矛盾冲突极为剧烈,1328年君士坦丁堡人民起义迅速蔓延全国,下层民众将贵族作为攻击的目标,富人的宅院大多遭到起义者的洗劫。1341年全国性的人民起义再次爆发,其中塞萨洛尼基的人民运动最具代表性。

当时的塞萨洛尼基是拜占庭最活跃的商业中心,其繁荣程度超过了君士坦丁堡。但是,巨大的商业利益几乎完全被一小部分富有的贵族所吞食,包括小业主、零售商、小农、工匠、雇工和流浪者在内的中下层人民生活状况不断恶化,不能从城市商业利益中获得任何好处。因此,下层民众的不满与日俱增,任何事件都可能引发大规模的骚乱。1341年,塞萨洛尼基爆发人民起义,并迅速引发全国性的骚乱。起义民众洗劫了贵族和大商人,杀死积怨最大的城市官员。次年,起义民众在"狂热派"领袖阿莱克修斯和米哈伊尔领导下将贵族和富人赶出城市,建立了"塞萨洛尼基共和国"独立政权,多次击退皇帝军队的进攻。尽管这次起义与当时皇族内部争夺皇权的内战有密切关系,但是,人民群众在起义中对城市上层阶级的打击非常沉重,特别是1346年起义民众对城中贵族残余势力的再度屠杀,很清楚地表明当时拜占庭社会阶级矛盾达到不可调和的程度。这次起义一直延续了九年多,是拜占庭历史上规模最大、持续时间最长、影响最深远的人民起义。

末代王朝的皇帝们昏庸无能,腐败透顶,不仅不能有效遏制内、外危机,相反,皇室成员为争夺皇帝权力进行的长期内战加速国家的衰败,他们对拜占庭帝国最终灭亡起了推波助澜的作用。帕列奥列格王朝统治时期,帝国政治生活的主要特点是皇室内部斗争异常激烈且长期不断,先后爆发了"两安德罗尼库斯之战""两约翰之战"和"约翰祖孙之战"。

"两安德罗尼库斯之战"是老皇帝安德罗尼库斯二世(1282—1328年在位)与其孙子安德罗尼库斯三世(1328—1341年在位)之间长达八年的内战。战争起因于纯粹属于偶然发生的皇室内部矛盾。当时,儿孙满堂的安德罗尼库斯二世特别宠爱其长孙小安德罗尼库斯。但恰恰由于老皇帝对他自幼娇宠放纵,使这个聪明过人、精力充沛的皇太子养成游手好闲、为所欲为的恶习。其青年时代即是在走马放鹰、纸醉金迷的宫廷生活中度过的。老皇帝曾多次对他进行规劝,但他恶习难改,背着皇帝与拜占庭商人的竞争对手热那亚人合伙作起投机买卖,并私结党羽要挟皇帝封赐土地。这使安德罗尼库斯二世极为恼火,但对他还是奈何不得。皇帝尚且如此,各级官员更不敢过问,从而进一步助长了他为所欲为的气焰。1320

年,小安德罗尼库斯发现其弟曼努埃尔与自己的情妇有染,怒火中烧,暗中雇佣杀手将亲弟弟杀害。此事传出后,他的父亲、当时的同朝共治皇帝米哈伊尔九世(1294/5—1320年在位)悲痛欲绝,一命呜呼。老皇帝大为震怒,下令将其孙子投入监狱,并当即废除了小安德罗尼库斯的太子资格,另立皇帝继承人。小安德罗尼库斯获释后立即与私交甚深的大贵族约翰·坎塔库震努斯密谋反叛,从而揭开了内战的序幕。

安德罗尼库斯二世

安德罗尼库斯三世

叛军首先集结在君士坦丁堡西部重镇亚得里亚纳堡,而后向首都挺进。老皇帝惊慌失措,提出议和,答应孙子的要求,甚至提议自己退位、隐居为僧。但是,在交战双方签署了划分地界、东西分治的协议后,老安德罗尼库斯单方面撕毁协议,发兵进攻小安德罗尼库斯,使皇太子一度陷入绝境。在此危难之时,大贵族约翰·坎塔库震努斯对小皇帝出以援手,出钱帮助他重整旗鼓,招兵买马,向君士坦丁堡进军。为了赢得民心,叛军提出轻徭薄赋、减免税收,因此受到人民普遍欢迎,塞萨洛尼基人开城迎接,并将老皇帝拟封为太子的君士坦丁抓起来交给小皇帝。在人民的支持下,小安德罗尼库斯击败了安德罗尼库斯二世派来的土耳其人雇佣兵,迫使老皇帝订立城下之盟。协议确定了小安德罗尼库斯皇太子和皇帝继承人的地位,条件是他承认祖父的皇权。老皇帝亲自为其孙加冕,战争似乎有了圆满的结果。事实上,这是老皇帝采取的缓兵之计,他暗中准备发起新的进攻。当准备完成后,老皇帝开始迫害小皇帝的亲信,并禁止后者返回首都。安德罗尼库斯三世在好友约翰的再度资助下,立即在马其顿地区发动进攻,大败其祖父,而后未经战斗便占领了首都,迫使老皇帝退位。这场内战不仅使本来就极为衰弱的中央集权遭到彻底削弱,而且更为危险的是内战双方都投靠或借助某个强大的外国势力,老安德罗尼库斯与土耳其人和塞尔维亚人关系密切,而小安德罗尼库斯则与保加利亚人结盟,从而为外敌分割拜占庭利益提供了充足的借口。

"两约翰之战"更是引狼入室,认贼作父。这场内战是由大贵族约翰·坎塔库震努斯发动的。他在安德罗尼库斯三世统治时期,曾任宰相和军队总司令,其军事素养和政治家及外交家的才能得到充分发挥,在内政和外交方面都取得一些成就,以至安德罗尼库斯三世临终前"托孤",甚至希望他登基称帝。但坎塔库震努斯坚决不受,发誓全力扶助时年9岁的小皇帝约翰五世(1341—1391年在位)。但是,安德罗尼库斯三世死后仅四个月,皇后安娜和大教长约翰等人便设计陷害坎塔库震努斯,迫使他起兵反叛,这样,以皇后安娜为一方,以约翰·坎塔库震努斯为另一方的内战便爆发了。战争一开始,交战双方都拼命勾结外国势力。安娜依靠保加利亚军队,击败约翰·坎塔库震努斯对亚得里亚纳堡的进攻,而后者则凭借强大的家资雇佣的塞尔维亚人和土耳其人军队在色雷斯和马其顿地区与皇家军队展开拉锯战。随着战事的激化,安娜向其母邦意大利萨伏依王国请求派遣十字军骑士,并勾结塞尔维亚国王从背后打击坎塔库震努斯。后者被迫勾结奥斯曼土耳其人,最终赢得了战争第一阶段的胜利。1347年,他强迫约翰五世娶其女儿海伦娜为妻,在承认小皇帝约翰五世的前提下,自立为共治皇帝,称约翰六世(1347—1354年在位)。

内战仍在继续。各地贵族纷纷效仿两个约翰皇帝的做法,勾结强大的外国势力为靠山,塞萨洛尼基人甚至准备开城迎接塞尔维亚国王斯迪芬(1331—1355年在位)。皇帝约翰六世由于没有足够的兵力,不得不大量雇佣奥斯曼土耳其人军队。1351年,已经成年的约翰五世起兵进攻其岳父约翰六世,意在恢复帕列奥列格王朝的正统地位,由此再度开启内战。他首先与当时巴尔干半岛最强大的势力塞尔维亚人结盟,而后出兵迫使约翰六世议和割地。约翰六世一面假意谈判,一面暗中雇佣两万名奥斯曼土耳其士兵,大败塞尔维亚人,小约翰只好逃到泰尼多斯岛暂避一时。此后,他多次试图反

约翰六世入主君士坦丁堡，14世纪古籍插图

攻均未能得手，辗转流窜于各地，争取地方势力的支持。老约翰似乎在内战中占了上风，但是，他与奥斯曼土耳其人的亲密关系却导致了他的倒台，一方面，新兴的奥斯曼土耳其人乘机侵入欧洲，不断扩大领土，势力坐大，构成对拜占庭帝国最严重的威胁，另一方面他的亲土政策引起朝野上下一片反对，宫廷内外怨声四起，各种阴谋层出不穷。小约翰乘机于1355年底乘坐两艘热那亚人平底船，经马尔马拉海在君士坦丁堡登陆，心怀不满的首都人民迅速起义，配合小皇帝推翻了约翰六世的统治。这次内战的后果比"两安德罗尼库斯之战"严重得多，因为奥斯曼土耳其军队乘机顺利进入欧洲，并在巴尔干半岛建立了桥头堡和军事基地，他们成为拜占庭帝国的掘墓人和此后数百年欧洲人的劲敌。

"约翰祖孙之战"并不是真正意义上的内战,而是外国列强打着皇室旗号进行的瓜分拜占庭帝国利益的火拼。约翰五世共有五子一女,原定继位皇太子为长子安德罗尼库斯,但是由于父子关系一直不好,特别是当约翰五世在次子曼努埃尔陪同下因债务问题被扣押在威尼斯期间,安德罗尼库斯坐视不救,引起皇帝的极大反感。而次子曼努埃尔善于察言观色、见风使舵,颇受皇帝喜爱,约翰五世因此决定废长立幼,遂引发皇室内战。安德罗尼库斯两度策划反叛未成。1373年,安德罗尼库斯勾结奥斯曼土耳其苏丹之子韶德兹起兵反叛他俩当时关系极为亲密的父王,但计划流产。韶德兹被奥斯曼土耳其苏丹投入监狱并刺瞎双眼,安德罗尼库斯及其子约翰也受到同样的惩罚,但安德罗尼库斯侥幸留下一只眼。1376年,威尼斯人和热那亚人为分配在拜占庭帝国的商业特权发生激烈斗争。当热那亚人察觉约翰皇帝偏袒威尼斯人时,便帮助安德罗尼库斯从监狱逃走,并突然出兵推翻约翰五世的统治,代之以安德罗尼库斯四世(1376—1379年在位)。后者上台后立即将原来割让给威尼斯人的泰尼多斯岛转让于热那亚人作为报酬,并按照热那亚人的意旨,迫害君士坦丁堡的威尼斯人。不甘失败的威尼斯人经过认真准备,于1379年出兵救出约翰五世和曼努埃尔(1391—1425年在位),将他们重新扶持上台。内战的结果是拜占庭残存的领地被彻底瓜分完毕,社会完全分裂。

末代王朝皇帝们的内外政策一错再错,最终耗尽了帝国的气数,在最后的岁月里,面对日益强大的奥斯曼土耳其人,只能坐以待毙。其好几位皇帝对西欧国家和教宗的游说几乎没有产生任何实际的成果,但却付出了大量的时间和精力,约翰五世、曼努尔二世和

安德罗尼库斯四世

约翰八世先后访问西欧国家，短则数月，长则数年，白白浪费了宝贵时机。正是在这个时期，塞尔维亚人迅速崛起，一度控制了巴尔干半岛，兵临君士坦丁堡城下。也是在这个关键的时期，新生的奥斯曼土耳其人发展起来，由部落快速变成帝国。

末代王朝的皇帝们一方面在外交活动中动辄割让土地，出卖城市，让渡贸易特权，使残存的资源急剧萎缩，如1298年安德罗尼库斯二世被塞尔维亚人击败后，割让大片被占领土给塞尔维亚国王米鲁廷（1282—1321年在位），1302年、1308年、1331年和1355年，拜占庭人多次割让土地，以换取与土耳其人的暂时和平。又如拜占庭人割让色雷斯、加拉大等对国家生死攸关的重要地区，导致帝国丧失了最后的自救资源,以至到1423年该王朝将第二大城市塞萨洛尼基卖给威尼斯后,已经无地可割,无税可收,仅靠首都城内少许工商税收勉强度日。另一方面,该王朝还通过出让经济权利断绝了最后一点经济来源。早在11世纪末,拜占庭人即用君士坦丁堡的商业特权换取威尼斯舰队援助,以抗衡诺曼人的海上攻击,这对占据天然地理优势的拜占庭国际贸易是沉重的打击。1267年,米哈伊尔八世许可热那亚人在首都近郊的加拉大建立商业特区,次年又出让该区全部商业特权,使拜占庭国际贸易的最后一点收入丧失殆尽。1402年,土耳其军队在安卡拉战役中遭到帖木尔统率的蒙古军队致命打击,苏丹巴耶扎德及其子被杀,奥斯曼帝国解体。这一事件曾给拜占庭帝国提供了难得的自救机会,但苟且偷生的拜占庭人没有抓住这一机遇,却在同年将整个东方贸易的交通权拱手让于威尼斯,以换取其外交上的支持。

晚期拜占庭社会宗教信仰的分裂,更成为"压死骆驼的最后一根稻草"。以罗马为中心的天主教和以君士坦丁堡为中心的东正教于1054年互相开除教籍,标志着东、西两大教会的正式分裂。拜占庭社会各阶层支持东正教教会的立场,特别是在罗马教会支持的拉丁帝国统治被推翻后,东、西教会的对立进一步加深,东正教信徒对拉丁人的成见更深。末代王朝统治初期,皇帝们出于纯粹的政治目的进行的"统一教会"活动从一开始就引起社会的剧烈反应,1273年的"里昂教会和解令"一经公布,立即在君士坦丁堡掀起酣然大波,大教长约瑟芬愤然辞职,以示抗议,而支持"统一"的拜库斯取而代之,由此形成了教会上层两派间的对立。随之而来的政治迫害进一步将教会上层的分裂扩展到教会基层,并进而波及整个社会。宗教问题本身就是非常复杂、敏感和微妙的问题，如今与帝国复杂的政治外交问题纠缠在一起，更成为晚期拜占庭帝国解不开的"死结"。1312—1323年，由于"统一教会"问题造成的分裂使教会五易大教长，其中还有两年空缺。1369年和1433年约翰五世和约翰八世亲赴意大利订立和签署"教会统一法令"，都引发了教会更深刻的分裂和更大规模的社会骚乱，皇帝的镇压措施也没能解决问题。当土耳其军队兵临城下，团团包围君士坦丁堡，准备发动最后攻击时，教士们还在圣索菲亚教堂里喋喋不休地争论"统一或分裂"问题，甚至公开宣扬宁可欢迎伊斯兰教也不要天主教。大教长卢卡斯·诺塔拉斯公开宣称："宁可在都城内看到头裹方巾的土耳其人统治，也不愿意看到顶着三重教冠的拉丁人的统治。"社会解体的程度由此可见一斑。

在帕列奥列格王朝，几乎没有出现"一言以兴邦"的卓越政治家，无论是皇帝亲王，还是高官显贵，或是将军武士，或是文人墨客，都对东地中海和欧洲形势缺乏必要的理解，对国家的前途缺少应有的洞察力，以致在内政外交活动中采取了许多短视行为，政策忽左忽右，加剧社会分裂和帝国解体。他们认敌为友、认贼作父、引狼入室、相互厮杀，自掘坟墓。而同一时期，奥斯曼土耳其却是人才辈出。

十五

"土人"崛起

1453年,皇帝君士坦丁十一世刚好49岁,在当时的拜占庭帝国,他也算得上是个高寿之人了,因为他的大哥约翰八世55岁时去世后,其他两个哥哥塞奥多利和安德罗尼库斯也都在他之前偶感风寒得病而死。他父母就他们4个儿子,约翰八世又没有后裔,接任皇帝的就只有他一个了。他是否愿意当这个皇帝,我们不得而知,但他滞留在伯罗奔尼撒半岛西部的米斯特拉近半年,迟迟不到首都加冕却是铁定的事实。据说入主君士坦丁堡后,他也一直没有按照惯例在圣索菲亚教堂举行皇帝加冕礼。君士坦丁除了最后死守君士坦丁堡外,一生究竟干了些什么,后人了解甚微。他45岁登基以前,似乎正在忙两件事,一是经营其在伯罗奔尼撒半岛的封地,二是千方百计找媳妇,因为他的两任妻子都无子而亡,他迫切地需要找个未来的皇后。他年龄不小,却没有主政整个国家的经验。

与之对阵的是21岁的苏丹穆罕默德二世。这个苏丹非等闲之辈,年纪虽轻却有多年担任苏丹的经历。其父苏丹穆拉德二世在位30年,对几个儿子特别是老四穆罕默德从不娇生惯养,按照奥斯曼土耳其人的习惯,将他们自幼安排在各地军营中接受锻炼。因此,天生聪明的穆罕默德身心早熟,很早便被其父派往小亚细亚西部担任地方总督,还在他12岁时又按照父亲的安排,担任临时苏丹两年。为了胜任治国大业,他从小便接受了系统的教育,接受全面的军事训练,学习伊斯兰教经书,吸收各种文化知识,文史哲都有涉猎,骑射剑法无不精通,他还掌握阿拉伯语、波斯语、希腊语、拉丁语、希伯来语等。此外他聘请东地中海的著名学者为师,随时求教,力争上通天文下知地理,能写散文擅长作诗,甚至对占星术和麻相之术也略通一二。继承苏丹大位后,按照惯例,他先后处死其多名年少的弟兄，消除争权夺利的威胁，而后毫不留情地剪除任何受到怀疑的老臣，组织其自己的年轻班底，通过改革旧制和建立新规，在奥斯曼土耳其上层树立苏丹的绝对权威，强化苏丹军政宗教一体化专制集权统治。在奥斯曼土耳其帝国崛起过程中，确实需要他这样的全才，不仅在学识见解上高人一筹，而且在军政管理方面具备过人之处，特别是具有心狠手辣残酷无情的帝王性格，坊间盛传他杀死幼弟、手刃情妇、谈笑间活剖亲随的故事未必尽可全信，但多少反映出他那少见的君王特质。毕竟古往今来，妇人柔情的君主都难成大业，更何况在其帝国发展的特殊时期。

奥斯曼土耳其人在短时间内的迅猛崛起大体有内外两方面的原因。首先是老朽的拜占庭帝国不仅未能将初生的异教国家扼杀

穆罕默德二世

在摇篮中，反而由于帕列奥列格王朝推行的错误政策为新兴的势力顺利发展创造了条件。早在13世纪中期古代突厥民族西迁的高潮中，奥斯曼土耳其人就从许多部落中脱颖而出，以其400个亲族为核心建立奥斯曼国家，直到13世纪末开始使用土耳其语接受伊斯兰教信仰。其部落首领埃尔图鲁尔以罗姆苏丹国封授的卡拉加达牧场为基地，逐步侵占兼并了拜占庭的小亚细亚领地，并以耶尼谢希尔为首都。当时拜占庭皇帝正忙于应付西欧封建主的威胁，无暇东顾，他们以为这个部落首领与当时骚扰边境的许多突厥"加齐"没有什么不同。14世纪上半叶，奥斯曼的儿子奥尔罕（1324—1360年在位）即位后，发兵攻占了布鲁萨，并在此建都，开始组建正规的步、骑兵，按照拜占庭国家的行政组织建立各级中央机构，设立迪万，任命维齐，派遣法官，铸造钱币，首次自称苏丹。当时的奥斯曼国家已经有步兵骑兵4万人，总兵力远远超过拜占庭军队。直到这时，昏庸无能的拜占庭皇帝仍然没有意识到近在咫尺的威胁，他们以为这些蛮族根本没有能力建立国家，其兵力只不过是些拜占庭人可以花钱雇佣的赳赳武夫。1351年，忙于内战的约翰六世就花重金暗中雇佣2万名奥斯曼土耳其军队进入巴尔干半岛，打败帮助约翰五世的塞尔维亚人。有统计证明，1331—1355年间，拜占庭人多次割让土地，以换取土耳其人出兵援助，或者获得暂时和平。1383—1387年，土耳其军队利用拜占庭帝国外交失误夺取第二大城市塞萨洛尼基。此后，土耳其人的每一步扩张几乎都是有合法的理由和外交上的借口，直到他们完成对整个拜占庭帝国陆海领地的征服占领，包围和封锁了君士坦丁堡。

　　显然，早在13世纪时，拜占庭人完全有能力清除土耳其人这个未来的隐患，但他们或是未能预见其潜在的威胁，或是忙于内战而任其发展。而后拜占庭帝国朝野贵族更将凶猛彪悍的土耳其人作为内战和对斯拉夫人作战的主力，使之发展更为迅速。正是由于该王朝的支持和保护，奥斯曼土耳其势力才没有被扼杀在发展的初期阶段，也没有像巴尔干半岛各小国那样相互牵制、难于发展。也是由于该王朝的亲土政策，使土耳其人获得充足的理由和借口大肆扩张，在很短的时间里便完成了对小亚细亚和巴尔干半岛地区的征服。还是由于该王朝的屈服，奥斯曼土耳其帝国的征服扩张活动被合法化。丧失军事力量的拜占庭帝国最初只是利用奥斯曼土耳其人的武装力量，但是令他们没有想到的是，随着土耳其军力的增强，其政治野心也极度膨胀。土耳其人势力强大后，拜占庭人只能唯土耳其人马首是瞻，甚至成为后者转战巴尔干半岛的帮凶。约翰五世时期，作为苟延残喘的弱小国家的皇帝，他完全听从奥斯曼土耳其帝国的命令，不仅于1355年与土耳其人苏丹奥尔罕订立割让色雷斯地区的条约，使他们对色雷斯地区的占领合法化，而且还不得不接受土耳其人将其首都从小亚细亚地区的尼西亚迁入欧洲巴尔干地区的亚得里亚纳堡的事实，继而他曲意迎合奥斯曼土耳其帝国在巴尔干半岛的扩张，在谈判中处处让步。1374年，约翰五世和其他巴尔干国家一样正式承认苏丹的宗主地位，并将次子曼努埃尔送入苏丹宫中作为人质。也是在苏丹的命令下，他将长子安德罗尼库斯和孙子约翰的眼睛刺瞎。

奥斯曼国家迅速发展的良好外在条件只是一个方面，更为重要的是其内部发展机制。这个国家在一个世纪内，便从拜占庭帝国边境小国发展成主宰东地中海世界的大帝国，其成功的主要原因无疑在其自身的社会结构适合发展。笔者认为,奥斯曼国家重视发展武装力量、强化军队建设是其在众多小国中异军突起快速崛起的重要因素,尤其在博斯普鲁斯海峡附近这个军事冲突长期化地区更是如此。奥斯曼土耳其人从一开始就确立了严格的军事制度,其中。加尼沙里禁卫军团和阿纳多利亚军团在奥斯曼军队中占有特殊地位,这些常备职业军士主要由被征服地区的战俘奴隶构成,他们自青少年时代即投入军营训练,接受强制性的伊斯兰教洗脑教育,而后成为职业军人,遵守严格的军规法纪,集体生活,终身不得从事其他职业。正是由于他们接受严格的军事训练,终生以作战为职业,因此尚武好战,能够经受最严苛的战争环境,绝对服从苏丹指挥,战斗力极强。奥斯曼国家正是靠这些精锐部队,每每在战场决战的关键时刻,取得最终胜利。他们的人数虽然不多,但是受到苏丹高度重视,配备最精良的铠甲武器,享受军中最优厚的待遇,因此成为奥斯曼土耳其军队的中坚。相比而言,拜占庭军队不使用奴隶作战,特别是在末代王朝时期,拜占庭官僚贵族主政,他们或是将军队视为篡夺皇权的危险因素而加以解散,或者认为军队是财政包袱而极力压制,以至于在君士坦丁堡防卫战中,皇帝能够调遣的部队只有数千人。

除了加尼沙里军团和阿纳多利亚军团外,奥斯曼军队的大多数兵力来自屯田士兵,也就是由领主"西帕希"组织的非正规骑兵。这种骑兵大体与拜占庭帝国实施的军区制下农兵类似,他们的身份与奥斯曼国家土地制度有密切关系。奥斯曼国家绝大多数土地属于国有,通常分官田(哈斯)、功田(泽美特)和军田(梯马尔)三类。官田是根据文臣武将的等级封授给王室成员和文武百官的禄田,年收

土耳其骑兵

入大体在 10 万阿克切银币以上。功田是颁授给建立了军功的军队将士的土地,以服军役为条件,年收入大体在 2—10 万阿克切银币之间。低于 2 万阿克切银币的军田则是军役土地,他们相当于拜占庭帝国的农兵,依据各自的骑兵等级领受大小不等的田地,平时经营生产生活,战时率兵出征打仗,按照规定他们要带领一定数量的骑兵参战,据称每 2000—3000 阿克切银币的收入需提供一名骑兵,这样每户参战士兵在 10 人左右。所有骑兵的武器装备粮草辎重都由领受军役土地的领主提供,这样既解决了国家为战争支付的大笔金钱,也满足了源源不断的兵源需求。这种民兵制度被称为"杰尔宾特"。我们不知道,奥斯曼军队的屯田制度是否来源于拜占庭军区制,或者受到后者的影响,但是这种适合中央集权制国家的社会军事化制度确实对奥斯曼国家的稳定发展起了至关重要的作用。当拜占庭人放弃军区制时,奥斯曼土耳其人却大张旗鼓正式将其纳入国家制度。

奥斯曼军事屯田制与拜占庭军区制具有相同之处,它们都强调军事行政制度和土地制度的协调,都突出了军事管理在国家制度中的首要地位。根据对梯马尔领主和农民权利和义务所作的明确的法律规定,梯马尔领主必须亲自经营其领地,负责监督土地耕作的状况,完成征缴农民税收,负责安排农民份地。换言之,梯马尔军田持有人平时是领主,战时是"十夫长"。而农民以不能被剥夺的租种农田权利,换取经营耕作权,他们的义务是耕种土地,交纳地租和其他税收,提供适量的劳役,例如运送粮食、修建谷仓、建造房屋、修桥补路,或者款待领主食宿。但是,两者的内部结构存在区别。譬如,拜占庭军区制将军政权力合一,过分强化了军区将领的权能,而奥斯曼屯田制保持军政权力分开,特别是地方高级军事指挥权始终由苏丹控制,这可以有效地防止地方军阀的产生。另外,两者虽然都通过法律强调小农的重要性,但是拜占庭保护小农的立法并没有得到有效的落实,特别在军区制瓦解时期,朝廷听任小农自行解体。而奥斯曼国家没有把小农完全交给地方军事首领,法律原则上禁止农民弃耕迁徙,要求领主负责管理农民的同时,国家官员直接参与税收征缴事务。政府对梯马尔领地实行严格监控,军役土地不脱离国家监管,梯马尔领主只能部分地将领地传给后人,政府官员不仅继续征收领地上的某些税收,而且还定期调查和登记梯马尔领地产业和人口变动情况。这样,国家通过直接管理农民的方式,能够大体防止大土地贵族的形成和地主对小农的侵害。这种措施比拜占庭朝廷保护小农的立法更为有效。有学者认为,正是政府参与基层小农管理,使得他们获得某种程度的保护。

  作为后起的强国,奥斯曼国家在发展过程中受到拜占庭中央集权官僚制度的影响,逐步建立起比较完善的中央集权行政管理制度。在这个新兴的国家中,苏丹处于统治集团的最上层,身兼世俗和宗教多种官职,他既是宗教首领,被称为"埃米尔·穆米尼",也是国家行政首脑,有权召集御前最高会议"迪万",首相"维齐"、财政总管"德弗特达尔"、大法官"卡迪阿斯克尔"和国务总书记"尼尚哲"都为苏丹服务。为了更有效地控制社会各阶层,苏丹充分利用宗教性质的贵族寡头组织"阿希",有计划地培养行政管理人才。奥斯曼国家不断强化具有苏丹血统的贵族权力,千方百计加强高级贵族内部的团结,一方面保证这个迅速崛起的新国家对于军政管理人才的需求,另一方面稳定了统治集团的社会基础,其不断完善的官僚政府体系随着国家的扩张为贵族青年子弟提供了升迁的台阶,使天资过人的雄才大略者能够在竞争中发挥才能。相比而言,奥斯曼帝国官僚体系更为简单灵活,而衰老的拜占庭帝国官僚体系却持续僵化,贵族官僚体系大多为皇族血亲所垄断,不仅阻遏任何违背祖制定规的变革,而且阻塞了任何有为人才的升迁之途。历史再次证明,人所设立的任何制度,即使再优越,一旦其功效发挥到极致,必然陷于僵化。同样完善的官僚制度在新兴的奥斯曼国家能发挥正面积极的作用,但对于衰老的拜占庭帝国而言就成为沉重的制度性包袱。

  合理宽容的宗教政策也是奥斯曼人顺利扩张的保障。奥斯曼人没有陷入伊斯兰教的宗教狂热中不能自拔,他们对征服地区的其他宗教信仰并不一味采用高压政策,而是大力实行宽容政策,吸收各种信仰的教徒参加帝国建设事业。因此,在奥斯曼国家不仅有基督教信徒担任高官,也有基督徒将士在军队中服役。而同一时期的拜占庭人则陷入宗教派别的对立中,他们虽同为基督徒,但却在宗教争论中势同水火,整个社会因为宗教见解的分歧而分裂。

在拜占庭帝国与奥斯曼国家的对比中,读者不难发现,同处具有相同生态资源环境的同一个地区,两者未来前途发展趋势完全不同,在两者的对垒中,前者败下阵来就顺理成章了。1331年,奥斯曼军队夺取拜占庭的伊兹尼克,而后占领伊兹米特(1337),1345年,苏丹奥尔罕兼并了原卡拉西国的土地,从而彻底控制了马尔马拉海南岸地区,控制了达达尼尔海峡,为奥斯曼人进入欧洲迈出了关键一步。此后,奥尔罕利用拜占庭皇族内讧之机,多次派兵进入巴尔干半岛,并娶约翰六世之女为妻,堂而皇之地在欧洲驻扎下来。在此期间,奥斯曼军队先后击败塞尔维亚、保加利亚联军,占领拜占庭第二大城市塞萨洛尼基。1361年,新苏丹穆拉德一世(1360—1389年在位)攻占了君士坦丁堡和多瑙河通道上最强大的要塞塞埃迪尔内,而后于1371—1375年征服了色雷斯和马其顿地区,1376年占领索菲亚,迫使保加利亚承认其宗主权,1386年再占尼什,迫使塞尔维亚称臣纳贡。1389年6月,奥斯曼军队在科索沃击败塞尔维亚、保加利亚、波斯尼亚、阿尔巴尼亚、匈牙利和瓦拉几亚诸国联军,终结了巴尔干半岛多国有组织的抵抗。此后,波斯尼亚和瓦拉几亚也于1391年向苏丹降服。

此时的奥斯曼土耳其帝国已经羽翼丰满,实力强大,不仅分别对付各个国家绰绰有余,而且于1396年在尼科波里击败匈牙利国王西吉斯蒙统率下的法国、英格兰、苏格兰、比利时、荷兰、伦巴底、萨伏依、德意志、匈牙利和瓦拉几亚联军,击溃这支六七万人马的欧洲十字军,终结了欧洲人抵抗奥斯曼军队的企图。奥斯曼国家在其军队节节胜利期间,采取特殊的宗教宽容和民族宽容政策,不仅通过掠夺被占领地区的资源来极大增加国家的财力和军力,而且加强对被征服国家人力资源的控制,组建基督教国家兵团,协助其继续扩

尼科波里之战

大征服战争。巴耶济德(1389—1402年在位)统治期间,奥斯曼军队先后征服萨鲁汗、艾登、门泰谢等国,讨伐卡拉曼人,而拜占庭人、塞尔维亚人、保加利亚人都被迫出兵协助。这样,奥斯曼土耳其帝国霸业初步奠定了基础,其疆域包括整个小亚细亚和安纳托利亚,南到爱琴海和地中海,东抵锡瓦斯、开塞利和幼发拉底河上游,北至多瑙河和黑海沿岸。正是这个铁腕苏丹巴耶济德开始实施其征服占领君士坦丁堡的计划,只是由于来自中亚的帖木儿的西征使其计划暂时中断。但是拜占庭人的无所作为不能阻止奥斯曼土耳其人的最终胜利,半个多世纪以后,苏丹穆罕默德二世终于夺取了君士坦丁堡。可以说,穆罕默德二世凭借其先人留下的强大帝国战胜了君士坦丁十一世。

十六

最后一战

后人不能错怪了拜占庭帝国末代皇帝,他还是想有所作为的,但他的先人留给他的是个老朽破败的帝国,纵然他有天大志向也难扭转灭亡之势。君士坦丁堡陷落前那个风雨交加的夜晚,拜占庭帝国末代皇帝君士坦丁堡十一世仍在祈求上帝保佑他和他的子民能像其先祖一样,躲过野蛮的异教徒军队的猛烈攻击,死里求生,渡过难关,但是他根本不明白,上帝不会再白白地浪费其恩典,他已经决定抛弃这个颓废的帝国和这座废都了。

然而,"百足之虫死而不僵",穆罕默德占领君士坦丁堡从而最终征服拜占庭帝国的战争进行得依然十分艰难。当时的形势对土耳其人极为有利,他们早已将色雷斯、马其顿、保加利亚和希腊置于帝国的直接统治下,巴尔干半岛各国已经臣服,拜占庭、塞尔维亚、波西尼亚、瓦兰吉亚和莫利亚都先后承认了苏丹的宗主权,缴纳贡赋、提供军队。奥斯曼土耳其帝国实力空前强大,整个东地中海地区没有能够与之对抗的力量。敌视土耳其人的西欧各国君主正处于专制王权形成的关键时刻,无力顾及东方事务。一度凌驾于西欧各国君主之上的教宗也早已从基督教世界领袖的地位上跌落下来,无法组织起十字军。经济实力强大的意大利人特别是威尼斯和热那亚两国,正在为商业霸权激烈交锋,打得难解难分。当时的欧洲不存在任何能阻止奥斯曼土耳其帝国夺取君士坦丁堡的势力。

形势虽然十分有利,穆罕默德二世仍然为攻城作最后的准备,表现出政治家的精明和军事家的战略洞察力。即便占有绝对的优势,他仍然做了精细的准备,首先从外交上孤立拜占庭人,与所有有可能援助君士坦丁堡的势力进行谈判。1451年9月,他与威尼斯人订立协议,以不介入威尼斯和热那亚战争为条件换取了威尼斯人的中立。同年11月,他又与匈牙利国王订立和平条约,以不在多瑙河上建立新要塞的承诺换取了匈牙利人的中立。同时,他进行攻城的军事准备,组建莫利亚军团和阿尔巴尼亚军团,前者用于在希腊方向上作战略牵制,防止土耳其军队在攻击君士坦丁堡时遭到两面夹击,而后者用于阻止马其顿西部可能出现的西欧援军。他还仔细地研究了前人围攻这个城市的经验教训,深感对其进行全面封锁的必要性,并于1451年命令宰相哈利勒帕夏在博斯普鲁斯海峡最狭处的欧洲岸边,建成坚固的博加兹凯森城堡(后改名为鲁米利·希萨尔),配置强大的火炮,它与海峡对面的阿纳多利·希萨尔城堡隔水相望,有效地封锁了海峡,切断了君士坦丁堡的水上交通。为了攻破坚固的城墙打开进入君士坦丁堡的道路,他组织大规模军火生产,特别是用于攻城作战的军事机械,大规模制造云梯、撞城塔、抛石机等专用军械,并高薪聘请高级工匠指导生产巨型火炮,这些攻击君士坦丁堡城墙最有效的武器足以配置成14个炮阵。

据说在铸造当时世界上最大火炮时遇到了种种困难。起先苏丹找不到懂得相关技术的工匠,当时最有名的匈牙利火炮专家乌尔班正在君士坦丁堡为皇帝干活儿,于是苏丹派密探潜入城中,诚心聘请,许以高昂报酬。乌尔班恰好因为薪酬问题对捉襟见肘的君士坦丁皇帝心存不满,因此随来人出走土耳其人首都亚得里亚堡。由于一门巨炮总重量达到十七八吨,因此需要同时融化近20吨金属,无论冶炼和铸模技术还是需要的资金投入都是远在一般水平之上的,苏丹亲自督察,举全国之力支持乌尔班的工作。而后在试射过程中,大炮还发生过炸膛,死伤了许多工匠。为了把这门五米多长、一人多高的巨炮运送到前线,数百兵士用数十头犍牛,费了几个月时间才完成了苏丹的命令。正是这门巨炮发射的半吨多重的石头炮弹最后成为攻破城墙的致命武器。

面对穆罕默德二世有条不紊的备战，守城的拜占庭皇帝君士坦丁也在作着绝望的努力。他一方面向几乎所有的欧洲国家和罗马教廷派出使节，请求援救，另一方面与莫利亚地区的希腊专制君主、他的兄弟联系，希望他们停止内战，增援危急中的首都。但是，所有的欧洲国家君主除了表示同情和开具出兵援助的空头支票外，没有作出任何具有实际意义的行动，个别君主派出的小股部队对抵抗即将到来的土耳其人大规模攻击无异于杯水车薪。莫利亚地区的皇室成员内争正酣，彼此势同水火，对君士坦丁的呼吁根本不予理睬。这样，君士坦丁就处于既无内助又无外援的可悲境地。他可以用来抵抗土耳其人的防御力量只有不足5000人，另外还有两三千名外国

奥斯曼土耳其帝国制造的巨型火炮

雇佣军,其中热那亚贵族乔万尼·贵斯亭尼安尼率领的队伍最有战斗力。而在海上,拜占庭人仅有的26艘船只大部分一字排开,防守在黄金角湾入口处的铁链之后。

1453年初,穆罕默德二世开始部署围攻君士坦丁堡的部队。据不同史料记载,参加这次战役的陆军部队有10—20万人,其中包括奥斯曼土耳其帝国精锐的禁卫军加尼沙里兵团上万人和阿纳多利亚军团数万人。穆罕默德还将60多门大炮分成14个炮群,其中最大的巨炮被设置在对主城墙有效射程范围内。在海上,土军除了封锁两个海峡,还集中了数百艘战船于马尔马拉海和南北两条海峡水面,其中15艘是大型军舰。外围战役于4月以前完成后,奥斯曼土耳其军队攻占了所有通往君士坦丁堡的道路,在距离城墙1200米的地方扎下军营,陆地城墙被团团围困。君士坦丁堡此时已经淹没在奥斯曼土耳其军事力量的大海中,成为穆罕默德唾手可得的囊中之物。

4月6日,攻城战正式开始,近百门大炮一起开火,一时间石弹横飞,轰鸣声震天动地,周长近两米的巨型大炮从千米外发射的石弹击中主城门圣罗曼门,顿时将其摧毁打塌。这种大炮确实如穆罕默德预期的那样,在攻城战中首先破坏坚固的城墙。巨大的石头炮弹一旦击中城门楼,必然能将其击垮,而如果正面击中城墙,也会在砖石垒砌的墙面上留下大洞。据说在大炮轰击的关键时刻,匈牙利特使还给土军炮手提出了具体建议,使得他们极大提高了炮击的效率。起初,由于铸造质量和金属强度的问题,这种大炮每天只能发射几发炮弹,否则会因为炮管过热而炸膛。于是,土军采取使用热油降温的办法,"在大炮发射了石弹后,立即将它浸泡在热油中,因

携带着巨型火炮集结于君士坦丁堡城下的奥斯曼土耳其军队

为它在苏打和硫黄的作用下变得非常热,需要降温。这样,膨胀开的金属空隙就会灌满热油,并在油温中逐渐冷却下来,而不会爆裂。大炮得以轻易承受震荡,能够在摧毁圣城的战斗中发挥作用"。土军因此增加了火炮的发射次数。正是由于这些大炮的轰击,君士坦丁堡陆地城墙被打得千疮百孔,有些地段的城墙整个倒塌在地。对此,君士坦丁皇帝从全城征集门板、木架、沙袋、木桶等,利用炮击间隙的时间,修补城墙,堵塞住城墙的破口。每当炮击过后,土耳其将士便从腾起的烟雾灰尘中杀出来,但是毕竟大兵团难以在这些缺口展开兵力,而守军将士特别是热那亚雇佣军擅长剑法的优势便发挥出来,因此双方的拉锯战常常以土军将士的重大伤亡为结果。

君士坦丁堡的城防系统非常完善,在两道外墙之外,还有一道护城河。守城将士在兵力相差极为悬殊的情况下,毫无畏惧,充分利用高居城墙上的优势和在护城河防卫的有利位置,滚木礌石、希腊火并用,抛石机和弩箭齐发,他们克服了最初的恐惧感,顶住了土耳其士兵一次次的攻击。为了扫清护城河的障碍,苏丹下令砍伐大量灌木填平河道,并在护城河上架设浮桥。土军将士在战鼓、响板的鼓舞下,高喊着冲击口号,挥舞弯刀,越过护城河,在高大的活动塔楼上施放的弓弩流石的掩护下,直冲到城下,顺着云梯或塔楼天桥向城墙进攻,而拜占庭守军则使用小型火器和强弓硬弩等武器反击敌军,特别是他们投掷的希腊火,连同飞箭流石如暴雨倾泻而下,使土军死伤惨重。据从攻城战中侥幸活下来的杜卡斯记载,守军"发射用火药射出的弹丸,每次能够射出5—10枚,个头有黑海胡桃那样大小。这些弹丸具有可怕的穿透力,如果弹丸碰巧击中了一个全副武装的士兵,它将穿透两层布铠甲和人体,击穿和打击恰巧在弹道上的第二名士兵。它将穿过第二名士兵,击中第三名士兵,直到其穿透力减弱。这样,这种武器的一颗弹丸就有可能杀死两三名士兵"。令拜占庭人感到震惊的是,土军将士在停止进攻后,常常打扫战场,将死伤的士兵抬回营地。每当这种时刻,守城将士也自觉停止射击,让土耳其人将自己同胞的尸体抬出战场。

皇帝君士坦丁亲临城头指挥作战,将有限的兵力有针对性地分为14个防区,并留有后备队随时增援薄弱部分。奥斯曼土耳其军队经过两周的试探性攻击后,于4月18日对几处缺口又发起进攻。这时,守军将士突然发现,很多高大的活动塔楼出现在城墙外,一些木塔的高度甚至超过了城墙。原来,土军填平护城河并架设浮桥的目的还为了运送木塔过河。这些木塔呈方锥体,其顶层平台高于城墙,可以用来发射火器弓箭掩护攻城部队,也可以用来搭建天梯直接攻上城头,木塔外层严密包裹着厚厚的骆驼皮。木塔下设有滚轮,可以不停地逼近城墙。守城将士在最初的错愕后,立即想出应对的战法,他们不停地抛洒"希腊火",还集中弓箭手向木塔发射带火焰的弓箭,厚厚的骆驼皮经不住火焰的烧烤,很快便失去了防护作用,反而加剧了木塔的燃烧。在一昼夜的激战中,不足千人的守军打退无数次进攻,庞大的攻城塔楼被希腊火点燃,成了巨大的火把,木塔内推车的土军死伤惨重,被迫停止进攻。

连日的陆地进攻持续受阻,穆罕默德眼见进攻未能奏效,遂下令将士秘密勘测,选择合适的地点挖掘地道,企图从城墙地基下面打开通道,攻入城内。据说土军至少挖掘了十条地道,有些基本打通了。但是,不能保守秘密的地道战很难起到出其不意的作战效果。一来,地道狭窄,难以通过地道向城里攻入大量部队,而少量的军士很难发挥袭击的作用;二来,挖掘地道总是难免发出响动,引起守军的注意。事实也是如此,守军很快就发现了地道。据说来自德意志的工程师约翰非常准确地测出地道的走向和出口,指挥守军进行反地道坑道挖掘。而后,拜占庭将士便突然向地道内投掷倾泻希腊火,放火烧毁支撑地道的柱子,使土军将士辛苦挖掘的地道大部分坍塌,许多土军士兵被烧死在地道里。土军地下作战计划也最终归于失败,守军为此精神大振。他们已经从最初对奥斯曼土耳其大军兵临城下的恐惧中解脱出来,并且已经顶住了敌人各种方式的进攻,在数十倍敌军轮番攻击下坚守了40多天。他们收集城中可以用

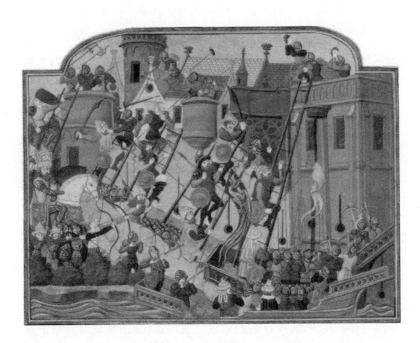

奥斯曼土耳其军队架起木塔攻城

来加固城墙的所有东西修补坍塌的城墙,砖石瓦砾、土袋棉被都被派上了用场。他们同仇敌忾,誓与城市共存亡,仅在4月21—25日间,就击退土军14次进攻。

在陆地攻城战大举展开之际,穆罕默德下令从19日开始发动海上进攻。早在4月1日复活节那天苏丹开始部署大军围城时,君士坦丁皇帝就担心海上进攻,遂下令封锁黄金角湾。兵士们从加拉大区的石堡到君士坦丁堡赫来亚城门楼这两个扼守海湾入口的城堡,用大块圆木和粗大铁链,架设了封锁海湾的大铁链。同时将装备最好的10条大船一字排开,防守在铁链内侧,它们大多是热那亚和威尼斯人的船只,属于皇帝的战船只有一艘。土耳其海军首先攻占君士坦丁堡的滩头阵地,而后强攻黄金角湾,企图冲破湾口的粗大铁链,从城墙薄弱点攻进城。但是,集中在此的拜占庭—热那亚—威尼斯联合舰队在加布来利船长指挥下,以猛烈的炮火和希腊火击退土军舰船的多次进攻。当时,奥斯曼土耳其海军军事技术比意大利人略逊一筹。第二天,竟然有三艘热那亚大帆船满载军援物资冲破土耳其人设在海峡内严密的封锁线,成功驶入君士坦丁堡海湾。亲临现场指挥的穆罕默德恼怒万分,认为其海军大总管巴尔塔胆怯畏战,竟然用权杖将其击打在地,并立即撤换新人。据说苏丹的亲信

奥斯曼土耳其军队进攻黄金角湾

还当面殴打巴尔塔,将败将的眼珠都抠了出来。意大利人突破封锁证明土军计划的疏漏,为守军带来了希望,鼓舞了士气,他们因此希望有更多奇迹发生,只要援助不断,君士坦丁堡就会像成功抵抗穆罕默德二世的父亲穆拉德一样,幸免于难,而历史上守军固守城池令战役久拖不决,最终迫使攻城军队撤退的成功战例一直成为君士坦丁十一世祈求的战争结果。

为了打开僵局,苏丹亲自视察海上前线,观测地形,提出大胆的进攻计划。为了绕开大铁链攻入黄金角湾,他下令土军于22日夜晚人推牛拉将17艘20米长的战船从陆地拖进黄金角湾,他们用木板铺地,上涂黄油,把船拉上41米高的佩拉山丘,而后顺坡滑入黄金角湾深处,陆上拖拉距离大约1330米。次日,土军舰队进入海湾的消息传开,对守城将士产生了极大的心理震慑,因为,这意味着守城舰队处于腹背受敌的危险境地,还意味着城防的薄弱点暴露在敌人面前,极为有限的守军必须抽调相当一部分力量防守海湾一侧,从而影响防务的整体布局。23日,君士坦丁派出代表请求和谈,穆罕默德加以拒绝,他斩钉截铁地回答:"我要与这个城市决一死战,或是我战胜它,或是它战胜我。"他还强调,别无所求,只要占领古都,为此允许君士坦丁皇帝任选其他地方居住。皇帝没有接受建议,而是从有限的兵力中抽调一部分防卫海湾一侧的城墙。所幸的是,进入海湾的土耳其舰队没有发挥重要作用,一来守城舰队船坚炮利,严密监视土军战船,使之难有作为,二来由于守城舰队的骚扰,原来就不善于水上作战的土耳其水兵在攻城中屡屡受挫。海上进攻的唯一意义在于牵制了君士坦丁堡守军的兵力和注意力,并造成其心理压力。

正是凭借战船优势和丰富的海战经验，威尼斯船长柯科于4月29日午夜策划了突袭土军船队的计划，打算派3艘快船装满柴火棉花硫黄等易燃物，乘夜悄悄冲入并放火烧毁土军船队。但是这个计划被热那亚奸细泄露给苏丹，后者便将计就计，安排几门大炮在海湾深处。柯科不知中计，进入到土军大炮射程内，遭到猛烈的炮火攻击，其中一发巨大的石弹正中船体中央，将其击沉，其他两艘偷袭的船只见状逃窜，柯科连同其数十名将士牺牲。苏丹大喜，犒劳将士，而后又生一计。他下令海军工兵于5月19日在通往君士坦丁堡西北角的基奈贡区的海湾搭建浮桥，利用上千个酒桶的浮力，把它们排列整齐，捆绑在巨大的木板上，浮桥的宽度足以让五名士兵并排通过。当发动总攻的所有准备工作完成后，苏丹派特使去见皇帝，他在信中写道："总攻的准备已经完成。现在是实施我们长久策划的计划的时候了。让我们还是等待上天行动的结果吧。你还有什么要说？你希望离开这个城市的话，就带着你的官员和他们的财产去任何你想要去的地方吧。"皇帝回信拒绝了苏丹的建议："无论朕还是这个城市里的任何人都没有权力将它投降给你，如果我们不能在此幸存的话，那我们共同的愿望就是与它共存亡。"末代皇帝的勇气实在可嘉，其中夹杂着些许的恐惧，因为他从传闻中深知这个苏丹的狡诈，其出尔反尔的性格只能加强末代皇帝抵抗到底的决心。事实确是如此，君士坦丁堡陷落后，苏丹诱使投降的贵族交出金银财宝，允诺饶其不死，但收了财宝后，他还是把他们都杀了，理由是他们对自己的皇帝都不忠诚，留下了只能是祸害。

持续不断的猛攻使交战双方都异常疲惫，特别是守军的抵抗似乎达到了极限。总攻开始前的那段时间，穆罕默德命令部队要不间断地炮轰,持续向城墙缺口发动冲锋,但都被希腊人抛掷的火弹击退。君士坦丁堡守城军民不分男女老幼、修士修女,轮番上阵,皇帝君士坦丁始终在城头,指挥着数量有限的军士冒着炮弹和飞箭修复破损的城墙,以最快的速度填补每个缺口。一位拜占庭士兵这样记载道:"5月11日,除了猛烈炮击,无事可记……5月13日,土耳其人发动了一次小的突袭但并没有造成什么影响,唯一值得一提的仍然是敌人持续不断的炮击和我们可怜的城墙。"14日,土军集中所有的重炮轰击圣罗曼城门,企图由此打开进城的道路,由于乔万尼·贵斯亭尼安尼部队的殊死抵抗而未能成功。拉锯战的胜者是穆罕默德,因为守军的精力和士气特别是军需物资逐渐被耗尽。土军炮轰战在持续了47天后,终于见到了成效,坚固的城墙已经被五六千发炮弹轰击得摇摇欲坠,出现了近十个巨大的缺口。抵抗似乎到了尽头,修补城墙缺口的速度放慢了,特别是口粮不足使守军各部之间口角频生,威尼斯人和热那亚人的争吵几乎到了兵戎相见的地步,幸亏君士坦丁十一世出面调解,将他们布置在不同防区。对武器弹药的争夺也导致城防总指挥乔万尼和卢卡斯大公之间激烈的争执,"他们的争吵越来越激烈,以致达到了语言攻击的程度,两个人都相互指责互倒脏水。乔万尼称大公为毫无价值的人,一个伪君子和叛徒,而大公也反唇相讥"。随同皇帝作战的佛兰奇斯记载道:"尽管帝国的国库已经空了,但是我们还必须给士兵们发放军饷。皇帝求助各个教堂捐出圣器和敬奉上帝的珍宝,把它们融化制作为钱币。任何人都不要说我们亵渎神灵,因为这样的行动也是环境迫使的。"

总攻前几天,夜空中的明月突然变暗,惊恐不安的君士坦丁堡居民把这看作大难临头的凶兆。后代史家考证认为,5月24日发生的月食，确实给当地民众造成了巨大的心理压力。侥幸从战争中活下来的尼科洛记载道："当我们基督徒和异教徒都目睹这一奇异的天象时，君士坦丁皇帝对此极为恐惧，他的所有贵族也都非常恐惧，因为希腊人有个预言，说君士坦丁堡将永远不会陷落，直到月亮发出征兆……所有古代预言都得到应验，特别是由圣君士坦丁（一世）首先做出的预言，他的雕像骑在马上，矗立在这个城市圣索菲亚教堂旁边的圆柱上，他用自己的手势和语言这样预言，'从这个方向将会到来一个人，他将使我从这里消失。'他的手指向东方也就是土耳其。他做出的另一则预言是，当首都出现一个母亲叫做海伦的名为君士坦丁的皇帝时，在他统治下的君士坦丁堡将失陷。还有一则预言是说，当月亮在天空发出征兆时，几天之内君士坦丁堡将被土耳其人占领。"这些谣言和异常天象加剧了守军和城内居民绝望的情绪，土军发动总攻前，一些居民精神狂乱，心理崩溃，他们聚集在广场上狂呼乱喊，无论白天还是黑夜，不时发生抢劫杀人事件。然而与城内形成鲜明对照的是，土军营地火把通明，苏丹及其智者重臣都把月食视为上天要这个千年古都改朝换代的信号。

为了统一思想，鼓舞士气，穆罕默德在总攻的前夜举行战前首脑会议，下令全军休整，准备最后的攻城战。他亲自视察各军团，对将士们发表鼓舞士气的讲话，宣布攻占城市后许可全军将士抢劫三日，除了城市本身，城中一切财产，包括居民人身和金银财宝都属于胜利的将士们。这一系列战前动员使土军士气大振，当夜幕降临时，君士坦丁堡城外无数营地的篝火映红了夜空，海面上土军舰船都点燃了火把，全军高唱土耳其歌曲，敲响土耳其响板，鼓噪之声，震天动地，使城中居民惊恐万分。守城军民已经清楚地意识到最后的时刻来到了。君士坦丁皇帝命令举行全城祈祷仪式,最受民众爱戴的圣母子像也被众人从圣索菲亚大教堂抬出来,在神圣的歌声和"上帝啊,赐福于我们"的祈求声中被抬上城头和巨大的缺口中央。环城巡游后,从皇帝和文武大臣为首的长长的祈祷行列返回圣索菲亚教堂。君士坦丁十一世悲壮的声音回荡在圣索菲亚教堂高大的穹顶下:"我们的敌人是用大炮、骑兵和步兵武装起来的,占尽了优势,但是,我们依靠我主上帝,以救世主耶稣基督之名,依靠我们的双手和上帝全能之力赋予我们的力量……我要求和恳求你们每一个人,无论等级、军阶和职务如何,都要爱惜你们光荣的名誉并服从你们的长官。要知道,如果你们忠实地执行了我给你们的命令,那么,我相信在上帝的帮助下,我们将避开上帝正义的惩罚……朕正在把我们所有的希望寄托于上帝无与伦比的荣耀。有些人笃信装备精良,有些人信赖骑兵、武力和人数,但是朕相信我主上帝和救世主的圣名,正是上帝的力量赋予我们臂力和力量。"

　　5月29日礼拜二凌晨子时,奥斯曼土耳其军队发动征服君士坦丁堡的总攻。穆罕默德下令水陆并进、三面同时发起攻势,进攻的重点是主城门圣罗曼城门,他要求各部队要不间断地连续攻击,直至破城。第一轮攻击波持续了两个时辰,由外籍兵团和非主力部队担任,但是被守军抛掷的火弹和弓箭击退,伤亡严重,而守军弹药弓箭几乎耗尽,这正是苏丹要第一轮攻击波完成的任务。为阻止退却,土军长官发布后退者格杀勿论的军令,后续的正规军队毫不留情地砍杀后撤的士兵,逼迫他们杀回去消耗掉守军的弹药。紧接着,土军发动第二轮攻击波,由纪律严明的阿纳多利亚重装精锐军团担任主力,他们攀上城墙,冲入缺口,双方展开激烈的肉博战。圣罗曼城门守军主将乔万尼·贵斯亭尼安尼与部下英勇无比,将敌人杀退,赶出缺口。狂怒的苏丹命令密集炮火猛轰缺口,而后再次猛攻,因伤亡过大,仍未能成功,但是,乔万尼·贵斯亭尼安尼身负重伤,奄奄一息,撤出战斗,使君士坦丁皇帝失去重要的助手。天将破晓,穆罕默德动用全军最后的预备队、精锐的加尼沙里禁卫军团发起第三轮攻击波,土军士兵发出恐怖的吼叫,全军挺进,只许向前不许向后,挥舞军刀,涌入缺口,君士坦丁十一世带领筋疲力尽的少数战士和亲兵仍然顽强地阻击,尸骨成山,堵住了敌人。

这时,一面土耳其战旗在内城其他城楼升起,皇帝的双头鹰战旗从高高的塔楼上飘落了下来,城市陷落的丧钟响彻全城,土军从各个方向攻入城市,拜占庭帝国末代皇帝仍然阻挡在穆罕默德进城的道路上,直到敌人将他团团围住。最终从死人堆爬出来的杜卡斯目睹了末代皇帝战死的场面,守军纷纷逃窜,"皇帝绝望而无助地持

奥斯曼土耳其军队攻入君士坦丁堡

剑而立,拿着盾牌,尖声高叫,'这里没有一个基督徒来砍下我的头颅吗?'他被遗弃了,孤独无助。这时一个土耳其人冲过来砍伤了他,他也反手给了这个土耳其人一击。但第二个土耳其人从背后给了他致命的一击,皇帝倒在了地上。他们像杀死其他普通士兵一样杀死了他,并离他而去,因为他们并不知道他就是皇帝"。君士坦丁堡陷落了,末代皇帝最终战死。直到最后一刻,弥留之际的皇帝仍然搞不懂帝国何以灭亡在自己手里,恍惚之中只看到那面鹰旗缓缓地从空中向他飘落下来。

君士坦丁十一世奋战到最后一刻的英勇气概和大无畏精神深得许多东正教信徒的敬仰,他们把他视为圣徒。但也有人感到格外惋惜,幻想他逃离废都另立山头,像尼西亚帝国一样东山再起。但这个帝国气数已尽却是不争的事实,它倒在欧洲地中海世界从中古迈入近代的门槛上,是不可改变的历史命运,它无法逃脱古都的魔咒,像古罗马城也毁灭在一个与建城者罗慕洛同名的帝王手中一样,毁灭在一个与建立新都者君士坦丁同名的皇帝手中。无论后人如何评说,古都君士坦丁堡的陷落和拜占庭帝国的灭亡标志着欧洲中古时代的结束,而被奥斯曼土耳其人驱赶到意大利的拜占庭文人则借助文艺复兴运动揭开了近代历史的开端。

胜利的土耳其将士从各个方向杀入城市,他们逢人便杀,不分性别年龄,发泄愤怒和狂喜的情绪,而后便开始了无情的抢劫。惊慌失措的居民争先恐后躲进巨大的圣索菲亚教堂,紧闭大门,祈求上帝在最后时刻显灵,拯救他们。但是,奇迹没有发生,门外传来的却是利斧劈门的可怕声音。幸存的 5 万居民大多被俘为奴,城中仅剩的金银财物被抢劫一空。事实上,抢劫仅进行了一天,这个贫穷

拜占庭军队与土耳其军队在城内展开搏斗，其中骑白马者为末代皇帝君士坦丁十一世

的城市没有太多东西可供抢劫了。在抵抗完全停止后，精明的穆罕默德立即进城，宣布提前停止抢劫行动，因为他要的不是一个被摧毁的城市废墟，而是一个完整的首都。君士坦丁堡的陷落标志着拜占庭帝国这个具有千余年历史的国家寿终正寝。

为了防止拜占庭国家死灰复燃，穆罕默德在此后14年中继续剿灭帕列奥列格王朝后裔，1460年，吞并了该王朝最后一块属地，王朝最后的男性继承人迪米特里和托马斯，一个被关押在君士坦丁堡，另一个客死科浮岛。1461年，穆罕默德灭亡了最后一个希腊人国家，即由科穆宁王朝统治的特拉比仲德帝国，将皇帝大卫一世（1459—1461年在位）及其7个儿子扣押在君士坦丁堡，几年后，将他们全部杀害。熟读史书的苏丹就是要灭绝一切拜占庭皇族血统,但百密必有一疏,皇帝君士坦丁十一世阵亡后,他的亲侄女索菲亚逃亡到罗马,并与正在强化俄罗斯沙皇专制的伊凡三世结为伉俪。他们谎称改宗皈依天主教信仰,骗取罗马教宗承认其婚姻合法性,而后回到莫斯科,公开宣布恢复东正教信仰。此后,沙皇伊凡三世自诩为罗马帝国的正统继承人,俄罗斯沙皇是罗马皇帝的继位者,而俄罗斯则继以罗马为都的第一罗马帝国和以拜占庭为都的第二罗马帝国之后,成为第三罗马帝国。俄罗斯东正教至今仍然认为,拜占庭人抛弃了东正教真理而屈服于罗马教宗的淫威是拜占庭帝国灭亡的真正原因,俄罗斯高举起东正教大旗,因此继承罗马帝国大统就顺理成章了。

当代拜占庭学者在分析拜占庭帝国衰落灭亡的原因时提出过种种假说,发表了许多颇有说服力的意见,学者们从宗教束缚、经济停滞、政治腐败、社会分裂、精神颓废、生产水平低下、外交失误等等各个方面提出根据,得出见仁见智的结论,有些甚至完全对立,这里,我们不准备对此详加评述,读者自会从拜占庭帝国千余年历史发展中找到答案。然而,几乎所有的学者都一致认为,拜占庭历史是欧洲地中海世界中古历史的重要组成部分,拜占庭文化在中古时代起了相当重要的作用,是人类文化宝库中的珍宝。著名的拜占庭学家奥斯特洛格尔斯基写道:"1453年拜占庭帝国灭亡了,但是其精神永存。其信仰、文化和政治生活的概念仍然发挥作用。其影响不仅在曾经是拜占庭领土的那些国家,而且在拜占庭帝国旧疆界以外的国家中仍然存在。""拜占庭文化在东欧和西欧甚至具有更深远和强大的影响。"另一位拜占庭学家仁西曼也不无惋惜地写道:"1453

年5月29日,一种文化被无情地摧毁了。它曾在学术和艺术中留下了光辉的遗产;它使所有国家摆脱了野蛮,并给予其他国家文化精华;它的力量和智慧几个世纪中一直为基督教世界提供保护。君士坦丁堡在11个世纪中始终是文明世界的中心。"这样的评价毫不过分。

"沉舟侧畔千帆过,病树前头万木春",拜占庭帝国的衰亡是新时代取代旧时代的结果,历史的进步不可抗拒,帝国皇帝的鹰旗飘扬在君士坦丁堡上空已逾千年,必然随历史的劲风飘落。

拜占庭皇帝在位年表

君士坦丁一世	（Constantine I）	（324—337）
君士坦丁二世	（Constantine II）	（337—340）
君士坦斯	（Constans I）	（337—350）
君士坦提乌斯	（Constantius II）	（337—361）
朱利安	（Julian）	（361—363）
卓维安	（Jovian）	（363—364）
瓦伦提年	（Valentinian）	（364—375）
瓦伦斯	（Valens）	（364—378）
塞奥多西一世	（Theodosios I）	（379—395）
阿尔卡迪奥斯	（Arkadios）	（395—408）
塞奥多西二世	（Theodosios II）	（408—450）
马尔西安	（Marcian）	（450—457）
利奥一世	（Leo I）	（457—474）
利奥二世	（Leo II）	（473—474）
泽诺	（Zeno）	（474—491）

瓦西里斯克斯	（Basiliskos）	（475—476）
阿纳斯塔修斯一世	（Anastasios I）	（491—518）
查士丁一世	（Justin I）	（518—527）
查士丁尼一世	（Justinian I）	（527—565）
查士丁二世	（Justin II）	（565—578）
提比略一世	（Tiberios I）	（578—582）
莫里斯	（Maurice）	（582—602）
福卡斯	（Phokas）	（602—610）
伊拉克略一世	（Herakleios I）	（610—641）
君士坦丁三世	（Constantine III）	（641—641）
伊拉克罗纳斯	（Heraklonas）	（641—641）
君士坦斯二世	（Constans II）	（641—668）
君士坦丁四世	（Constantine IV）	（668—685）
查士丁尼二世	（Justinian II）	（685—695，705—711）
利昂提奥斯	（Leontios）	（695—698）
提比略二世	（Tiberios II）	（698—705）
腓力皮克斯	（Philippilos）	（711—713）
阿纳斯塔修斯二世	（Anastasios II）	（713—715）
塞奥多西三世	（Theodosios III）	（715—717）
利奥三世	（Leo III）	（717—741）
君士坦丁五世	（Constantine V）	（741—775）
利奥四世	（Leo IV）	（775—780）
君士坦丁六世	（Constantine VI）	（780—797）
伊琳尼	（Irene）	（797—802）
尼基弗鲁斯一世	（Nikephoros I）	（802—811）
斯达乌拉焦斯	（Stauracios）	（811—811）
米哈伊尔一世	（Michael I）	（811—813）
利奥五世	（Leo V）	（813—820）
米哈伊尔二世	（Michael II）	（820—829）
塞奥菲罗斯	（Theophilos）	（829—842）
米哈伊尔三世	（Michael III）	（842—867）
瓦西里一世	（Basil I）	（867—886）

利奥六世	(Leo VI)	(886—912)
亚历山德尔	(Alexander)	(912—913)
君士坦丁七世	(Constantine VII)	(913—920, 945—959)
罗曼努斯一世	(Romanos I)	(920—944)
斯蒂芬和君士坦丁	(Stephen、Constantine)	(944—945)
罗曼努斯二世	(Romanos II)	(959—963)
尼基弗鲁斯二世	(Nikephoros II)	(963—969)
约翰一世	(John I)	(969—976)
瓦西里二世	(Basil II)	(976—1025)
君士坦丁八世	(Constantine VIII)	(1025—1028)
罗曼努斯三世	(Romanos III)	(1028—1034)
米哈伊尔四世	(Michael IV)	(1034—1041)
米哈伊尔五世	(Michael V)	(1041—1042)
妽伊	(Zoe)	(1042—1050)
君士坦丁九世	(Constantine IX)	(1042—1055)
塞奥多拉	(Theodora)	(1042—1056)
米哈伊尔六世	(Michael VI)	(1056—1057)
依沙克一世	(Isaac I)	(1057—1059)
君士坦丁十世	(Constantine X)	(1059—1067)
罗曼努斯四世	(Romanos IV)	(1068—1071)
米哈伊尔七世	(Michael VII)	(1071—1078)
尼基弗鲁斯三世	(Nikephoros III)	(1078—1081)
阿莱克修斯一世	(Alexios I)	(1081—1118)
约翰二世	(John II)	(1118—1143)
曼努埃尔一世	(Manuel I)	(1143—1180)
阿莱克修斯二世	(Alexios II)	(1180—1183)
安德罗尼库斯一世	(Andronicus I)	(1183—1185)
依沙克二世	(Isaac II)	(1185—1195)
阿莱克修斯三世	(Alexios III)	(1195—1203)
阿莱克修斯四世	(Alexios IV)	(1203—1204)
阿莱克修斯五世	(Alexios V)	(1204—1204)
塞奥多利一世	(Theodore I)	(1205—1221)

约翰三世	(John III)	(1221—1254)
塞奥多利二世	(Theodore II)	(1254—1258)
约翰四世	(John IV)	(1259—1261)
米哈伊尔八世	(Michael VIII)	(1259—1282)
安德罗尼库斯二世	(Andronicus II)	(1282—1328)
米哈伊尔九世	(Michael IX)	(1294—1320)
安德罗尼库斯三世	(Andronicus III)	(1328—1341)
约翰五世	(John V)	(1341—1391)
约翰六世	(John VI)	(1347—1354)
安德罗尼库斯四世	(Andronicus IV)	(1376—1379)
约翰七世	(John VII)	(1390—1390)
曼努埃尔二世	(Manuel II)	(1391—1425)
约翰八世	(John VIII)	(1425—1448)
君士坦丁十一世	(Constantine XI)	(1449—1453)

参考书目

拜尼斯主编,陈志强、郑玮、孙鹏译:《拜占庭:东罗马文明概论》,大象出版社2012年版。

雅各布·布克哈特著,宋立宏等译,宋立宏审校:《君士坦丁大帝时代》,上海三联书店2006年版。

陈志强:《君士坦丁堡陷落记》,广东人民出版社1996年。

陈志强:《独特的拜占庭文化》,中国青年出版社1998年版。

陈志强:《拜占庭学研究》,人民出版社2001年版。

陈志强:《拜占庭帝国史》,商务印书馆2003、2006年版。

陈志强:《巴尔干古代史》,中华书局2007年版。

陈志强:《拜占庭史研究入门》,北京大学出版社2012年版。

陈志强:《拜占庭帝国通史》,上海社会科学院出版社2013年版。

吉本著,黄宜思、黄雨石译:《罗马帝国衰亡史》,商务印书馆1997年版。

曼戈主编,陈志强、武鹏译:《牛津拜占庭史》,北京师范大学出版社2015年版。

奥斯特洛格尔斯基著,陈志强译:《拜占庭帝国》,青海人民出版社2006年版。

沃伦·特里高德著、崔艳红译:《拜占庭简史》,上海人民出版社2008年版。

徐家玲:《拜占庭文明》,山西教育出版社2001年版。

徐家玲:《拜占庭文明》,人民出版社2006年版。

出版后记

2003年4、5月间,正是北大出版社"人文社会科学是什么丛书"热销阶段,一位著名的大学社社长问我,现在你最想做的书是什么?当时,我毫不犹豫地回答道:"历史系列丛书。"这位社长眼睛一亮,然后又接着问我,"你能告诉我为什么吗?"我几乎不假思索地说:"历史大部分是人物,是事件,可以说历史就是故事(内在地说,历史就是人生),所以历史系列丛书具有天然的大众性。另一方面,同个人要进步、要发展一定要吸取自己走过的路的经验教训,同时要借鉴他人的经验教训一样,我们的民族要进步,国家要发展一定要反省自己的历史,一定要睁眼看世界;消除我们封闭的民族心理和缺乏自省的国民性,有赖于读史。"记得当时他赞同地点了点头。

北大出版社年轻的一代领导者,摒弃急功近利的短期行为,以出版家的眼光和文化担当意识,于2005年决定成立综合室,于学术著作、教材出版之外，确定学术普及的出版新路向，以期在新时期文化建设中尽北大出版人的一点力量。这样，我的这个想法有了实现的可能性。但是新的问题又来了。其时，社长任命我为综合室的主任，制定综合室的市场战略、十年规划、规章制度、带队伍、日常管理、催稿、看稿、复审等等事务，使我无暇去实现这个选题设想。综合室的编辑都是非常敬业、积极上进的。闵艳芸是其中的一位，我把"历史系列丛书"的执行任务交给她，她从选定编委会主任、组织编委会议到与作者沟通、编辑书稿，做了大量的工作，可以说没有她的辛勤工作，这套选题计划不可能如期实现。

钱乘旦老师是外国史领域的著名专家，让我惊异的是他对出版业又是那样的内行，他为我们选择了一批如他一样有着文化情怀及历史责任感的优秀学者作为编委，并与编委一起确定了具体选题及作者，同时他还依照出版规律对编委和作者提出要求。钱老师不愧是整个编委会的灵魂。

各位编委及作者在教学、科研、组织和参加会议等大量的工作之外，又挤时间指导和写作这套旨在提高国民素质的小书，并且在短短的一年中就推出了首批图书，效率之高令我惊异，尤令我感动。

编辑出版"轻松阅读外国史丛书"是愉快、激动的心路历程。我想这是一批理想主义者自我实现的一次实践，相信丛书带给国民的是清凉的甘泉，会滋润这个古老民族的久已干涸的心田……

杨书澜

2016 年 8 月